山本　健太郎

政党間移動と政党システム

― 日本における「政界再編」の研究 ―

Legislative Party Switching and
Changes in the Party System of Japan

木鐸社

目次

第1章　序論 …………………………………………………… 9

第2章　政党間移動研究の理論的意義 ………………………… 15
　2−1　なぜ政党間移動か ……………………………………… 15
　　■　政党とは何か…………………………………………… 15
　　■　政党研究の系譜………………………………………… 16
　　■　本書の意義……………………………………………… 19
　2−2　議員はなぜ政党に所属するか ………………………… 20
　　■　従来の想定（1）：政党研究から ……………………… 20
　　■　従来の想定（2）：連合理論から ……………………… 22
　　■　政党間移動の実証研究………………………………… 27
　　■　本書の立場……………………………………………… 30
　2−3　分析期間・対象 ………………………………………… 35
　　■　分析期間………………………………………………… 35
　　■　分析対象………………………………………………… 36
　2−4　「政党」「移動」の定義 ………………………………… 37
　　■　「政党」の定義 ………………………………………… 37
　　■　「移動」の定義 ………………………………………… 39

第3章　日本における「政界再編」の包括的観察 …………… 43
　3−1　政党間移動の類型化 …………………………………… 43
　　■　政権追求か政策追求か………………………………… 43
　　■　解党を伴うかどうか…………………………………… 46
　　■　新党への移動かどうか………………………………… 47
　3−2　日本における政党間移動の特徴 ……………………… 48
　　■　全体の特徴……………………………………………… 48
　　■　Ⅰ期の特徴……………………………………………… 50
　　■　Ⅱ期の特徴……………………………………………… 51
　　■　Ⅲ期の特徴……………………………………………… 55
　　■　Ⅳ期の特徴……………………………………………… 58

- ■ Ⅴ期の特徴……………………………………………………………… 60
- ■ Ⅵ期の特徴……………………………………………………………… 61
- 3-3 まとめ ……………………………………………………………… 63

第4章 政党間移動はいつ起こるか……………………………………… 65
- 4-1 はじめに ……………………………………………………………… 65
- 4-2 先行研究の検討 ……………………………………………………… 66
- 4-3 本章のモデルと仮説 ………………………………………………… 70
- 4-4 検証 …………………………………………………………………… 79
  - ■ ステージの内訳………………………………………………………… 79
  - ■ 仮説4-1の検証………………………………………………………… 84
  - ■ 仮説4-2・仮説4-3の検証…………………………………………… 90
- 4-5 おわりに ……………………………………………………………… 97

第5章 政党間移動と選挙事情…………………………………………… 99
- 5-1 はじめに ……………………………………………………………… 99
- 5-2 前提 …………………………………………………………………… 100
  - ■ 前提条件………………………………………………………………… 100
  - ■ 前提Ⅳについて………………………………………………………… 105
  - ■ 前提Ⅴについて………………………………………………………… 108
- 5-3 検証 …………………………………………………………………… 111
  - ■ Ⅰ期：旧選挙制度下での政党間移動と選挙…………………………… 111
  - ■ Ⅱ期……………………………………………………………………… 112
  - ■ Ⅲ期……………………………………………………………………… 116
  - ■ Ⅳ期……………………………………………………………………… 122
  - ■ Ⅴ期……………………………………………………………………… 125
  - ■ Ⅵ期……………………………………………………………………… 128
- 5-4 おわりに ……………………………………………………………… 129

第6章 自民党離党／復党議員の研究 …………………………………… 133
- 6-1 はじめに ……………………………………………………………… 133
- 6-2 分析枠組み …………………………………………………………… 135

6 - 3　検証 ……………………………………………………………… 139
　　　■　期間Ⅰの離党議員とその後：さきがけ，新生党…………………… 141
　　　■　期間Ⅱの離党議員とその後：自民党下野時代の離党者，
　　　　　政権復帰後の離党者……………………………………………… 145
　　　■　期間Ⅴ・Ⅵの離党議員とその後：国民新党，新党日本，
　　　　　みんなの党など…………………………………………………… 154
　　6 - 4　おわりに ……………………………………………………………… 156

第 7 章　新進党と民主党：二つの最大野党はなぜ異なる
　　　　　運命を辿ったのか ……………………………………………… 159
　　7 - 1　はじめに ……………………………………………………………… 159
　　7 - 2　分析枠組み …………………………………………………………… 162
　　7 - 3　検証 ……………………………………………………………… 166
　　　■　海部党首時代の新進党（1994 年 12 月～ 1995 年 12 月）………… 166
　　　■　小沢党首時代の新進党（前）（1995 年 12 月～ 1996 年 10 月）… 169
　　　■　小沢党首時代の新進党（後）（1996 年 10 月～ 1997 年 12 月）… 173
　　　■　民主党ⅡⅢ（1998 年 4 月～ 2005 年 9 月）……………………… 175
　　　■　民主党Ⅲ（2005 年 9 月～ 2009 年 8 月）………………………… 181
　　7 - 4　おわりに ……………………………………………………………… 183

第 8 章　結論 ……………………………………………………………… 185

引用・参考文献 ……………………………………………………………… 192

巻末資料 1　本書で取り扱う「政党」一覧 ………………………………… 198
巻末資料 2　全政党間移動記録 ……………………………………………… 201
　　　■　期間Ⅰ ……………………………………………………………… 201
　　　■　期間Ⅱ ……………………………………………………………… 202
　　　■　期間Ⅲ ……………………………………………………………… 212
　　　■　期間Ⅳ ……………………………………………………………… 224
　　　■　期間Ⅴ ……………………………………………………………… 227
　　　■　期間Ⅵ ……………………………………………………………… 228

あとがき ……………………………………………………… 230

アブストラクト ……………………………………………… 234

事項索引 ……………………………………………………… 242

人名索引 ……………………………………………………… 246

政党間移動と政党システム

― 日本における「政界再編」の研究 ―

第 1 章
序　論

　1955 年から 1993 年まで，日本では，短期間の例外[1]を除いて，自民党が単独政権の座に居据る一党優位体制が長らく続き，世界的にも稀な安定した政党システムが維持されてきた。しかし，1993 年 6 月に自民党内の二つのグループが新党を結成し，それをきっかけに政権交代が起きて以降，日本の政党政治は国会議員の政党間移動が頻発する「政界再編」[2]の時代に突入した。それまでの長期にわたる安定的体制とは一変して，政党の離合集散が活発に起こり，一時は国政選挙のたびに選挙に参加する政党の顔ぶれが変化する不安定な状況となったのである。

　それから 10 年近い変動期を経て，この混乱は次第に鎮静化し，最終的には 2003 年の民主・自由両党の合併によって，自民・民主の二大政党が政権獲得を賭けて対峙する体制がひとまず整った。2009 年 8 月の総選挙での政権交代を経

---

(1) 1983 年から 1986 年までの期間，自民党は新自由クラブと連立政権を結成していた。ただし，新自由クラブは衆院で 10 議席に満たない少数勢力であった。
(2) 本書では，1990 年代以降の日本における政治家の政党間移動と政党の合併・分裂・形成・消滅を総称する言葉として，あえて「政界再編」という表現を用いている。例えば，「政党再編（party realignment）」という言葉は，有権者レベルの再編を連想させるものであるが，本書で焦点をあてる現象は，第 2 章以下に明らかなように，議会レベルにおける議員の政党間移動と，それと同時に進行する政党の変化である。「政界再編」という表現は，多分にジャーナリスティックなものであり，定義が曖昧であることは否めないが，本書では何を対象としているかを明らかにした上で，現段階で他に適切な用語がないため，あえてこの表現を使うこととする。本書において「政界再編」とカッコ付きで表現されているのは，そのためである。

た後も，民主党と自民党の二大勢力が対峙する政党システムが維持されている。

このような経験的事実に基づき，本書の元となった博士論文[3]では，1990年の総選挙から2005年の総選挙までの期間に起こった衆院議員の政党間移動に焦点を当てた。ただし，2005年総選挙の直前には国民新党と新党日本，2009年の総選挙直前にはみんなの党が結党されるなど，小規模な新党が誕生するケースは依然として観察され続けている。総選挙間に政党の離合集散が起こる現象は，その頻度こそ大きく減少したものの，相変わらず継続しているのである[4]。こうした点に鑑み，本書においては博士論文のケースを拡充して，2009年総選挙までの期間をフォローした。これにより，2005年総選挙後に発生した新たな政党間移動や，2009年総選挙での政権交代という大きな変化を経てもなお，本書の分析は妥当性を保っていることが明らかになる。

しかし，2009年の政権交代によって，一夜にして巨大与党となった民主党がその凝集力を維持できるのか，政権の座から滑り落ちた自民党が，再度の政権獲得へ向けて求心力を高められるのかは依然不透明である。事実，政権交代後の2010年には，本書の分析対象とはならないが，たちあがれ日本，新党改革という新党が自民党から分裂する形で結成されている。さらに，自民党と10年にわたり連立政権を組んできた公明党の今後の動向も，十分見通せないところがある。

その意味で，民主・自民両党を中心とした二大勢力が向かい合う政党システムはいまなお確立されたものとは断言できず，変化への胎動が依然として水面下で燻っている可能性も捨てきれないのである。

本書は，こうした日本の「政界再編」を題材に，政党間移動のメカニズムについて包括的に分析するものである。そもそもなぜ「政界再編」は大規模なものになったのか，またそれはいかなる条件の下で発生しうるものなのか。こうした点に政治家の政党間移動という観点から分析を加えることで，今後起こりうる新たな「政界再編」の道筋を見通す一助ともなる。ここに，本書

---

(3) 山本健太郎『政治家の政党移動と政党政治の変化：日本における「政界再編」とは何であったか』。2008年11月，東京大学大学院総合文化研究科に提出し，2009年2月に学位を取得した博士論文である。
(4) ただし，第3章でみるように，政党間移動の頻度が大きく減少していることから，本書の分析の主たる対象は，2003年総選挙より以前のケースになる。

を世に問う意義が存在する。

　また，政治家の政党間移動に着目して「政界再編」を分析することは，二つの点で政治学的な意義がある。

　第一に，政党を移動するという行為を分析することは，政党を選択する政治家のインセンティヴに着目することを意味し，引いては政治家がなぜ政党に所属するのかという原理を明らかにすることにつながる。これまでの政党研究では，政治家がなぜ政党に所属するのかという問いは，いわば自明のものとされ，取り立てて論じられることが少なかった。しかし近年，日本に限らずいくつかの議会制民主主義諸国において，政党間移動が多く見られるようになってきたという経験的事実は，政治家が政党に所属することの意味合いをもう一度問い直す必要性を我々に迫っている。その点で，政党間移動を分析することは，政党研究の地平を広げることになると期待されるのである。

　その際，本書では，いわゆる連合理論の知見を援用することで，政党間移動を理論的に解き明かすことを試みる。参加するアクターの合理性を前提に，政党間の協力のあり方を予測する連合理論を用いることで，個々の政治家の効用から出発して，新党の結成や解党，ならびに既存政党の離合集散現象に至るまで，「政界再編」のダイナミズムを一つのツールで解き明かすことが可能になるのである。このような方法を用いたこと自体が，本書の理論的貢献ということができる。この点については，第2章において詳しく述べる。

　第二に，日本政治分析という観点から見ても，1990年代以降の日本政治を特徴づける一大イベントである「政界再編」に，包括的な分析を加えることは意義深いといえる。これまでの研究で，1993年の自民党分裂のように，一時点での現象を分析対象としたものは少なからず存在してきた。しかしながら，果たして「政界再編」とは何であったのかという理論的かつ包括的な問いは発せられることがなく，したがってそれに対する答えも提示されていないのが現状である。

　本書の結論を先取りすれば，日本における「政界再編」では，自民党が政権追求志向の強い議員を受け入れることで，ますます政権与党であることを最大の紐帯に結びつきを強めていくのに対して，野党陣営は移動議員を吸収して政党のサイズを拡大しつつ，一方では分裂を防ぐという矛盾した要請を抱えることになった。野党は当初，その要請にうまく応えることができず，

それが新進党の挫折につながった。一方民主党は、新進党の失敗から、勢力拡大のため政策的旗幟を鮮明にすることに慎重にならざる得ない最大野党のディレンマを学んだ。民主党は、目指すべき政策を同じくする政治家の集団であるはずの「政党」でありながら、あえて政策的旗幟をはっきりさせないという根本的矛盾を抱えつつ党を運営し、凝集力を保ってきたのである。

この最大野党・民主党の適応により、政党システムは一見安定したかに見えたが、自民党の紐帯が与党であることのみによる限り、自民党の下野はさらなる離合集散と政党政治の流動化の可能性を秘めている。2010年に入って自民党からの離党者が相次いでいることは、この議論を裏付けるものといえる。一方、民主党もまた、政権を獲得したことによって明確な政策を打ち出すことを求められ、それは自党の分裂のリスクを顕在化させることにもなりかねない。この意味で、「政界再編」は、いまなお終わったわけではないことが明らかにされるのである。

本書の構成は以下の通りである。

まず第2章「政党間移動研究の理論的意義」で、政党間移動研究としての本書の意義を、先行研究を整理する中で位置付ける。そして、先行研究から導かれた本書の基本的なモデルとして、連合理論の知見を援用して、議員の政党選択を規定するインセンティヴには、政権追求・政策追求の二つが存在することを述べる。連合理論を用いることで、個々の政治家の目的から出発して「政界再編」のダイナミズムに至るまで、一本の線で結んで説明を加えることができるという理論的メリットが、詳細に語られる。

それに基づき、第3章「日本における『政界再編』の包括的観察」では、日本における政党間移動の全体像について、上記二つの目的を観察可能な形に読み替えて網羅的な分類を行い、その特徴を観察する。

第4章「政党間移動はいつ起こるか」では、政党間移動が発生するタイミングについて、選挙と選挙の間を一つのサイクルとして見た場合に、そのサイクルに埋め込まれている制度と政党間移動の関連性に着目して考察する。そうしたルーティーンな制度は、目的の異なる移動を異なる時期に発生させるきっかけとなっていることが明らかにされ、さらには新党の結成や解党といった出来事にも影響を与えていることが示される。

第5章「政党間移動と選挙事情」では、一般に政治家の合理的な行動を考

える際，最もよく使われる「再選追求の優位」という原則について取り上げる。本書では政権追求・政策追求という二つの目的に主に着目して分析を進めるが，政治家にとって再選動機が重要なのは明らかであり，再選追求目的が実態としてどのように扱われているかを確認することは不可欠である。

　また，第5章では政治家の側の事情だけに着目するのではなく，政党の側のインセンティヴにも考察を加える。政党の側が移動議員の受け入れを決定する際には，その政党の選挙事情が許すことが必要になるという前提を本書では置いているが，その際の「選挙事情が許す」というのはどういう状態を指すのかという点を明らかにする。

　ここまでで政党間移動の理論的モデルの説明が完成するので，続く第6章「自民党離党／復党議員の研究」と第7章「新進党と民主党：二つの最大野党はなぜ異なる運命を辿ったのか」は，それを用いて日本の「政界再編」過程を分析するものとなる。

　まず第6章は，その名の通り自民党の離党議員と復党議員についての分析である。一旦離党した政党に再度復党するというケースは，諸外国を見渡しても稀であり，なぜそのような行動に出たのかという分析はそれ自体興味深いものであるといえる。そこで本書では，同一議員が離党したタイミングと復党したタイミングの「違い」に着目することで，離党や復党を促進させる条件の特定が可能になると考え，復党という行為に分析を加える。また，これに関連して，復党した議員とそのまま他党に残留する道を選んだ議員との違いが生じた理由についても説明する。

　そこでは，(1) 自民党が与党である時期に自民党を離党した議員のうち，復党するのは特定の政策課題に基づいて離党した議員である，(2) 自民党が野党である時期に自民党を離党した議員は，政権追求インセンティヴに基づいて自民党を離党しているため，その多くが自民党の政権復帰に伴って復党する，ということが明らかにされる。

　また，第7章では，それ以前の章において，政権追求，政策追求という二つの目的を見かけ上のものとして機械的に分類してきた[5]が，そのことの妥

---

(5) 詳しくは第2章と第3章において述べるが，おおむね与党への移動を政権追求行動とみなし，残った野党への移動を政策追求行動とみなすという分類方法である。

当性を再度問い直す。第6章までの分析で，見かけ上政策追求と分類される行動であっても，実際には二種類のパターンがあることが分かった。そこで第7章では，その二つのパターンとは何であるかを明らかにするため，新進党と民主党という二つの最大野党が，一方は3年で解党されるに至り，他方は二大勢力の一翼を10年余りにわたって担い続けるという異なった経緯を辿ったケースを取り上げ，その原因を分析する。

ここでのキーワードは政策的許容性と政権獲得期待の二つであり，これらは，見かけ上政策追求インセンティヴを優先して行動していると想定される野党所属議員の中に，文字通り政策追求の結果野党に所属している純政策追求型のアクターと，近い将来の政権獲得を期待して野党に所属する隠れ政権追求型アクターが存在するということに，それぞれ対応して見出された概念である。純政策追求型アクターをつなぎとめるのが政策的許容性であり，隠れ政権追求アクターをつなぎとめるのが政権獲得期待である。民主党は，新進党とは対照的に，この二つをうまくコントロールしているがために，凝集性を保つことができたといえるのである。

第8章「結論」では，本書の意義について改めてまとめるとともに，日本の「政界再編」とは何であったのかということへの答えを示し，今後起こりうる再編の可能性について示唆する。

また，巻末資料1として，本書で取り扱う「政党」の一覧を掲げた。

巻末資料2は，1990年総選挙から2005年総選挙までの間に起こった衆院議員の全政党間移動について，一覧にしたものである。

なお，本書において敬称は全て略させていただいた。

第2章
政党間移動研究の理論的意義

2-1 なぜ政党間移動か

　本書は，1993年以降日本において頻発した国会議員による政党間移動を分析対象とするものである。本章では，なぜ政党間移動を取り上げるのか，政党間移動を分析することが政治学的にいかなる意義を見出しうるのかという点について説明する。そのためには，そもそも政党とは何であるかというところから始めなければならない。

■　政党とは何か
　現代のデモクラシーを考える上で，政党という存在を抜きにすることはできない。程度の差こそあれ，あらゆる民主主義国において政党は政治アリーナにおける中心的アクター，または制度の一つに数えられる。それだけに，政党は良くも悪くも[6]政治学者の注目を集め続けてきたことは間違いない。
　しかし，歴史的にも長く政治学者の注目を集めてきた政党ではあるが，その役割や組織形態は極めて多様で，定義することそれ自体にも困難が伴う，つかみどころのない存在でもある。一口に政党とは何かという問いを立てて

---

(6) 岡沢[1988:2-3]や，Aldrich[1990:4]が指摘するように，1970年代と1980年代の政党研究は，政党の衰退や腐敗といったマイナス面を強調するものが多かった。政党の存在を否定的にとらえるものも含め，注目を集め続けてきたという意味において，「良くも悪くも」なのである。

も，政党のどのような側面に着目するかによってその答えは様々な形になりうるのである。

そこで，サルトーリは，政党を他の組織一般と区別するための最小限の定義として，「政党とは，選挙に登場して，選挙を通じて候補者を公職に就けさせることができるすべての政治集団である」と述べている（サルトーリ [1976=2000:112]）。しかし同時に，この定義はあくまで「最小限の定義」であって，何が政党から排除されるかを明示したものでしかないと述べ，これ自体は何ら説明能力も予測能力も持つものではないという（サルトーリ [1976=2000:113]）。つまり，実在する政党をめぐる現象から何かを説明しようとするとき，研究者は政党のどの側面に着目するのかということを別に明らかにしなければならないのである。逆にいえば，そうであるからこそ，政党の定義それ自体が多様性を持つということを意味しよう。

したがって，政党とは何かという問いに答えるためには，本書が政党のどの部分に注目するのかを明らかにしなければならない。そして，政党研究としての本書の射程を従来の研究の中に位置づけるために，過去の政党研究にはどのような系譜が存在していたのかを観察することが必要になる。そこで以下では，政党研究の歴史を追いながら，研究の類型化を試み，本書がそのどこに位置することになるのかについて説明する。

■ 政党研究の系譜

現代に連なる政党研究の源流は，いわゆる普通選挙の浸透によってそれまで少数のエリート層によって組織されていた政党が大衆化する過程を分析した，大衆政党の発展についての研究に求めることができる。ウェーバー [1919=1980] を出発点として，デュヴェルジェの古典的研究における前半部分（デュヴェルジェ [1954=1970]）もこの潮流に連なる。彼らは名望家政党から大衆政党へと組織の性格付けが展開するさまを描いたのである。

これらの研究は，政党そのものの組織的形態に着目したものであるといえ，組織に参加するアクターや組織のあり方から政党を分析しようとする試みである。したがって，ミヘルスによる寡頭制研究（ミヘルス [1911=1990]）などもこの潮流に含めることができるだろう（パーネビアンコ [1982=2005:10]）。

こうした政党組織論とでも呼ぶべき研究とは別の角度から政党に焦点を当てたものとして，政党システム論がある。これは，政党組織論が政党内の組織形態を問題にしているのに対して，政党間の競争の仕組みについて分析を加えようとしたものであるといえる。こうした研究が要請された背景には，同じように名望家政党から大衆政党へという流れを経て組織化された政党を抱えながら，国によって異なる競争形態が生じているという経験的事実に対して，そうした違いはなぜ存在しているのかという疑問が生じたためであると考えられる。したがって，政党システム論は優れて比較政治的な観点を内包し，各国ごとの相違点を説明することに力点が置かれている。

　いわゆる政党システム論の嚆矢となったのは，政党組織論でも触れたデュヴェルジェの研究である（デュヴェルジェ [1954=1970]）。デュヴェルジェは，政党システムが一党制，二党制，多党制の三つに分類可能であると主張すると同時に，選挙制度と政党システムが深く関連している点についても指摘した。

　政党の「数」に着目して政党システムを比較政治の文脈において分類するというデュヴェルジェのアイディアは，後にサルトーリによってさらに精緻なものへと発展することになる（Sartori[1976]）。サルトーリは，実際に政党間競争に参加している政党のみを有効な政党とする「有効政党数」という概念を導入することによって，デュヴェルジェの三分類だけではとらえきれなかった一党優位体制や，多党制のバリエーションを理論的に整理して，より網羅的かつ現実的な分類基準を提示した。政党の数に着目して政党システムを論じる研究としては，サルトーリは一つの完成型を提示したといえ，今日に至るもサルトーリを超える政党システムの分類論は現れていない。

　ただ，政党の「数」で政党システムを説明することには，それが政党システム研究者をもっぱらタイポロジーにのみ着目させる結果となり，政党システムが形成される過程や動態的な変化をとらえる研究が疎かになったといった批判の声も強い（例えば，岩崎 [1999]）。本書も政党システム論を数によるタイポロジーに限定するものとしてとらえるのではなく，その動態的な変化の可能性に着目するものといえるが，今なおサルトーリの分類基準は有効性を保っており，広く研究者に受け入れられているものであるという点は強調しておかねばならない。

　一方，デュヴェルジェやサルトーリの研究が政党システムを分類すること

に重きを置いていたとすれば，政党システムそのものの安定性について議論したのが，リプセットとロッカンである（Lipset and Rokkan[1967]）。リプセットとロッカンは，1960年代当時の西ヨーロッパの民主主義諸国における政党間競争の形態は，1920年代に生じた社会的亀裂に基づいており，その時代の対立が「凍結」されて現在の対立構図を規定しているという「凍結仮説」を打ち出した。政党システムの構造が社会構造によって規定されるものだとすれば，社会構造そのものを変革するような大きな変化が起きない限り，政党システムは安定的であるということになる。その点で，リプセットとロッカンの凍結仮説は，長期間にわたる政党システムの安定性を主張したものと受け止められ，この後「政党システムはどこまで安定的か」という論争的な問いが発せられる一つのきっかけを与えた。

具体的には，80年代以降のヨーロッパ諸国において実際に政党の競争図式に変化が現れたこともあり，凍結仮説を批判する動きが強まってきた（例えば，Shamir[1984], Mair[1997]など）。そして近年では，政党システムは不安定なものであり，流動化したものであると考えられている（岩崎[1999:155]）。

本書も，特に議会政治レベルにおいて，政党システムは本質的に流動的なものであり，その表れとして政党間移動があるという可能性を示すものであるといえるが，それはこれまでの凍結仮説に対する批判とは異なる角度からの試みでもある。すなわち，凍結仮説とその批判について述べた先行研究は，凍結仮説が有権者の社会的亀裂に着目したものであったがゆえに，有権者レベルから規定される政党システムに着目してその安定性を議論するものであった。だが，有権者レベルの変化だけに着目していたのでは，政党システムの安定性を十分に論じることができないのではないかと考えるのである。

ペデルセンが指摘するように（Pedersen[1979]），本来政党システムの変化とは議会レベル，政党組織レベル，有権者レベルという三つのレベルの政党間の相互作用と競合パターンにおける変化の総体として現れる。その意味では，政党システムが安定的であるかどうかを議論するのに，有権者レベルのみに着目していたのでは不十分であり，議会レベル，あるいは政党組織レベルといった変化をとらえる必要もあるということになる。議会レベルの政党において政治家の政党間移動が頻発するというケースが，少なくない議会制民主主義国で実際に観察されていることから考えれば，基本的には選挙の

際にしか変化が反映されず，動きも相対的に緩やかであると思われる有権者レベルの変化よりも，議会レベルの動きこそが政党システムを変化させる主な推進力になりうるのではないか。本書が政党システム研究の分野に貢献できるとすれば，それはこの可能性を示すことにあると考えられる。

　以上のように，これまでの政党研究は，政党組織論と政党システム論に二分することができるという特徴がある。では，政党間移動を分析する本書はこの系譜の中のどこに位置づけられるのであろうか。

■　本書の意義

　これまでの政党研究の系譜から見えてくるのは，政党組織論にせよ政党システム論にせよ，基本的には政党そのものの一体性を前提とした議論であるということである。

　もちろん，政党組織論として，比較政治学的に政党の凝集性の高低を議論した研究は存在するが，それにしても政党そのものが離合集散する状況は想定していない。あくまで政党の一体性を前提とした上での相対的な凝集性を問うものである。

　しかし，1990年代以降，日本をはじめ，イタリアやロシア，ブラジルといった国々で議会レベルでの政党の離合集散が相次いで起こり，こうした前提は経験的事実によって覆されつつある。特に，本書が分析対象とする日本においては，選挙と選挙の間に議会レベルでの政党の離合集散が頻発し，それに関連する形で与党も頻繁に入れ替わるという現象が生じた。したがって，既に指摘した政党システムへの影響にとどまらず，政党組織を論じる上でも，議会レベルの政党が必ずしも一体的なものではないことを考慮に入れなければならない。

　そこで本書は，選挙間の議会レベルにおける政党に着目し，その構成員である国会議員の戦略的な政党選択行動を分析することにより，政党組織における議会レベルの政党の重要性を明らかにする。その際，連合理論という既存の知見を活用することによって，これまでの政党研究では必ずしも光が当てられてこなかった，議員の戦略的行動が政党システムそのものを揺り動かすケースを分析できるようになるのである。以下では，その具体的な方法について説明する。

2−2 議員[7]はなぜ政党に所属するか

議員の戦略的な政党選択から政党間移動にアプローチする本書においてまず重要になるのは、議員はなぜ政党に所属するのか、という点である。なぜ特定の政党に所属するのかを明らかにすることは、すなわちなぜ特定の政党を離脱し、別の政党に移動するのかを説明することにつながるからである。したがってここでは、議員にとって政党がいかなる存在であるかということが、先行研究においてどのように取り扱われてきたかを見た上で、本書の立場を明らかにする。

■ 従来の想定（1）：政党研究から

古くから、政党という存在が政治学上の関心を引き付けてきたことに比べると、議員はなぜ政党を組織するのか、という問いは、実はそれほど多く発せられてきたとはいえない。その理由は、議員が政党を組織して政治運営に携わることは経験的に自明とされてきたためであると考えられる（川人他[2001:22]）。

そうした中で、議員が政党に属するインセンティヴについて理論的な立場から分析しようとした試みは、Downs[1957]までさかのぼることができる。ダウンズは、議員は個々の利己心に基づいて合理的に行動するという前提の下に、名声や地位を獲得するには選挙によって選ばれることが何より必要であるとした。これが今日においても広く用いられる再選追求インセンティヴの優位という原則である。そこでは、政党の目的は選挙に勝利して政権の座につくこと（得票最大化）であり、それ以外の目的、例えば政策を作ることなどはその手段にすぎないとされる。

ダウンズの研究は、政党ならびに政治家の行動の戦略的な側面をはじめて浮き彫りにしたという点で、後の研究に大きな影響を与えた記念碑的なもの

---

(7) ここで「政治家」ではなく「議員」という表現を用いるのは、本書が分析対象とするアクターが国政における議会に参画する政治家に限定されるということを示すためである。後に述べるように、本書はさらに限定して現職の衆議院議員のみを分析の対象とするが、ここでは地方議員や地方政府の首長といった「政治家」を除く、という意味で「議員」という表現を用いている。

である。だが，再選追求という個人の目標の単なる積み重ねとして政党が存在するだけなら，個々の議員にとっては政党に所属するインセンティヴは必ずしもないことになるが，議員が政党に所属するのは暗黙の前提として当然視されており，政党所属の理論的側面に十分に光を当てたものとはいえない。そこで，議員が政党に所属するインセンティヴについて理論化したのが，オールドリッチである (Aldrich[1995])。

オールドリッチは，議員が政党に所属する理由として，以下の三点を挙げている (Aldrich[1995:29]; 川人他 [2001:24-29])。第一に，集合行為問題の解決である。政党に所属することによって，議員は政党のラベルを通じて有権者を動員することができ，また政府支出が無限定に増えるといった問題を避けることができる。第二に，社会的選択問題の解決である。これは，投票のパラドクスを回避するための手段として政党をとらえるものである。第三に，政治的野心の実現のためである。政治的野心の実現には，現職議員となることが必要であるが，そのためには政党の公認を得て選挙に出た方が，無所属で立候補するよりもコストが低く済む。また，ポストを獲得する上でも，政党に所属して経歴を積み重ねていく方が有利である。

オールドリッチの説明は，議員の政党所属が持つ戦略的な側面を明らかにしたものであるが，これは特定の政党に所属するインセンティヴを説明するものというよりは，より一般的に政党というものに議員が所属するインセンティヴについて解説したものといえる。本書のような実証分析にあてはめるには，これを特定の政党への所属インセンティヴを探ることができるような形に作り変える必要がある。

そこで Fenno[1973] の研究に着目すると，フェノは，政治家の行動目的として再選・昇進・政策の三要素を挙げている。これらの追求を容易に行うために，政治家は政党に所属すると考えるのである。同様に，ストロムは，フェノの枠組みと揃える形で，政党の目的を（選挙における）得票追求，政権追求，政策追求の三つに分類して論じている (Strøm[1990a])。これらをオールドリッチの枠組みで読み替えれば，再選追求というインセンティヴは集合行為問題，政治的野心の実現という政党の機能に対応したものであり，昇進追求も政治的野心の実現に対応するものといえる。また，政策追求インセンティヴは，集合行為問題や社会的選択問題の解決という機能と関連するものととらえられる。オールドリッチのいう政党の機能は，観察可能な形で現れ

るとはいえないところがあるが，フェノやストロムの枠組みを用いることでその限界を乗り越えることが可能になる[8]。フェノやストロムの分類がどのような意味で観察可能な形に落とし込めるのかという点は後に詳しく述べるが，例えば待鳥 [2000;2002] や建林 [2002;2004] は，この三要素に基づいて日本における政党分裂について実証分析を行っており，こうした事実はフェノらの枠組みが実証分析に適したものであるということを示している。

■ 従来の想定（2）：連合理論から

議員が政党に属するインセンティヴに関し，上で見たような研究とは異なる角度から理論化したものとして，いわゆる連合理論を挙げることができる。連合理論は，西欧の議会制民主主義国においてしばしば見られる連立政権[9]について，その成立に至るメカニズムを理論化したものである。

連立政権の成立過程を理論的に説明しようという連合理論と，本書の分析対象である議員の政党間移動との間には一見距離があるようにも思われる。だが，連合理論が想定する政党像は，政権の座につくために戦略的に他党と交渉を行うというイメージであり，政党を形成する議員のインセンティヴから政党そのものの行動目的を仮定している。つまり，後述するように連合理論においては，政党に所属する議員がそれぞれ政権追求，政策追求という目的を持っており，だからこそ議員の集合としての政党が政権・政策という二つの目的を追求するアクターとして仮定されるのである。その意味で，議員の戦略的行動として所属政党の選択をとらえる本書とは高い親和性を持っているといえる。

また経験的に見ても，日本では政党内の一部勢力がまとめて離党して新党を結成するようなケースが見られ，その場合は議会内の異なる「政党」間の協調関係を説明する連合理論の知見を，異なる「集団」間のものと読み替えることで応用が可能である。すなわち，政党の分裂や合同は政党の連合の論理の延長線上のものとして位置づけられ，政党の合同は連合の一つの到達点

---

(8) なおかつ，この枠組みは一般性を損なうものではない。
(9) 政党の連合のうち，政権形成のための連合を特に「連立政権」と呼ぶ（川人他 [2001:222]）。一般的に，「連合政権」という呼び名よりも「連立政権」という方が人口に膾炙しているため，本書では特に両者を区別せず，以下では「連立政権」と表記する。

としてとらえることができるし，政党の分裂は連合の崩壊としてとらえることができる。その意味で，論理としては類似した構造を持っていると考えられるのである[10]。

そしてこの点こそが，「政界再編」を分析対象とする本書において，連合理論の枠組みを応用することの最大の利点でもある。つまり，個々の政治家の効用というところから出発して，それに基づいて所属政党が戦略的に選択される過程を描くことができるだけでなく，政党間の連合によって新党が結成されるケースや，既存政党による議員の引き抜きといった，「政界再編」過程に至るまで，一貫した論理で説明を加えることが可能になるのである。このような試みそれ自体が，先駆的な業績となりうるものといえ，本書の最大の理論的貢献も，まさしくこの点にあるといえる。

そこで，以下では連合理論の先行研究について分類し，それを「政界再編」の研究といかに結び付けていくのかという点について具体的に説明する。

◆ 連合理論（1）：政権追求モデル

そもそも連合理論は，議員ならびに政党の目的は専ら政権獲得にあると想定する政権追求モデルから出発した。政権追求モデルでは，多数派の確保が唯一の目的とされ，議会における連合に関して言えば，議席数以外の要因は基本的に考慮されない。となると，一般に過半数確保のために余分な政党を含まない連合，すなわち最小勝利連合[11]（minimal winning coalition）が組まれると予想される。

これを踏まえた上で，連合理論の先駆者であるライカーは，過半数を超える政党が議会に存在しない場合に組まれる連合は，最小勝利連合のうち，その連合が勝利連合[12]となるための必要最低限の議席数をもち，その数が過半

---

(10) 実際に，政権追求モデルに該当するシェプリー・キュービックインデックス（詳しくは後述）を用いて，政権追求モデルの観点から日本の政党の分裂と合同を分析した先行研究が存在する（レイヴァー・加藤 [2001] など）。また，派閥の連合体として自民党をとらえ，その分裂の要因を連合理論から意味づけようとした Cox and Rosenbluth[1995] といった研究もある。
(11) 以下，モデルの訳語は川人他 [2001:224-238] を参考にした。
(12) 他の政党ないしは連合を議席数において上回り，首班指名を獲得できる連合を意味する。

数の閾値になるべく近い連合（minimum winning or bare majority coalition）であるとした（Riker[1962]）。

一方，Leiserson[1968]は1960年代初頭までの自民党における派閥間の政権[13]獲得競争を題材に，交渉の簡素化のためにできるだけ少ない数の政党で構成される最小勝利連合が形成されるとした。最小勝利連合のうちで，ライカーは議席数が最も少ないもの，ライサーソンは参加する政党数が最小のものが組まれると予想したのである。

こうした政権追求モデルの理論的含意として重要なもののうちの一つに，各政党の交渉力に関するものがある。つまり，各政党の連合形成における交渉力は必ずしも勢力の大きさに比例しないのである。例えば過半数にはわずかに届かない二つの大きな政党A，Bと一つの極めて小さい政党Cの三党のみが存在する議会を考えると，連合形成においては政党Cがキャスティングヴォートを握ることになり，決定的な影響力を持つ。政党Cのように，その政党を含まないと勝利連合から敗北連合に転落してしまう，あるいはその政党を含むことで敗北連合から勝利連合に変わるといった政党を，その連合におけるpivotal（「要となる」）政党と呼ぶ。このように，想定されるすべての連合のうちのいくつにおいてpivotal政党となることができるかという観点から，政党間の力関係を数値化する試みとして，シェプリー・シュービック・インデックス（Shapley and Shubik[1954]）やバンザフ・インデックス（Banzhaf[1965]）がある。

政権追求モデルは，過半数という閾値を設定した上で，各政党の議席数から交渉力を数値化する。これは，限られた条件で形成される連合を予測するモデルといえ，一般性が高い。しかし他方で，現実には多く観察される過大規模連立や少数政権といった経験的事実を説明できないという批判も寄せられる[14]。そこで考案されたのが，いわゆる政策追求モデルである。

---

(13) この場合の「政権」は，人事権を独占する自民党の総裁ポストの獲得を意味している。
(14) たとえば，西ヨーロッパ諸国で過半数を確保しない少数政権が多く見られ，しかもそれらは必ずしも短命には終わらないことを主張したStrøm[1990b]がある。

◆ 連合理論 (2)：政策追求モデル

　政策追求モデルでは，政権追求モデルが想定したインセンティヴだけでなく，政党や政治家が政策を追求するというインセンティヴも合わせて考慮される。そこで重要になるのが，政党の政策位置を単純化して表した政策次元である。政策次元は，各政策分野において，各政党がそれぞれどのような政策位置をとっているのかを位置づけたもので，それぞれの政策分野での政策位置は，一直線上に並べられる。

　そこから，政策追求モデルはさらに一次元（典型的には左右イデオロギー軸）で検討される一元的な政策追求モデルと，複数の政策次元が考慮される多元的な政策追求モデルに分けることができる。一次元のモデルは，直線上に各政党の政策位置がプロットされるのに対し，二次元以上のモデルでは各次元の空間上にプロットされることになる。

　まず，一次元の政策次元に基づいて，政権追求モデルに政党の政策位置を加えたモデルを最初に考案したのが Axelrod[1970] である。アクセルロッドは左右の政策次元に政党を順に並べたとき，互いに隣り合った政党間で連合が組まれるという隣接最小勝利連合（minimal connected winning coalition）なるモデルを提示した。ここでは，形成される連合は必ずしも最小勝利連合とはならない。イデオロギーの異なる政党同士は，たとえその組み合わせで最小勝利連合となりうるとしても，それを仲立ちする政党の存在なしには勝利連合たりえないのである。

　アクセルロッドのモデルは隣接関係を見ればよいため，各政党のイデオロギー軸における「順番」が分かれば十分であった。そこにイデオロギーの「距離」を加えてモデル化したのが De Swaan[1973] である。デ・スワンは，たとえ隣接していてもイデオロギー距離が大きく離れていれば連合が組まれる可能性は小さくなるとし，連合を組む政党間のイデオロギー距離を最小にするような連合が組まれるとした。それが閉じた最小距離連合（closed minimal range coalition）である。これらはいずれも，最小勝利連合の考え方を前提とし，その上に政策位置という視点を加えてモデル化したものであることが分かる。

　一次元的政策追求モデルの理論的含意として重要なのは，メディアン政党の優位性である。ここでいうメディアン政党は，一次元の政策次元において順に政党を並べ，いずれかの端から政党の議席数を足していった場合，その

議席数を足すことによって，勝利連合のラインを超える政党のことを示す（川人他 [2001:232]）。メディアン政党は，偶数議席の議会における例外的状況を別にすれば常に存在し，戦略的優位を持つ（同書，233 頁）。そして実は，一次元にとどまらず，多次元的政策追求モデルの中でも，次に述べるポートフォリオ・アロケーションモデルではメディアン政党が優位になる。

ポートフォリオ・アロケーションモデル（以下 PA モデル）は，多次元的な政策追求モデルとして代表的なものである。PA モデルは，議院内閣制における制度の影響を考慮した上で，形成される連合を予測する。その意味で，これは新制度論の系譜に連なるモデルである。このモデルの前提は，複数の政策次元において，それぞれの閣僚ポストを手に入れた政党の政策が実現されるという前提のもとに，連合の選択肢が絞られる[15]。このモデルの利点は，制度の影響を加味しているため実証分析に適合的である点と，閣僚の選好を所属政党によって自動的に決められるとは考えずに，党内組織や閣僚個人によって決められると考えることで，党内政治モデルとしても応用可能であるという点にある（川人他 [2001:238]）。

◆ 政党間移動研究への応用

以上述べたように，政権追求モデルと政策追求モデルは，政権追求を他の目的に勝る第一の目的としてとらえるかどうかに違いがある。しかし，一見して明らかなように，この両者は互いに排他的なものというわけではない。

政権追求モデルは政策追求行動を一義的には想定していないが，政権の座を目指すことの裏には，それによって望ましい政策を実現したいという意図が隠されているだろう。また，このモデルは，与党に属することが有権者へのアピールとなり，選挙に有利になると考えて政権追求を前面に押し出すアクターの存在を否定するものでもない。その意味では，あくまで最優先の目的が政権の追求にあるということを前提にしているにすぎないともいえる。

一方，政策追求モデルでは，そもそも政権・政策という二つの目的が同時に追求されることが暗黙の前提となっているのは明らかである。この点は，アクセルロッドやデ・スワンの先行研究を検討した際にも言及した。つまりこのモデルには，政権の座につかなければ望ましい政策を実現するのは難し

---

(15) 詳しくは Laver and Shepsle[1996:33-36]。

いが，だからといって政策を無視して政権を目指すことは現実的ではない，という含意がある。よって，政策位置を政権追求行動のいわば制約条件としてとらえ，その条件の下で予想されうる連立政権の形を理論化する，というのが基本的な発想となっているのである。

したがって，連合理論のモデルを政党間移動の実証分析に応用する際には，政権追求行動の中に含まれる政策追求行動，もしくはその逆の行動についてどう取り扱うかという問題が生じることになる。

■ 政党間移動の実証研究

以上のような政党に関する先行研究が，政党間移動を分析するための理論的な道具であるとするなら，では実際に政党間移動を実証分析した研究において，これらの道具はどのように活用されてきたのであろうか。あるいは活用されてこなかったのだろうか。この点を，政党間移動に関する既存の実証研究から確認する。

政党間移動に関する実証研究の特徴として，日本以外にも少なくない国において政党間移動が発生しているにもかかわらず，他ならぬ日本のケースが分析対象として選択されることが多いということがある。その主な理由は，1993年の自民党の長期一党支配の終焉という大事件が，自民党の分裂を直接のきっかけとしてもたらされたため，いわゆる55年体制の終焉について分析する際には，必然的に政党間移動に着目することになったことが大きいと思われる。

実際，河野 [1995]，Cox and Rosenbluth [1995]，大嶽 [1995a]，伊藤 [1996]，木村 [1998]，Kato [1998]，建林 [2002]，Reed and Scheiner [2003] といった研究は，いずれも1993年の自民党分裂を対象としたものであり，政党間移動一般を説明するものというよりは，自民党分裂という一つの事象の説明に焦点を当てたものであった[16]。

このうち河野 [1995] は，1993年の羽田派の集団離党について，政治家の

---

(16) ただし，このうち Kato [1998] は社会党が1993年の総選挙後から翌年にかけての時点で分裂に至らなかった理由について，木村 [1998] と建林 [2002] は1993年総選挙後の自民党からの離党，自民党への復党について，Reed and Scheiner [2003] は2000年までの政党移動を分析対象に含んでおり，1993年の自民党分裂に絞った分析ばかりではない。

再選志向という観点から説明している。河野は、政治家の行動目的を再選志向のみと前提し、1992年の竹下派分裂から話をはじめて、当選回数が少なく選挙基盤が脆弱な議員は、羽田派幹部の意向に従わざるを得なかったという点を強調している。ただ、羽田派幹部は宮澤内閣不信任案に賛成した後も自民党に残留して首班を交代させ、党内の主導権を握る戦略を持っていたと述べ、離党の意思をはっきりと固めていたわけではないと指摘する。羽田派の離党は、不信任案に反対した新党さきがけグループが先に離党を表明したために、やむを得ず決断したというハプニング的要素が色濃いとしているのである。

　大嶽[1995a=1997]は、羽田派のリーダー格であった小沢一郎の戦略に焦点を当てて自民党分裂を分析している。小沢の新自由主義的でラディカルな政策志向を前提に、小沢が竹下派の跡目争いに敗れて羽田派を結成した後、政治改革を推進する自らのグループを「改革派」、反対する勢力を「守旧派」として区分けし、世論の支持を獲得していったと論じる。その結果、「宮沢内閣による政治改革の断念、不信任案可決、細川政権誕生による『政界再編』へと、小沢の戦略は着々と実現されていった」（大嶽[1997:25]）のであり、離党についても小沢の戦略の結果として描いている。このとらえ方は、ハプニング的要素を強調する河野のそれとは対照的であるといえる。

　ここでは、小沢にしたがった議員たちについて、「若手議員の多くが羽田・小沢グループに加わったのは、小沢が幹事長時代に選挙で世話になって政界に進出してきたという事情からである」（大嶽[1997:23]）と述べられるのみで、その離党のインセンティヴが十分に分析されているわけではない。ただ、選挙での支援の見返りとして小沢に付きしたがったとしていることから、彼らの行動を規定したのは再選志向であると想定しているものと思われる。したがって大嶽は、小沢というリーダーの政策志向と、彼に従った議員たちの再選志向が組み合わさった結果、羽田派の集団離党が起きたととらえているといえよう。

　河野の枠組みをベースにしながら、大嶽の議論を理論的に整理したものといえるのが伊藤[1996]である。すなわち、大嶽が必ずしも十分に分析しなかった小沢にしたがった議員の行動について、「一般に自己の選挙基盤を十分確立していない当選回数の少ない議員（一般に若手議員）は選挙における脆弱性が高ま」り、「選挙基盤が確立した議員は再選指向が潜在化するためもっ

ぱら昇進指向によって行動する」（伊藤[1996:114]）と考えるのである。その結果，小沢一郎は昇進[17]を目標としたが，そのために政治改革を不可分なものとしてとらえていたとし，選挙制度改革に「政界再編」・自民党分裂のメカニズムを組み込んで考えていたとされる。一方，小沢グループのベテラン議員は，いわゆる「小沢包囲網」の存在などによって昇進可能性が限定されていた状況と，離党によって生じるリスクを秤にかけ，ギリギリの決断を下した。また，再選を第一義的な目標に据える若手議員については，幹事長時代の小沢への恩義から小沢と行動を共にしたという大嶽の解釈を採用する。そこでは，グループから離脱して自民党に残留するよりも小沢グループからの継続的な支援を期待する方が合理的であったということになるのである。

さらに，木村[1998]や今井[2000]といった研究は，いずれも政党間移動に至る議員の動機付けを再選志向に絞って，どのような選挙基盤を持った議員が政党を移動しやすいかという条件について，選挙基盤を数値化することで分類したものである。

これらの研究に共通するのは，小沢一郎を中心とする幹部議員を別の枠組みでとらえるかどうかという点を抜きにすれば，いずれも基本的に議員の再選追求目標を軸に自民党分裂を説明しようとしている，という点である。だが，一口に自民党を離党した議員といっても，その属性は様々なものがあるはずであり，その点を十分に検証することなく一様に取り扱ってしまうことには議論の余地があろう。河野[1995]や伊藤[1996]が想定したように，派閥の幹部というのは，自派閥の議員の選挙をそこまで決定的に左右できるほどの力を持っていたといえるのか，という疑問も湧く。派閥の幹部が持つ再選への影響力を極めて強大なものと見積もり，事実上「特定の派閥に所属している」という属性のみで離党要因を説明したともいえるこれらの研究に対し，より広範な属性にスポットを当てた研究も行われてきた。

その先駆けが，Cox and Rosenbluth[1995]である。コックスとローゼンブルースは，計量的手法（具体的には，プロビット回帰分析）を用いて，特定の派閥に所属していたという要因のほかに，当選回数に焦点をあてている。当選回数が少ない議員の方が，政権の座につくことから得られる利益の分け前が少なくなるため，離党しやすいというのである。

---

(17) ここでは，自身の出世というよりは，権力の確保・維持を意味するとされる。

Kato[1998] は，同じくプロビット回帰分析を用い，派閥や当選回数をコントロールしたモデルを含め，自民党と社会党（社民党）の分裂要因を分析している。加藤によると，再選を左右するような個人的要因[18]以外に，政党内組織（派閥）や支持者といった組織的要因が，離党するか否かの決断に大きく影響することが示唆されている。

建林[2002] は，議員の行動を規定する再選，昇進，政策志向という三つの要因にそれぞれ対応した変数を取り上げて，それらの要因が自民党からの離党にどう影響したかをプロビット回帰モデルによって分析している。試みそれ自体は興味深いものであるのだが，特に政策志向について個々の議員のそれをうまく測定するのは難しいという課題が残る。その上，特に羽田派の分裂要因について，羽田派所属だったからというトートロジカルな説明に終わっているという問題もある。

Reed and Schiner[2003] は，再選と政策志向という二つのインセンティヴを操作的に定義して，自民党からの離党組にはこの二種類のインセンティヴのどちらかを重視する二種類のアクターが含まれていたと論じる。

コックスとローゼンブルース以降の四つの研究に共通するのは，再選インセンティヴだけで自民党分裂を説明することに対する疑問である。再選志向以外のインセンティヴをどう分析にかけるかというところで違いが存在しているが，この疑問それ自体は本書においても共通のものがあるといえる。

ただし，数値化しうる変数だけを分析することで，「政界再編」の全貌を明らかにできるかと問われれば，その答えはノーであるといわざるを得ない。また，自民党分裂のようにある程度多くの n（母数，母集団）を確保できるケースはともかく，日本の「政界再編」過程においてはその方がむしろ稀であり，より小さな単位で移動が頻発している。そのようなケースを分析するには，より細かいフォローが必要になる。

■ 本書の立場

ではこうした従来の研究を下敷きにすると，本書の立場はどのようなものになるであろうか。本書においても，Strøm[1990] や連合理論の先行研究を参考に，政党選択に際して議員の行動に影響を与えるインセンティヴとして，

---

(18) 例えば，当選回数などの政治経験の長短や資金の多寡などがある。

再選追求・政権追求・政策追求の三つを想定する。これらは，政党間移動はもとより，それ以外の行動に関しても，議員のインセンティヴを探る上で一般性の高い想定であるといえる。

　また，日本の政党間移動を分析対象とした建林 [2002;2004] や待鳥 [2000;2002] といった実証研究は，再選・昇進・政策志向という三つを政治家の目的と想定しているが，既に述べた連合理論との整合性を考えた場合，昇進志向は政権追求インセンティヴに集約させるのが妥当であるし，そのことは議論の一般性を何ら損なうものではないと考えられる。事実，建林 [2002;2004] や待鳥 [2000;2002] といった実証研究も，Strøm[1990] のいう政権追求目標に昇進目標を包含させており，二つの目標を同一視している。

　両者が同一視できるものでありながら，政権追求ではなく昇進という表現が用いられているのは，建林や待鳥が政治家一般の行動目的を念頭においているからであると考えられる。実際，「政権追求」という用語自体，議院内閣制が前提とされているものであるし，日本においても例えば地方議会の政治家や首長といった政治家の行動目的として「政権追求」という表現は馴染まない。また，国会議員という枠を外れて，例えば地方の首長に転出するような行動を考えたときには「昇進」と呼ぶのが適切であろう。しかし，本書は議院内閣制における議会レベルでの分析を行うものであるため，「昇進」も含意される「政権追求」を行動目的と考える方が妥当であると考えられる。議院内閣制の下で「昇進」してポストに就くには，与党に所属していることが事実上の必要条件である。したがって，政権を追求しない限り，昇進は望めないと考えられ，昇進目標は政権追求目標と同一視して差し支えないのである。

　いま，この三つのインセンティヴを行動の目的として想定した場合，問題となるのは再選追求というインセンティヴをどう取り扱えばよいかという点である。建林 [2004:21-25] によれば，第一に再選が制度的に可能で，第二に議員になることが，政権追求・政策追求という残り二つの目標を追求するための前提条件となっており，それに加えてシニオリティ・ルールが制度化されているような状況では，再選目標が他の二つに比べて優先的な意味を持つことになるとされ，日本はそれに該当するという。その意味では，再選追求が他の二つのインセンティヴに優越するのであり，再選こそが最も重要な目的であると考えるのは妥当な想定であろう。既にみたように，建林以外でも，

Reed and Scheiner[2003] や河野 [1995], 木村 [1998], 今井 [2000] といった日本の政党分裂を扱った先行研究の中には，再選追求の優越を前提にしたもの，あるいは再選のみを唯一のインセンティヴとして分析したものが見られた。だが，ここで問題となるのは，果たして再選追求のみで「政界再編」の全体像を分析することは可能か，ということである。

　既に見たように，連合理論においては，再選追求という目的は政権追求・政策追求という他の二つの目的の前提条件として明示されない形になっている。それは，連合理論が，選挙によって配分された議席を前提に，どのような政権が形成されるかを分析したものである限り，既に行われた選挙から次期選挙が行われるまでの期間の行動を分析対象としているためであろう。その背景には，連立政権が形成されるための交渉は，通常選挙の直後に行われるものであり，次期選挙は遠い将来のことである場合が多いという暗黙の前提があるものと思われる。

　議会レベルでの政党間移動を分析対象とする本書も，この前提に基づけば，再選追求という目的を必ずしも前面に押し出すことなく分析することが可能であるかもしれない。本書が分析対象とするすべての移動は，当然のことながら選挙と選挙の間に行われるからである。

　しかしながら，政権が交代するというケースは，必ずしも次期選挙から十分に遠い時期ばかりに起こるとは限らない。例えば，日本においても 2000 年の 4 月に小渕首相の突然の体調不良によって首相の交代が起き，それと連動する形で連立政権に参加する政党の組み替えが行われた直後の 6 月に総選挙が行われている。任期満了が半年後に迫る時期での連立交渉においては，再選追求というインセンティヴが前面に押し出されることがあっても何ら不思議ではなく，このようなケースにおいては連合理論の二つのモデルのように再選追求目標を他の二つのインセンティヴの前提条件として取り扱い，必ずしも明示的に分析の対象としないことは合理性を欠くものともなりかねないとの危惧も生じうる。

　同じことは，政党間移動の分析についてもいえる。事実，2000 年総選挙のケースでは，4 月の段階で連立政権の組み替えをめぐって政党間移動が発生しているのである。このようなケースを分析するにあたり，任期満了が迫った時期に，自らの再選を全く考えずに所属先政党を変更するという想定を置くことは，それこそリアリティを欠くであろう。連合理論を応用して，政権

追求と政策追求という二つの目的に焦点を当てる場合にも，再選追求目的を無視することは妥当ではなく，やはりそれはそれとして重要な目的としてとらえておかねばならないのである。

　だが一方で，全ての移動が再選追求目的だけで説明できるという想定もまた，現実的なものとはいえない。例えば，総選挙の直後に政党を移動するといったケースが観察されるが，それを再選追求目的だけで説明するのは困難だろう。詳しくは第5章の分析に譲るが，本書が分析する日本のケースでは，再選追求目的だけでは十分説明できないような移動が少なくなく，それだけでは「政界再編」の全体像を描くことはできないのである。

　したがって本書では，再選追求目的の重要性と優越性は認めた上で，それだけでは説明しきれない移動のメカニズムに光を当てることで，「政界再編」の分析を行うこととする。言いかえれば，再選追求目的は，他の二つのインセンティヴを満たすための前提条件となっていて，再選追求は議員の政党選択における制約条件として機能するが，政権・政策追求という目的と明らかに背反する形で単独で顕在化するものではないと考える[19]。つまり，再選追求は政権追求・政策追求というインセンティヴに優越するのであるが，むしろそうであるがゆえに，外形的には政権追求行動や政策追求行動と区別がつかない形で観察されるのである。

前提I　政党選択において議員の行動を規定するインセンティヴは，再選追求，政権追求，政策追求の三つに集約される。このうち，再選追求は他の二つのインセンティヴを充足するための前提条件であるが，見かけ上は政権・政策追求のどちらかに吸収される形で観察される。

---

(19) ただ，第4章と第5章で議論するように，政権追求か政策追求かという軸そのものが意味を失う段階，具体的には衆議院の解散ののちには，純粋に再選のみを追求した政党間移動が起こりうる。参議院への，あるいは参議院からの鞍替えが試みられる場合も同様である。これらのケースについては別途検討を行うことで対応する。逆にいえば，そうでない時期に再選追求のみを目的とした政党間移動が起こった場合，本書の枠組みでは対応することが難しいということになるので，そうした行動が疑われるケースについては，個別に細かく観察する必要が出てくる。

前提Ⅰをクリアするということは，再選追求が前提条件となる以上，明らかに再選に不利になるような行動は取らない，ということを意味する。したがって本書では，第5章において実際に議員の選挙事情に焦点を当てることで，再選追求インセンティヴと政党間移動の関係について別途考察し，この前提が妥当であることを確認する。

　次に問題となるのは，政権追求インセンティヴに基づく政党間移動と，政策追求インセンティヴに基づく政党間移動とを見かけ上どう区別するのかということである。既に見てきたように，この二つのインセンティヴに基づくモデルを構築した連合理論においても，二つの行動がどう峻別されるのかという実証的な問題については曖昧なままにされてきた。実際，政権追求といいながらその先には政策の実現が意図されていたり，逆に政策追求といいながらその先には政権の追求が意図されているような行動がそれぞれに含まれてしまうのは明らかである。二つの目的を隔てる基準が実は十分に整理されていないという事実は，実証分析を行う上で大きな障害となる。そこで，実証分析においては，何らかの妥当な基準を設けて二つの目的をひとまず外見上区別することが必要である。

　本書では，その点を以下のように考えることで区別する。すなわち，

前提Ⅱ：
前提Ⅱ-1　与党への移動，もしくは移動によってそれまで野党だった陣営が勝利連合に代わるような移動を，政権追求行動とみなす。
前提Ⅱ-2　上に該当しない政権追求行動以外の行動を，政策追求行動とみなす。

　このように，政策追求行動を政権追求行動の剰余部分として扱うことにより，全ての政党間移動を網羅的に政権追求，ならびに政策追求行動として分類することが可能になるのである。
　以上を踏まえ，日本における政党間移動を網羅的に分析することによって，政党間移動という現象がなぜ起こり，それが何をもたらしたかということの理論的な側面が浮かび上がると期待される。そこで以下では，具体的な分析期間や対象について定義する。

2-3 分析期間・対象

■ 分析期間

　本書が分析の対象とする期間は，1990年2月18日以降2009年8月30日までである。まず問われるのは，分析のスタートをどこにセットするかという問題である。本書の関心が1993年6月の自民党分裂に端を発した政党の離合集散現象にあることは既に述べた。実際，それ以前の段階で後に述べる本書の定義に基づく政党間移動は観察されておらず（巻末資料2を参照），期間を1993年6月以降に設定しても実質的な影響はないようにも見える。

　しかし本書では，第3章において詳述するように，総選挙と総選挙の間の期間を一つのサイクルととらえて分析を加える。それは，有権者の支持構造の変化に直接の影響を受けない期間の議会レベルの政党における政党間移動を分析するには，選挙と選挙の間の期間を一体として取り扱い，その中での政党間移動を観察するのが妥当であると考えられるからである。その意味で，1990年2月の総選挙から分析をスタートさせることが最も理に適った方法である。

　一方，選挙と選挙の間を一つのサイクルとしてとらえる考え方から見れば，分析対象とする期間の終わりもまた総選挙の日を選択すべきであると考えるのが自然である。したがって本書の分析期間は本書執筆の最終段階（2010年7月現在）で直近の総選挙である2009年8月30日までとした。

　以上より，本書においては以下のとおり分析期間を分け，それぞれの期間に以下の名称を与えることとする。

　　期間Ⅰ　　1990年2月18日第39回総選挙から1993年7月18日第40回総選挙
　　期間Ⅱ　　1993年7月18日第40回総選挙から1996年10月20日第41回総選挙
　　期間Ⅲ　　1996年10月20日第41回総選挙から2000年6月25日第42回総選挙
　　期間Ⅳ　　2000年6月25日第42回総選挙から2003年11月9日第43回総選挙
　　期間Ⅴ　　2003年11月9日第43回総選挙から2005年9月11日第44回総選挙
　　期間Ⅵ　　2005年9月11日第44回総選挙から2009年8月30日第45回総選挙

■ 分析対象

　本書が分析対象とするのは，1990年2月18日から2009年8月30日までの期間に観察された，現職の衆議院議員による全ての政党間移動である（一覧は巻末資料2参照）。参議院議員については，政権の獲得に直接的に影響するわけではないため，ひとまず分析対象から除く。

　また本書では，政党間移動を行うアクターとして，現職の国会議員のみを対象とする。実際には，落選中に政党を移動する政治家が存在するのであるが，選挙に勝つこと以外の目標を設定することが（少なくともその期においては）無意味で，議会内の勢力図に影響を与えない非現職の政治家と，自ら議席を有して政権の形成に影響力を発揮できる現職の議員では異なる枠組みでの説明が必要となろう。そこで本書ではまず，より複雑な説明が必要になると思われる現職議員の政党間移動に対象を絞って議論を行うこととする。

　ただし，スキャンダルの発覚によって当該議員が余儀なくされる移動（多くの場合は所属政党を除名されるか，自発的に離党するかし，無所属となる移動である）については，分析の対象から除く。スキャンダルの発覚による除名や離党の場合，それがたとえ自らの意志によるものであったとしても，所属政党を離れることそれ自体が目的であり，その行く先も事実上閉じられているため，主体的かつ戦略的な政党選択の結果とはみなすことができないからである。巻末資料2では，分析対象から除く移動についても掲載してあるが，それらは斜体で表示して本書が分析対象とする政党間移動と区別して表示している。

　なお，同じように所属政党を離れること自体が目的で，議会内における行く先を考慮しない移動という意味では，地方自治体の首長選への鞍替え立候補を行う場合がある。地方自治体の首長選には無所属で立候補することが慣例化しているため，立候補の意思を表明した段階で国会でも党籍を離れるということが行われてきた。この場合は，スキャンダルのケースと異なり不可抗力による移動ではなく，議会外での昇進を狙っての主体的なインセンティヴに基づく移動であり，戦略的な移動とみなすことはできる。しかし，少なくとも直接的に「政界再編」との関係性を見出すのは難しいケースであるため，本書の分析対象からは外す。このケースについても，巻末資料2において斜体で表記して区別している。

2-4　「政党」「移動」の定義

　ここでは，本書で用いる「政党間移動」について定義する。本書で分析する政党間移動は，必ずしも公的な制度に裏打ちされてタイミングを確定できる性格のものではないために，何をもって政党間移動とみなすかという定義を行っておくことが必要になる。そこで，ここでは本書において「政党」と「移動」をそれぞれどう定義するかという点を明らかにする。

■　「政党」の定義

　「政党間移動」を測定することは，実のところそのこと自体に困難がある。一見すると，「政党」には，政党助成法や公職選挙法などの関係法規によってそれぞれ要件が与えられており，それに基づいて定義することが可能なように思われる。しかし，本書が分析対象とする「政党間移動」に関しては，どの政党にいつ，何人が所属しているのかを捕捉する必要があるが，そのような形で時系列的に人数の移動まで公的に管理されているわけではなく（以下に述べる院内会派は例外的に準公的に管理されているといえるが，必ずしも政党とは同一視できない），そのため公的な制度によって政党間移動の日時と人数，移動先等を確定させることはできないのである。

　例えば，政党助成法の定める「政党」の要件は，助成金が毎年1月1日現在での所属国会議員数を基準に算定されるため，1月1日という一時点の政党しか捕捉されない。しかし本書の対象とするケースにおいては，1月1日という算定日には存在しないが，明らかに政党とみなすことのできる場合が複数観察される。また，公職選挙法の定める「政党その他の政治団体」は，衆参両院に属する国会議員が5人以上所属する団体，あるいは直近の衆院選における小選挙区もしくは比例区での得票率が2%以上の団体とされており[20]，それより小さい規模のものは政党その他の政治団体とはみなされない。また，公選法上の規定は，政党助成法と同様，日常的な議員の出入りを逐一捕捉するものではない。したがって，以上のような公的な裏付けだけで政党

---

(20) 参院選の場合は，当該選挙において10人以上の候補者を有する政党その他の政治団体もこれに含まれる（公職選挙法第86条の3第1項）。

を定義することには限界がある。

　一方，日本の国会では「院内会派」（以下，会派）というインフォーマルな集団が重要な役割を負わされており，会派は政党と同一視できる一面を持っている。国会の運営は会派を単位として行われており，議員にとってはこれに属さずに国会で活動するには大きな制約が伴う[21]。具体的には，各会派は衆参それぞれの事務局に所属議員を届け出て，その数を基準として委員会定数や質疑時間の配分などが行われる。つまり，政党であっても会派でなければ国会で十分な活動ができないということを意味するため，主に政党を単位とした会派が結成されることになるのである。こうした特徴に着目すれば，院内会派による衆参事務局への届出を基準に政党間移動を定義することが想定されうる。

　だが，ここで問題となるのは（1）全ての政党が会派を結成できるわけではない，ということと，（2）全ての政党が自分たちだけで会派を結成するわけではない，ということである。

　（1）については，衆参それぞれの議会に1人以下の議員しか送り込んでいない政党の場合，会派を結成することはできないという規制がかかっている。衆参両院とも，1人会派を認めていないのである。そのため，1人しか所属議員をもたない政党は，他党の会派と統一会派を結成するか，無所属として活動するかの選択を迫られる。だが，例えば衆参どちらかに1人しか議員が存在しなくても，他方の議院と合わせて5人以上の国会議員が所属していれば，公職選挙法上は「政党」とみなされる。このような「政党」の場合，会派の結成要件に影響がない限りにおいて，たとえ議員の離党や入党があった場合でも議院の事務局には報告されず，記録が残らない。

　（2）については，例えば衆議院で議員立法による法案提出のために必要な20人，あるいは委員会の委員数や質問時間を確保するために必要な数を確保するために，所属議員数の少ない政党は他の政党と統一会派を結成して規模を拡大しようとする場合がある。また，会派単位の運営が制度化されていて，無所属のまま活動することには制約があるため，無所属議員を受け入れて統一会派を結成するようなケースもある。さらに，こうした事情から，院内会派ではあるが院外において政治集団としての活動を何ら行っていない集

---

(21) 会派については，大山 [1997:46-57]，向大野 [2002:50-52] に詳しい。

団というものが存在する。本書では，国会内での活動を円滑にするために便宜的に結成された院内会派と政党は区別する必要があると考える。

以上の事情から，院内会派を政党とみなして政党間移動を会派の移動によって読み替えることも難しい。

そこで，本書においては以下の三つの基準に基づいて「政党」を定義することとする。

(基準1)　期間中の衆参両院の選挙（補選含む）において公認候補を立てた政党
(基準2)　政党助成金を受けた政党
(基準3)　「新党」であることを内外に向けて表明し，マスメディア[22]によって政党として取り扱われている政党

上記（基準1）または（基準2）を満たす政党は無条件に政党として取り扱い，（基準1）（基準2）には該当しないが（基準3）に該当するものも同じく政党として取り扱う。（基準1）は，公職選挙法上の政党要件を満たしているかどうかにかかわらず，新聞等においては「諸派」として取り扱われているものも含む。

なお（基準3）は操作的な条件となるが，本書においては単なる院内会派と政党を区別するために，便宜的な条件付けを行わざるを得ず，それにはこのような基準を用いるよりほかない。本書では，どこまでを政党とみなすのかを明確にすることで，この限界に対応する。

以上の基準に基づいて，本書が対象とする「政党」を全て示したのが，巻末資料1である。

■　「移動」の定義

次に，「移動」の測定について定義を行う。

ここでも「政党」を定義する際に公的な裏付けが取れないことと同じ事情から，「移動」の日時を確定することが難しいという問題が生じる。公的な

───────
[22] ここでは，『朝日新聞』『日本経済新聞』において「政党」として報道されたものを念頭に置いている。

裏付けが取れない以上，新聞報道などの二次資料に頼るより他にないのであるが，そこにも困難な問題が横たわっている。

　ある議員が既存の所属政党Aを離党し，別の既存政党Bに移動する場合を考えると，大まかにいって，(1) 議員が政党Aに離党届を提出し，(2) それが政党Aによって承認されると，(3) 政党Aが議員の会派離脱届を提出する。そして，(4) 議員が政党Bに入党伺いを出すと，(5) 政党Bが入党の可否を検討し，認められれば，(6) 政党Bが衆参事務局に会派加入を報告する，という手順が踏まれることとなる。

　しかし，ここで述べた6つのプロセスは，全てこの順番どおりに行われるとは限らない。例えば (2) において，政党Aが何らかの理由によって離党を承認せず，除名などの処分を行うために政党内の党紀委員会などの機関の裁断を仰ぐ，ということになった場合，(2) と (3) を通り越してまず (4) (5) が先に来て，(2) (3) を待った上で (6) が行われる，というケースがある。また，新聞報道も (1) で「離党」と報道されるケースもあれば，(1) では報道がなく (2) や (3) の段階で初めて「離党」とされるケースもある。(3) はインフォーマルとはいえ制度的な裏付けを持つ場合があるため，衆参両院の「新勢力」あるいは「勢力分野」などとして他会派の議席数と合わせて報道されるケースが多いが，必ず報じられるわけではなく，(1) から (3) のいずれか，あるいはいずれか二つのみで「離党」とされ，(5) か (6) のいずれかのみで「入党」と報道される場合がある。したがって，たとえば (1) が行われた日をもって「離党」，(5) が行われた日をもって「入党」というように，日時を厳密な定義に基づいて特定することが困難なのである。これは，既に述べたように，政党と会派はほぼ重なりあっているものの完全には同一のものではないという事情によっている。

　そこで本書では，(1) から (3) に至る一連のプロセスを「離党」，(5) から (6) に至る一連のプロセスを「入党」と考えて，『朝日新聞』において (1) から (3) のいずれかのプロセスが最も早く報じられた日時を「離党」，(5) か (6) のいずれかのプロセスが最も早く報じられた日時を「入党」とする。つまり，(3) だけが報じられて (1)(2) が報じられない場合は (3) の報じられた日時をもって「離党」とする。したがって，(1) 離党届の提出が報じられたが，それが受理されずに除名処分などが下された場合も，(1) の日時で「離党」とし，処分の日時と内容を備考として付記することとする（詳しい日時は巻末資料

2 参照)。受理されるかどうかにかかわらず,離党届を提出した議員がその党の党議拘束に縛られて行動するとは考えられないため,正式に党を離れた日時よりも離党届提出時点で「離党」と判断するのは妥当であろう。入党に関して (4) では「入党」とみなさないのは,移動先の政党の許可がなければそこから何ら利益を得ることはできないのであり,移動先政党の国会戦術等についても少なくとも直接的には知りえないと考えられるからである。経験的にも,(4) だけで入党が認められたとして (5)(6) について報じない,というケースは存在しなかった。

これ以外のケースとして,補欠選挙や,現職議員の辞職に伴って比例区での次点者が繰上げ当選するようなケースでは,当選が確定してから,所属政党が議会事務局に会派入りを届け出るまでのラグが発生する。このような場合は,厳密には当選してから会派入りが届け出られるまでの間は無所属ということになるが,選挙で公認あるいは推薦を出した政党に所属しているものとして取り扱うこととする[23]。

以上で,政党間移動を実証的に分析する準備が整った。以下の章では,ここでの定義に基づいて政党間移動に分析を加えていく。そのために,まず第 3 章では予想される政党間移動のパターンについて類型化する作業を行った上で,日本における「政界再編」の包括的特徴について観察を加える。

---

(23) これはつまり,補選や繰上げ当選者について,会派加入の届が出された時点での無所属から所属政党への移動は,移動としてカウントしない(すなわち,巻末資料 2 には掲載しない)ということである。

第3章
日本における「政界再編」の包括的観察

3-1 政党間移動の類型化

　本章ではまず，第2章で行った定義を踏まえ，巻末資料2の全政党間移動について，以下の基準に基づいて移動のパターンを類型化することを試みる。これによって，日本における「政界再編」の全体的な特徴が浮き彫りになるのである。

■ 政権追求か政策追求か

　既に述べてきたように，本書では議員の政党選択を規定するインセンティヴとして，政権追求と政策追求という二つを想定している。したがって，実際に起こった政党間移動のパターンを類型化するためには，その二つのインセンティヴをどう識別するのかという基準を明らかにする必要がある。

　議院内閣制における議会政党は，政権に参画しているか否かによって，与党と野党に分けることができる。野党の中には，そもそも政権獲得競争に参加しない政党が存在する場合がある[24]が，このようなケースも，与党でないという意味において野党であると考えて差し支えないだろう。

　ある政党が連立政権に参加して与党になる場合は，政権協議の合意前後で野党から与党に変化すると識別できる。

---

(24) 例えば，サルトーリの枠組みでいうところの，ヘゲモニー政党制における衛星政党がこれにあたる。

また中には，移動先の政党が当該議員（もしくはグループ）の移動によって，与党から野党，もしくは逆に立場を変える結果を引き起こす移動がありうる。第2章でレビューした連合理論の枠組みでいうと，pivotalな勢力を引き連れて与党から離脱して新しい政党を作り，それがきっかけで与党が下野して，新党がそれまでの野党と連立政権を樹立すれば，移動先の新党は一時的に野党でも，連立政権発足後は与党ということになる。そうした移動に関しては，移動によって役割が入れ替わった後の移動先政党のポジションで，与党への移動か野党への移動かを判断する。

これらを踏まえた上で，議会政党間の政党間移動は，論理的には以下の4パターンに集約される。

分類基準1
（ⅰ）野党→野党
（ⅱ）与党→野党
（ⅲ）野党→与党
（ⅳ）与党→与党

ここで，観察可能な形で二つのインセンティヴと実際の移動を関連付けるには，与党への移動を政権追求行動，それ以外を政策追求行動とみなすのが妥当であると考えられる。その意味では，このうち，（ⅰ）と（ⅱ）は野党への移動であるから，少なくとも直接的には政権追求に基づく移動とはみなせない。また逆に，（ⅲ）は野党から与党への移動だから，明らかに政権追求行動とみなすことができる。問題は（ⅳ）である。

（ⅳ）は，「与党への移動」という点だけに着目すれば政権追求行動であるが，移動元も与党であるため，政権追求のためだけであれば移動する必要はない。その意味では，政権追求以外のインセンティヴによる移動ということが示唆される。だが，上にも述べたように，ここでの分類はあくまで観察可能な基準に基づいて行うことに意味がある。したがって，（ⅳ）についても「与党への移動」であるという点を重視して，政権追求行動として分類する。

以上をまとめると，（ⅰ）と（ⅱ）を政策追求インセンティヴに基づく政党間移動，（ⅲ）と（ⅳ）を政権追求インセンティヴに基づく政党間移動と分類する。

政党間移動が政党「間」の移動のみであれば，この分類だけで全ての移動を網羅することができるはずである。しかし実際には，ある政党から別の政党へと直接移動するのではなく，とりあえず離党が先行した後，無所属となって一定期間を過ごしてから，移動先政党に所属するというケースが多く見られる（巻末資料2参照)[25]。また，ある政党を離脱して無所属となり，そのまま次期選挙を迎える議員も存在している。こうした無所属「への」，そして無所属「からの」移動についてはどう取り扱えばよいのか。

この点について本書では，選挙と選挙の間を一つのサイクルとみなす観点から，選挙間に離党→無所属→入党がワンセットで観察されるケースにおいては，離党後の無所属期間の長さにかかわらず，それぞれ移動元と移動先政党の離党・入党時点での与野党別から（i）から（iv）の分類にあてはめて考えることとする。これにしたがって上の分類基準を修正したものが以下である。

分類基準1´
（i）野党→野党
（i）´野党→無所属→野党，無所属→野党，を含む
（ii）与党→野党
（ii）´与党→無所属→野党，無所属→野党，を含む
（iii）野党→与党
（iii）´野党→無所属→与党，無所属→与党，を含む
（iv）与党→与党
（iv）´与党→無所属→与党，無所属→与党，を含む
（v）野党および与党→無所属

なお，（v）に関しては，政党間移動の片道しか観察されず，離党のタイミングのみが問題となる特殊なケースである。こうしたケースについては，四つの分類のいずれにも当てはまらず，政権追求行動であるか政策追求行動であるかを移動先政党から判断することができないため，例外的な行動として区別する。

---
(25) このようなケースは，巻末資料2の「無所属期間前後の所属」の欄に，移動先政党の名称と加入の時期を示した。

また，無所属期間の有無や長短を考慮しないことには問題もある。すなわち，無所属でいる間に政権の枠組みが変わった場合は，離党時の意図とは結果として異なるインセンティヴが入党時に働く可能性も否定できない。したがって，無所属期間を挟む移動については特に連立に参加する政党の枠組み変更が間にあったかどうかを注視しつつ，別途検討を加えることとする。そのため，ここでの分類においても四つのパターンの中でそれぞれ無所属期間を挟むものの内訳を明らかにする。

■ 解党を伴うかどうか

政権追求か政策追求かという分類区分に加え，本書ではもう一つの分類軸を設定する。それが，所属政党の解党[26]を伴う政党間移動であるかどうか，という基準である。

なぜこのような分類が必要とされるのか。それは，解党を伴う移動に関しては，移動する本人のみならず，解党を決定した政党執行部の意向が重要となるからである。このような場合，当該議員としては解党を望まず，政党を移動する意思を持たなかったとしても，党として解党が決定されてしまえば政党を移動せざるを得ない。こうしたケースは，「離党」という政党間移動に際しての一大プロセスが，議員本人の戦略的決定とは必ずしもいえない形で実現してしまうため，離党と入党を一体として分析することが難しい。所属政党の消滅に直面せざるをえなくなった議員にとっては，どこの政党に移動するか（あるいは無所属となるか）ということのみが戦略的意思決定の対象となるだろう。したがって，前所属政党の解党を伴っての移動であるか否かという基準を設けることで，他の移動と区別して分類することとする。

解党を伴う移動については，第4章において，いかなる場合に政党が消滅するのかという観点から分析を加える。

---

(26) なお，ここでいう「解党」は，これ以後その政党が存在しなくなるケースを指す。したがって，党の大部分が新党に移行して分裂状態に陥る場合でも，元の名前の政党が存続する場合は「解党を伴わないケース」となる。例えば，1996年9月の民主党結成に際し，新党さきがけからは所属議員の過半が民主党へ移動したが，新党さきがけは存続したため「解党を伴わないケース」として扱われる。

■ 新党への移動かどうか

　解党による移動かどうかという基準は，政党の消滅という事態によって議員が直面する状況を切り離してとらえるために設けたものである。一方で，新党結成を伴うかどうかという基準は，政党の誕生という事態に対して，議員の戦略的意思決定がどのような影響を与えているかを抽出するために設けるものである。

　議員にとって，インセンティヴ充足のために現在の所属政党より魅力的な新党が結成されることになれば，それに参加することになるだろう。この場合は，新党がどのような性格の政党になるのかということが重要になるはずである。一方，既存政党への移動の場合は，それが現在の政党に所属することを決定する際にも存在していた政党であれば，少なくとも一度は所属しないことを決めた政党なのであり，何がその状況を変化させたのかをとらえる必要が出てくる。こうした二つの状況を区別するために，結成される新党への移動であるかどうかという基準を設ける。

　なお，新党については第4章において，いかなる場合に政党が誕生するのかという観点から分析を加える。

　以上，類型化の三つの基準から，政党間移動のパターンは以下の表にまとめることができる。日本における全ての政党間移動は表3－1のどこかに分類されることになる。また，この分類基準は一般性を失うものではないため，日本と同じように政党間移動が起こった議会制民主主義国における移動につ

表3－1　政党間移動の類型化（理念型）

移動元＼移動先	政権追求（Office-seeking） 新党へ	政権追求（Office-seeking） 既存政党へ	政策追求（Policy-seeking） 新党へ	政策追求（Policy-seeking） 既存政党へ	無所属へ
解党を伴わない	G(I)Gn, O(I)Gn	G(I)G, O(I)G	G(I)On, O(I)On	G(I)O, O(I)O	OI, GI
解党を伴う	Gd(I)Gn, Od(I)Gn	Gd(I)G, Od(I)G	Gd(I)On, Od(I)On	Gd(I)O, Od(I)O	OdI, GdI
無所属から	IG, IGn		IO, IOn		

＊ G：与党 Government party，O：野党 Opposition party，I：無所属 Independent，d：解党 dissolution，n：新党 new party．
＊＊ (I) は，無所属期間を挟む場合とそうでない場合を両方含むという意である。
（出典：著者作成，以下表3－10まで同様）

いても，同様に適用することができる。

3-2 日本における政党間移動の特徴

では，3-1で述べた類型化の表3-1に，本書が分析対象とする期間の日本での全ての政党間移動を当てはめたとき，どのような特徴が見えてくるであろうか。

まず，Ⅰ期からⅥ期までの通算で，それぞれの内訳ごとの頻度を合計したものが以下の表3-2である。

■ 全体の特徴

表3-2から一見して明らかな特徴は，政権追求行動より政策追求行動の方が多いということである[27]。政権追求行動は152回観察されているのに対し，政策追求行動は644回観察されている。これは，Ⅰ期の自民党分裂，Ⅱ期の新進党や民主党Ⅰの結成，Ⅲ期の新進党解党や民主党Ⅱの結成，Ⅳ期の

表3-2　政党間移動の頻度（ⅠからⅥ期通算）

移動元＼移動先	政権追求（Office-seeking) 新党へ	既存政党へ	政策追求（Policy-seeking) 新党へ	既存政党へ	無所属へ
解党を伴わない	G(I)Gn 0/0 O(I)Gn 36/0	G(I)G 8/9 O(I)G 8/25	G(I)On 98/13 O(I)On 11/17	G(I)O 1/4 O(I)O 2/5	OI 10 GI 7
	計　36/0	計　16/34	計　109/30	計　3/9	計　17
解党を伴う	Gd(I)Gn 5/0 Od(I)Gn 0/0	Gd(I)G 8/0 Od(I)G 1/9	Gd(I)On 0/0 Od(I)On 452/3	Gd(I)O 0/1 Od(I)O 22/4	OdI 3 GdI 0
	計　5/0	計　9/9	計　452/3	計　22/5	計　3
無所属から	IG 42 IGn 1		IO 8 IOn 3		その他 4
	計　43		計　11		計　820

*　x/y：無所属期間を挟まない移動の回数／無所属期間を挟む移動の回数
**　数値は移動の延べ回数である。
***　無所属期間を挟む政党間移動については，一連の移動をまとめて1回と数えている。

---

(27) ここでは，「無所属から」，「無所属へ」，ならびに「その他」という例外的な移動を除いた特徴について述べる。例外的事象の意味については各期の特徴を述べる際に適宜分析する。

民主党Ⅱ・自由党の合併のように，野党陣営において大規模な政党の離合集散が多く観察されたことが影響している．

また，無所属を経由しての移動が90回に対し，政党間移動が652回と圧倒している．しかし，政権追求行動においては全152回中43回（28.3%）が無所属期間を経ての移動であるのに対し，政策追求においては全644回中47回（7.3%）にすぎず，政権追求行動においては無所属を経由する割合が高いことが分かる．

これは，Ⅲ期において新進党から自民党に復党する議員が多く見られるが，このほとんどが無所属期間を挟んでの移動であることなどが影響している．与党は，移動議員を受け入れなくとも既に与党であるのだから，少なくとも直観的には移動議員を受け入れることで勢力を拡大しなければならないというインセンティヴをもちにくいはずで，そうした事情が受け入れに慎重な姿勢を示しているとも考えられる．

さらに新党への移動では，政策追求行動のみに33回観察されるだけなのに対し（政党間移動は政権追求・政策追求合わせて602回），既存政党への移動では57回観察されており（政党間移動は50回），既存政党への移動に際して無所属を経由するケースが多いことが窺える．これは，新党の結成は離党と連動して行われることが多いことを示唆しており，逆に既存政党への移動では離党と入党が必ずしも連動していないことを示しているだろう．

次に，政権追求行動の中での特徴としては，野党からの移動が79回（52.0%）に対し，与党間の移動は30回と少ない．政策追求行動でも，野党間の移動が516回（80.1%）を占めるのに対し，与党からの移動は117回にすぎない．これらより，与党からの離脱は，野党からの離脱に比べて起こりにくいといえる．政権の座についていれば，一般に望ましい政策を実現できるチャンスが大きいと考えられるので，このことは自然な現象であろう．

一方で，解党を伴うケースと伴わないケースの比較では，解党を伴うケースが505回（68.1%），伴わないケースが237回である．数字上解党を伴うケースが上回っているが，このことは直観的にも明らかである．大規模な政党が解党した場合，そこに所属していた議員は否応なく政党間移動を強いられるからである．事実，Ⅲ期の新進党の解党のように大規模政党の解党が見られたことから，解党を伴うケースがそうでないケースを上回ることは容易に予想される．むしろ，解党を伴わないにもかかわらず発生した移動が237回存

在するという事実にこそ，議員の戦略的行動としての政党選択を分析する必要性があるといえるだろう。

では，新党が結成されるのはいかなる場合が多いであろうか。政権追求行動としての新党への移動が 41 回見られる（政権追求行動のうち，新党ではない既存政党への移動が 111 回）のに対して，政策追求行動としての移動が 597 回である（政策追求行動のうち，既存政党への移動が 47 回）。これより，新党は野党として出発することが多く，与党として結成されることは少ないことが分かる。したがって，与党への移動を志向する場合は既存政党への移動となる場合が多い。逆に，政策追求行動は新党の結成と連動する場合がほとんどであり，既存政党への移動の割合は低い。

以上が，分析期間の通算で見た特徴である。次に，各期ごとの特徴を観察する。

■ I 期の特徴

I 期においては，1993 年 6 月に当時の単独与党である自民党から分裂して，新党さきがけ[28]・新生党[29]という二つの新党が結成されるのに伴う移動が大

表 3-3 政党間移動の頻度（I 期）

移動元＼移動先	政権追求（Office-seeking） 新党へ	既存政党へ	政策追求（Policy-seeking） 新党へ	既存政党へ	無所属へ
解党を伴わない	0	0	GOn 46	0	OI・GI 各 1
解党を伴う	0	0	0	0	0

---

(28) リクルート事件に端を発して結成された，自民党内の若手改革派グループ「ユートピア政治研究会」のメンバーを中心とした新党で，結党時の代表は武村正義。7 月の総選挙で議席を増やして細川連立政権に入り，羽田政権では閣外協力に転じるも，1994 年 6 月の村山政権に連立与党の一員として政権復帰。1996 年 9 月の民主党 I 結党に伴って分裂し，2000 年の総選挙で事実上消滅した。
(29) 自民党竹下派の内紛に伴い，1992 年 12 月に結成された羽田派のメンバーを中心とした新党で，党首は羽田孜，代表幹事に小沢一郎。細川・羽田連立政権に参画したが，村山政権発足とともに下野。1994 年 12 月の新進党結党に伴って解党された。

勢を占める。それ以前に観察された政党間移動は存在しない。そのため，観察された移動の回数は48回であり，他の期に比べて頻度が多いとはいえない。

38年もの長期にわたって単独政権を維持してきた自民党が内部から分裂を引き起こしたことは，直後の総選挙後に自民党が下野したことと相俟って広く政治学者の関心を集めてきた（河野[1995]など。詳しくは第2章参照）。自民党分裂のケースは，本書の枠組みでは政策追求行動とみなされ[30]，解党を伴わず新党結成と連動するケースに分類される。

ここで，例外的行動として，2人の無所属への移動が観察されている。この2名とは，さきがけを結成したグループと同じタイミングで自民党を離党した鳩山邦夫と，衆院解散後の6月28日に社会党を離党した沢田広である。第4・5章で述べるように，解散後の移動については，政権追求・政策追求という枠の外で，純粋に再選追求に伴う移動と考えられる。

■ II期の特徴

表3－4　政党間移動の頻度（II期）

移動先 移動元	政権追求（Office-seeking）		政策追求（Policy-seeking）		無所属へ
	新党へ	既存政党へ	新党へ	既存政党へ	
解党を伴わない	G(I)Gn　0/0 O(I)Gn 11/0 計　　11/0	G(I)G　6/9 O(I)G　4/5 計　　10/14	G(I)On 45/10 O(I)On　1/6 計　　46/16	G(I)O 1/3 O(I)O 0/1 計　　1/4	OI 5 GI 4 計　9
解党を伴う	Gd(I)Gn 0/0 Od(I)Gn 0/0 計　　0/0	Gd(I)G 2/0 Od(I)G 0/2 計　　2/2	Gd(I)On 0/0 Od(I)On 176/2 計　176/2	Gd(I)O 0/1 Od(I)O 0/1 計　　0/2	OdI 1 GdI 0 計　1
無所属から	IG 9 IGn 1		IO 1 IOn 2		その他4
					計 313

---

(30) このことは，3－1■「政権追求か政策追求か」の項で述べた，pivotal勢力を引き連れての新党への移動は，その後の新党の役割の変化を踏まえたうえで判断する，という記述と矛盾するのではないかという批判を惹起する。確かにここでの，特に新生党グループの集団離党は，pivotal勢力を確保してのものであり，それによって宮澤内閣不信任案は可決されるに至った。しかし，宮澤首相は内閣総辞職ではなく衆院解散を決断したため，新生党が与野党のどちらになるかは選挙結果を待たねばならなかったのである。その意味で，選挙前の新生党のポジションは野党であると判断するのが妥当であり，そのことは新党さきがけについてもあてはまる。

Ⅱ期は，政権が細川－羽田－村山－橋本と頻繁に入れ替わり，それに伴って連立の組み合わせもめまぐるしく替わった時期にあたる。こうした変動に大きく影響を与え，また影響を受けたのが政党間移動である。Ⅱ期には，延べ313回の移動が観察されており，全820回の移動の38.2%がⅡ期に集中している。これは，Ⅲ期の367回に次ぐ頻度である。

ここでの特徴としては，政策追求インセンティヴに基づく新党への移動が多く観察されているということがある。これは，主として1994年12月の新進党[31]（178人），1996年9月の民主党Ⅰ（52人）[32]という大規模な野党が結成されたことによる。注目されるのは，新進党の場合は野党陣営の再編である（OdOnパターンの移動が166名を占める）のに対して，民主党Ⅰは大半が既存の，しかも与党からの移動である（GOnパターンが45名）ということである。これは，詳しくは第7章での分析に譲るが，同じ野党でも二つの政党の性格付けが異なっていることを示唆しているといえよう。

次に，月ごとで区切った場合の頻度を観察する（表3－5）。

1994年12月は新進党結成，1996年9月は民主党Ⅰの結成に伴い，多くの移動が観察されている。これら以外では，1994年4月の20回が目に付く。1994年4月は，細川政権が退陣して，社会党とさきがけの連立離脱があった時期にあたる。この場合は，細川首相の辞任に政党間移動が直接影響を与えたわけではないが[33]，政権が代わるタイミングに合わせて政党間移動が

---

(31) 1994年12月に，羽田連立政権時の旧連立与党が中心として結成。初代党首に海部俊樹，幹事長には小沢一郎がついた。新選挙制度に備えて政党の規模を大きくする必要性があったために，自民党に対抗できる政党を目指して結成された。1995年12月には小沢が代表となるが，1996年総選挙で政権交代を果たせなかったことで離党者が相次ぎ，結党からわずか3年後の1997年12月に解党した（詳しくは第7章参照）。
(32) 1996年9月，新党さきがけの鳩山由紀夫らを中心に，社会党の右派を中心とした勢力が合同する形で結成。当初は自民でも新進でもない第三極の政党を目指すとして，鳩山と菅直人の二人代表制を敷いた。1998年4月に新進党解党によってできた民政党などと合併して，新しい民主党Ⅱとして生まれ変わった（さらに詳しくは塩田[2007]，伊藤[2008]など。これ以降の時期については，第7章参照）。
(33) 細川首相の辞任は，首相個人の金銭スキャンダルに端を発したものといわれる（石川[1995:102]）。

表 3 − 5[34]　月ごとの政党間移動の頻度（Ⅱ期）

	1993 年						1994 年											
	7	8	9	10	11	12	1	2	3	4	5	6	7	8	9	10	11	12
政権追求	0	0	0	1	0	1.5	1	0	0	20	4	0	4	0	0	0	0	1
政策追求	0	0	0	0	0	2.5	0	0	0	0	0.5	1.5	2	0	0	0	0.5	183
その他	3	1	0	0	0	0	0	0	0	0	0	0	0	0	0	0	0	3
計	3	1	0	1	0	4	1	0	0	20	4.5	1.5	6	0	0	0	0.5	187

	1995 年									
	1	2	3	4	5	6	7	8	9	10	11	12
政権追求	1	0.5	1	0	0.5	0	0.5	1	2	0.5	4.5	0.5
政策追求	0.5	0	0	0	1	0	0	0.5	0.5	0.5	0	4
その他	0	0	0	0	0	0	1	0	0	0	0	0
計	1.5	0.5	1	0	1.5	0	1.5	1.5	2.5	1	4.5	4.5

	1996 年								
	1	2	3	4	5	6	7	8	9	10
政権追求	1	0	0	0	0	0	0	0	4	0
政策追求	1	0	0	0	0	0	0	0	52.5	0
その他	0	0	0	0	0	2	0	0	3	1
計	2	0	0	0	0	2	0	0	59.5	1

活発化する可能性を示しているといえよう．それが証拠に，1994 年 7 月の羽田孜政権総辞職と村山富市政権の発足の時期にも，6 回の移動が観察されている．

　1995 年は大規模な移動は観察されていないが，無所属期間を挟んで既存政党への移動が断続的に観察され，12 月には市民リーグが結成されている[35]．12 月の市民リーグ結成を除くと，与党への移動が多いという特徴を見るこ

---

(34) 無所属期間を挟んでの移動は，離党と入党が月を越える場合が多く見られる．したがって，離党で 0.5 回，入党で 0.5 回と数えることでこれに対応した．政権追求か政策追求かという区別は，これまで同様，入党した政党の，入党時点での属性から判断している．
(35) 社会党の山花貞夫らによるリベラル新党構想と連動して，日本新党から新進党に参加しなかった海江田万里らが 1995 年 12 月に結成．代表には海江田がついた．翌年，民主党Ⅰの結党に参加し，解党した．

とができる。1994年に続いて新党結成が12月に見られるというのは、政党助成金制度の導入が影響を与えていると考えられ、これ以降も例年12月には多くの移動が観察されることになる。

　1996年に入ると、1月には首相が村山から橋本龍太郎へと代わるが、連立の枠組みそのものは自民・社会（1996年1月より社民党に改称）・さきがけの3党体制で変化がなく、目立った政党間移動も見られない。9月に入ると、民主党Iの結党以外にも移動が活発化するが、これには総選挙が近いことが明らかになっていたことの影響が窺える。

　この期に観察された例外的行動には、「その他」に分類される4名が含まれる。これは1993年総選挙後、細川政権発足前の段階で自民党を離党し無所属となった4議員（加藤六月、古賀一成、吹田愰、田名部匡省[36]）である。この4名は1994年4月11日に与党の新生党へと移動するのであるが、離党の時点では自民党が与党になるか野党になるかが固まっていたわけではないため、移動元の政党の性格を特定できない。したがって「その他」の分類とした。総選挙後から政権発足までの期間の移動は、既存政党による追加公認が主となるというのが本書の仮説であり、これらはいずれもそれに該当するものと考えるが、検証は仮説の説明とともに第4章において行うこととする。

　一方、無所属への移動が10回観察されている。1994年12月8日の永井孝信（移動元：社会、パターンGI）、同9日の大矢卓史（同：民社、OdI）、同25日の楢崎弥之助（同：自由連合、OI）、1995年7月24日の松前仰（同：社会、GI）、1996年6月11日の新井将敬（同：新進、OI）、同25日の吹田愰（同：新進、OI）、9月6日の船田元（同：新進、OI）、同26日の関山信之（同：社民、GI）、同27日の石破茂（同：新進、OI）、10月1日の山下八洲夫（同：社民、GI）の10例である。

　次に、無所属からの移動が13回（うちIG・IGnが計10回、IOが1回、IOnが2回）観察されている。このうち、IGの4回は上に述べた4議員である。これ以外のIG・IGnは、1993年10月12日の栗本慎一郎（移動先：新生）、同12月3日の玄葉光一郎（同：さきがけ）、1994年4月11日の山岡賢

---

(36) このうち田名部のみが8月4日に離党、それ以外の3名は7月28日の離党となっている。総選挙が7月18日、細川政権の発足が8月9日だから、これらはその間に含まれる。

次（同：新生），同 19 日の高市早苗（同：自由（旧）），1995 年 1 月 31 日の横光克彦（同：社会），1995 年 9 月 8 日の糸山英太郎（同：自民）の 6 回である。一方 IO の 1 回は 1994 年 12 月 21 日の徳田虎雄で，IOn の 2 回は，いずれも 1994 年 12 月の新進党結党への参加であり，鳩山邦夫・山口敏夫が該当する。

このうち加藤ら 4 名を除く 9 名は，いずれも 1993 年総選挙において無所属で当選しているという共通項を持っている。無所属で当選してきた議員がどのタイミングで所属政党を決定するかということは，それぞれ個別に検討を加える必要があるが，このうち 1994 年 4 月に移動した山岡・高市の 2 名は細川首相の辞意表明から次期政権発足までの間に移動が行われており，これは第 5 章で検証される。また，徳田・鳩山・山口の 3 人の移動は 12 月であり，しかも鳩山と山口は新党への移動ということで，政党助成金制度の影響が強く示唆される行動といえる。

■ III期の特徴

III期では，367 回と全期間中で最も多くの移動が観察された。本書が分析対象とする全政党間移動のうち，実に 44.8% がこの期間に起こっている。これは，橋本－小渕－森と政権が入れ替わり，連立の組み合わせも自民単独[37]－自民・自由－自民・自由・公明－自民・公明・保守と変動したことと，最大野党だった新進党が 1997 年末に解党されたことに影響を受けている。特

表 3 − 6 政党間移動の頻度（III期）

移動元＼移動先	政権追求（Office-seeking）		政策追求（Policy-seeking）		
	新党へ	既存政党へ	新党へ	既存政党へ	無所属へ
解党を伴わない	G(I)Gn 0/0 O(I)Gn 20/0	G(I)G 1/0 O(I)G 3/19	G(I)On 0/0 O(I)On 10/9	G(I)O 0/1 O(I)O 1/4	OI 1 GI 0
	計 20/0	計 4/19	計 10/9	計 1/5	計 1
解党を伴う	Gd(I)Gn 0/0 Od(I)Gn 0/0	Gd(I)G 0/0 Od(I)G 1/7	Gd(I)On 0/0 Od(I)On 276/1	Gd(I)O 0/0 Od(I)O 0/3	OdI 2 GdI 0
	計 0/0	計 1/7	計 276/1	計 0/3	計 2
無所属から	IG 5		IO 3		計 367

---

(37) 当初は社民・さきがけが閣外協力。のち解消。

に，新進党の解党を受けて野党陣営が再編成され，民主党Ⅱが最大野党となる過程で多くの移動が行われた。

具体的には，新進党からの離党者を中心に太陽党（1996年12月）[38]，フロムファイブ（1997年12月）[39]といった新党が結成され，新進党の解党に伴って1998年1月5日に新党友愛[40]，国民の声[41]，自由党[42]，新党平和[43]，改革クラブ[44]が誕生した。太陽・フロムファイブ・国民の声の3党は，同1月23日には民政党[45]として合併し，4月27日には民主党Ⅰ・新党友愛とも合併して民主党Ⅱ[46]となった。このように，新進党から新党の結成と解党を繰り返して民主党Ⅱにまとまるというのが一つの流れである。その結果として，OdOnという解党・新党結成をそれぞれ伴う移動パターンが276回起こっているのである。

また，この期間には政権追求行動としての移動が多く見られるという特徴

---

(38) 1996年総選挙で議席を伸ばせなかった新進党から，小沢党首の党運営に批判的だった羽田孜らが離党して結成した。党首は羽田。太陽党は，翌年末の新進党解党に伴ってできた新党・国民の声と，羽田らより後に新進党を離党した細川護熙率いるフロムファイブと合同して1998年1月に民政党を結成し，解党。
(39) 1997年6月に新進党を離党した細川護熙が中心となり，その名の通り5人の国会議員で結党された新党。1998年1月の民政党結成に加わり，解党。
(40) 新進党内の旧民社党グループが結成した新党。代表に中野寛成。4月の民主党Ⅱ結成に参加して解党した。
(41) 新進党解党直前の党首選で，小沢に敗れた鹿野道彦ら旧新生党議員を中心とした新党で，党首には鹿野。直後に結成の民政党に参加し，解党。
(42) 小沢一郎を支持する議員たちによる新党。1998年には自民党との連立政権に参加するが，2000年には連立を解消し，その際に保守党と分裂した。2003年に民主党Ⅲに合流し，解党した。
(43) 新進党の旧公明党衆院議員グループによる新党。代表に神崎武法。結党後は改革クラブと統一会派を結成した。11月には参院議員が所属する公明と合併し，公明党Ⅱを結成，解党した。
(44) 新進党の若手議員が，代表に長老の小沢辰男を担いで結成した新党。新党平和と統一会派を組み，公明党Ⅱの連立政権参加に伴って与党入りしたが，2000年総選挙で事実上消滅。2008年9月結成の改革クラブ（新）とは同名だが無関係である。
(45) 代表に羽田孜。4月の民主党Ⅱ結成に伴って解党。
(46) 代表に菅直人，幹事長には羽田。2003年に自由党が合流するまで，基本的にこの形が続いた。

がある。政権追求行動での移動は全期間を通して152回観察されているが，Ⅲ期だけで56回を数え，およそ三分の一を占める。これは，新進党から無所属期間を経て自民党に移動する行動が五月雨式に見られたことや，2000年4月に自由党が連立離脱に伴って分裂し，そのうちの連立維持派が保守党[47]を結成したことなどによっている。

では，月ごとに頻度を観察してみるとどのようなことが見えてくるであろうか。

一見して明らかなのは，1998年を除き，12月に最も多く移動が起こっているということである。これは，先にも少し触れたように，政党助成金制度の影響が窺える。この点については第4章で詳しく分析する。

表3-7　月ごとの政党間移動の頻度（Ⅲ期）

	1996年			1997年											
	10	11	12	1	2	3	4	5	6	7	8	9	10	11	12
政権追求	0.5	1	0.5	1.5	0.5	3	0	1	0	5	1	1.5	1	0	8
政策追求	0	0	11	0	0	0	0	0	1	1.5	0	0	0	0	3
その他	0	1	0	0	0	0	0	0	0	0	0	0	0	0	1
計	0.5	2	11.5	1.5	0.5	3	0	1	1	6.5	1	1.5	1	0	12

	1998年											
	1	2	3	4	5	6	7	8	9	10	11	12
政権追求	0	0	0	1.5	0	0.5	0.5	0	0	2.5	0	2.5
政策追求	146.5	1	0	94	0	0.5	0.5	0	0	0.5	39.5	0.5
その他	0	0	0	0	0	0	0	0	0	0	1	0
計	146.5	1	0	95.5	0	1	1	0	0	3	40.5	3

	1999年												2000年					
	1	2	3	4	5	6	7	8	9	10	11	12	1	2	3	4	5	6
政権追求	0.5	0	0	0	0	0	0	0	0	0	0	3.5	0	0	0	20	2	0
政策追求	0	0	0	0	0	0.5	0	0	0	0	0	3.5	1	0	0	0	0	0
その他	0	0	0	0	0	0	0	0	0	0	0	0	1	0	0	0	0	0
計	0.5	0	0	0	0	0.5	0	0	0	0	0	7	2	0	0	20	2	0

(47) 自由党の連立離脱に反対して，連立維持を主張したグループによる新党。結党時の党首は参院議員の扇千影。2002年12月，民主党Ⅱを離党した一部勢力と合流して，保守新党を結成するのに伴い，解党した。

また，1996年10月以降1997年末までは，政権追求行動が頻繁に見られる。これは，新進党から無所属を経て自民党に移動する議員が多い時期にあたっている。1998年11月に回数が増えているのは，新党平和と参院公明の合併で公明党Ⅱが結成されたことによっている。そして，1998年は新進党の解党に始まり，非常に活発な移動が確認されているが，1999年は政党間移動そのものがほとんど観察されていない。12月に無所属の会[48]への移動などが見られる程度である。2000年に入り，4月に自由党が連立離脱をめぐって分裂し，移動が見られたが，これは小渕恵三首相が倒れるという非常事態と軌を一にしており，総選挙が強く意識される状況でのものであった。

次に，この期に見られた例外的のうち，無所属への移動については，1997年12月27日に新進党の解党に伴って無所属となった渡部恒三，1998年11月7日に新党平和から公明党Ⅱの合流に加わらず，無所属の道を選択した旭堂山和泰（OdI）と，2000年1月20日に無所属の会を離党した笹木竜三（OI）の3例がある。

一方，無所属からの移動については，以下の8例が該当する。1996年12月25日の遠藤武彦（移動先：自由連合，パターンOG），1997年1月9日の船田元（同：自民，IG），同3月21日の石破茂（同：自民，IG），同24日の岩永峯一（同：自民，IG），同7月7日の望月義夫（同：自民，IG），同14日の新井将敬（同：自民，IG），1998年2月4日の平野博文（同：民主Ⅰ，IO），1999年12月16日の土屋品子（同：無所属の会，IO）である。

■ Ⅳ期の特徴

表3-8 政党間移動の頻度（Ⅳ期）

移動元＼移動先	政権追求（Office-seeking）		政策追求（Policy-seeking）		無所属へ
	新党へ	既存政党へ	新党へ	既存政党へ	
解党を伴わない	OGn 5	GG 1 O(I)G 1/1	OIOn 2	0	OI 2
解党を伴う	GdGn 5	GdG 2	0	OdO 22	0
無所属から		IG 11		IO 2	計 54

---

(48) 選挙と資金面の不利を克服するため，無所属議員が結成した。初期の代表は椎名素夫。2004年に解党。

IV期になると，政党間移動の頻度は大きく落ち込み，54回となる。そのうちの22回が2003年9月の民主II・自由両党の合併に伴う移動である。また，13回が無所属からの移動という例外的な移動で占められているのもこの期の特徴である。また，2002年12月に，民主党IIの一部と保守党の一部で保守新党[49]が結成され，それに伴う移動が10回観察されている。OIOnの2回は，民主党IIから離党した2名が新党尊命(たける)[50]を結成したことによる。

月ごとの特徴を見ると，2000年12月に5回，2002年12月に13.5回と，民主II・自由合併の2003年9月の23回を除けばトップ1・2である。2000年12月の5回は，無所属議員5名が自民党に入党した移動である。

例外的移動はどうか。無所属への移動は，2001年4月26日の中田宏と三村申吾である。これはちょうど森喜朗政権から小泉純一郎政権への交代期にあたっており，政権追求行動を呼び起こす時期に合致する。

次に無所属からの移動であるが，IGの11回は全て自民党への移動であり，うち9回は2000年総選挙で自民党の公認を得ないまま立候補し，当選した自民系無所属議員の入党である。これは，事実上追加公認と同じ意味を持つのであるが，党の方針に反して当選してきているため，入党を希望しても許されないという状況に置かれることとなった。結果から見れば，入党を希望した者は全員自民党への入党が認められるのであるが，認められる時期にはかなりの差がある。最も早く自民党に入党したのが増原義剛であり，時期は2000年11月8日であるが，最も遅かった近藤基彦は2001年12月5日まで待たされることとなった。この間，2001年10月28日の補選で2議席を獲得するまでの間は，自民党は衆院において単独過半数を割り込んでいた。その意味では，自民系無所属を受け入れるインセンティヴは自民党の執行部の側にも存在していたはずである。それでも入党がなかなか許されなかったのは，連立相手の公明党に配慮したためであると考えられる。

残りの2回は，2001年9月26日の土屋品子と，2002年12月27日の星野行男である。後者は同年10月27日の補選で自民・公明・保守の推薦を受け

---

(49) 代表には民主党IIを離党した熊谷弘がつき，自民・公明両党との連立政権に参加したが，2003年総選挙で熊谷が落選するなど敗北したのを受け，選挙直後に自民党に合流，解党した。
(50) 民主党IIが労組依存に陥っていると批判して離党した田中甲が結成した政党で，田中が代表に就任。2003年総選挙で事実上消滅。

て当選した議員である。これは，政党助成金の算定日が迫る12月という時期でもあり，追加公認含みで自民党に入党したものと解釈できるだろう。

IOの2回のうち，1回は2000年7月19日の山口壯（移動先：民主Ⅱ），もう1回は2003年9月25日の鹿野道彦（同：民主Ⅲ）である。山口は選挙直後の時期でもあり，2000年総選挙で自民党の公認候補を破って当選しているため，追加公認の色合いが濃い移動である。一方鹿野は，金銭スキャンダルで2002年2月7日に民主党Ⅱを離党していたが，総選挙を間近に控え，自由党と合併するのに合わせて民主党Ⅲに入党した。これは，スキャンダルのほとぼりが冷めるのを待って元の鞘に収まったという形で理解できよう。

■ Ⅴ期の特徴

Ⅴ期は，2年足らずの短い期間で解散になったこともあり，観察された移動は20回とⅣ期よりもさらに回数を減らしている。目立つところでは，IGという例外的パターンが5回見られるのに加え，2003年の総選挙直後に保守新党が解党して自民党に合流した移動が4回，そして2005年8月の衆院解散に伴って国民新党[51]・新党日本[52]に移動したものが7回ある。したがって，

表3-9 政党間移動の頻度（Ⅴ期）

移動元＼移動先	政権追求（Office-seeking）		政策追求（Policy-seeking）		無所属へ
	新党へ	既存政党へ	新党へ	既存政党へ	
解党を伴わない	0	0	G(I)On 5/2	0	OI 1, GI 2
解党を伴う	0	GdG 4	0	0	0
無所属から		IG 5		IO 1	計 20

---

(51) 小泉純一郎首相による，いわゆる郵政解散に伴って，衆院で郵政民営化関連法案に反対票を投じた議員たちは自民党公認を得られないことになった。そこで，造反組の一部が集って結成した新党である。結党時の代表に綿貫民輔。2009年8月総選挙での政権交代に伴って，民主Ⅲ・社民両党との連立政権に参加した。
(52) 国民新党同様，郵政造反組を中心とした新党。代表には田中康夫長野県知事（当時）。2007年7月には所属議員がゼロとなったが，田中が直後の参院選で当選して議席を回復。2009年総選挙で田中は衆院に鞍替えし，当選した。総選挙後は，民主党Ⅲと統一会派を結成したが，2010年6月にそれを解消，国民新党と統一会派を組んだ。

時期としては 2003 年総選挙の直後と 2005 年総選挙の直前に移動が集中しているという特徴がある。

例外的移動のうち、IG の 5 回は IV 期同様に自民党の公認が得られず無所属から立候補し、当選した議員の自民党入党である。これらは、2004 年 1 月 1 日に 1 名、6 月 3 日に 4 名入党が認められた。IV 期と異なり、保守新党の吸収によって総選挙直後に単独過半数を維持した自民党にとって、さらなる議員を迎えるインセンティヴはないようにも思われる。しかし、実際には過半数以外の閾値として安定多数や絶対安定多数という値が存在しているため、そこを超えるまでは入党者を受け入れるインセンティヴが存在するといえる（Kato and Yamamoto[2009] 参照）。一方、IO の 1 回は 2004 年 11 月 2 日の吉良州司による民主党 III 入党である。吉良は 2003 年総選挙で自民党の公認候補を破って当選しているため、追加公認に準ずる入党とみなすことができる。

次に、OI の 1 回と GI の 2 回は、いずれも衆院解散直後の移動である。OI は 2005 年 8 月 9 日の横光克彦（移動元：社民）、8 月 24 日の小西理（同：自民）、同 29 日の八代英太（同：自民）である。これらは第 5 章において、再選追求インセンティヴに基づく移動として分析される。

■ VI 期の特徴

VI 期は、2005 年総選挙で自民党が 296 議席と大勝を収めた影響もあり[53]、ほぼ任期満了の 4 年近い時間の経過があったものの、移動が 18 回しか観察されなかった。ここでの移動は、まず 2006 年 12 月のいわゆる郵政造反組の復党（11 回）がある。

既に単独で絶対安定多数を大きく超える議席数を持っている自民党には、

---

(53) この点は第 7 章において再び言及されるが、絶対安定多数を超える議席を持つ政党には、移動議員を受け入れるインセンティヴがそもそも乏しい。二大政党の一翼（この場合は、自民党）に移動議員を受け入れるインセンティヴがほぼないということは、他翼の政党（ここでは民主党 III）の議員は移動先政党が見つからないことを意味し、政党間移動はかなりの程度封じられる。また、比例復活を含む比例区での当選者は選挙時の既存政党には移動できないという公選法の規定も、当選者の過半が比例区選出である民主党からの議員の流出に歯止めをかける要素になる。

表 3-10　政党間移動の頻度 （VI期）

移動元 \ 移動先	政権追求 （Office-seeking） 新党へ	既存政党へ	政策追求 （Policy-seeking） 新党へ	既存政党へ	無所属へ
解党を伴わない	0	0	G(I)On 2/1	OO 1	0
解党を伴う	0	0	0	0	0
無所属から		IG 12		IO 1 IOn 1	計 18

追加で移動議員を受け入れる余地が乏しいはずである。にもかかわらずここで移動議員を受け入れたことの背景については，第6章6－3の最後の部分で詳述されるが，来たる参院選への影響が考慮されたということを，ここでは簡単に指摘しておく。

　自民党への入党である IG の残り1例は，同じく 2006 年 12 月に無所属から自民党に入党した徳田毅のケースである。

　次に，IO の1例は，2008 年 9 月 24 日の西村眞吾のケースである。西村は自身のスキャンダルで 2005 年総選挙直後に民主党を離党して以降無所属であったが，2008 年 9 月の新党・改革クラブ（新）[54] 結成に参加した。これは，西村の所属以前は改革クラブ（新）の議員が 4 名にとどまっており，そのままでは政党助成金が受け取れないため，西村を勧誘したものと考えられる。

　また，新党への移動が 4 回観察されているが，これらはいずれも 2009 年総選挙直前に結党されたみんなの党への移動である。みんなの党は，先行して 2009 年 1 月に自民党を離党していた渡辺喜美が中心となって結党された

---

(54) 民主党の小沢一郎代表に批判的な参院議員を中心に結成された新党。代表には参院議員の渡辺秀央。過去に同名の新党が存在するため，本書では改革クラブ（新）と表記してそれと区別する。改革クラブ（新）は，2009 年総選挙において麻生太郎政権支持を明確にして選挙を戦ったため，ここでの西村の移動はIG ではないかという批判が予想される。しかし，改革クラブは党議拘束を外した政党であり，西村自身は麻生首相誕生の際の首班指名選挙で，平沼赳夫に投票している。したがってここでの移動は IO とするのが適切と判断した。なお，同党は 2010 年 4 月，自民党を離党した舛添要一参院議員を党首に迎え，新党改革という名称に変更された。

党であるが，結党が衆院解散の後であるので，渡辺以外のケースは再選インセンティヴに基づくものということになる。渡辺の離党は，麻生政権が自らの掲げる公務員制度改革などの政策の実施に消極的であることなどが理由とされている[55]。

残るケースは OO の 1 回であるが，これは糸川正晃の国民新党から民主党への移動である。糸川は，福井 2 区の民主党公認候補として 2009 年総選挙に立候補するための移動であり，移動の時期も解散直後である。これはまさに再選インセンティヴに基づくものである。

3-3 まとめ

本章では，政権追求・政策追求という二つのインセンティヴと移動行動を観察可能な形で関連付けるとともに，新党結成に伴う移動と既存政党への移動，ならびに解党による移動か否かという三つの分類基準によって，日本の「政界再編」過程がどのような特徴をもっていたか観察してきた。

そこから，政権追求行動よりは政策追求行動の方が多く観察されていること，新党の多くは野党として結成されること，解党を伴わない戦略的移動が多数観察されていること，などが明らかとなった。また，月ごとの移動の推移を観察することで，特定の制度配置に刺激されて，移動が行われる側面があることが示唆された。

こうした点をより理論的な観点から図式化するため，第 4 章では制度と政党間移動のタイミングの関係について議論する。そこでは，政党間移動の質や規模といったものも，ルーティーンな政治制度によって規定されるということが明らかにされる。

---

(55) たとえば，2009 年 1 月 14 日付『朝日新聞』朝刊には，「渡辺氏は会見で『麻生首相が『天下り公認政令』撤回を明確に否定し，麻生内閣が霞が関の代弁者であることを露呈させた』などと首相を批判した『離党声明』を発表」した，とある。

第4章
政党間移動はいつ起こるか

4-1　はじめに

　第3章で観察した月ごとの政党間移動の頻度からも分かるように，本書が分析対象とする六つの期間を比較してみると，一定のタイミングで政党間移動の頻度が増えていることが分かる。そして，そのタイミングには，ポストの配分や選挙における公認，公的資金の配分などを規定する政治制度の影響が強く示唆されていた。

　例えば，I期からVI期を通じて，12月には他の月に比べて多くの政党間移動が観察されたし，新党の結成も活発に行われていた。これには，いわゆる政党助成金制度の算出が，毎年1月1日の各政党への所属議員数を基準に行われることの影響が容易に想像できるであろう。また，首相が交代したり，連立政権に参画する政党の組み替えが起こったりする時期にも移動が多く見られた。これは，首相の交代によってポスト配分が再度行われることに起因しているだろう。また，衆院の解散後に観察される移動については，当該議員が来たる選挙において最も当選確率が高いと判断した政党への移動である可能性が高いだろう。

　このように，選挙と選挙の間のサイクルにおいて存在しているルーティーンな制度に，議員の政党選択が影響を受けているであろうということは，実際に観察された政党間移動の頻度からも明らかである。そこで本章では，制度と政党間移動の関連性について，政党間移動の発生するタイミングに焦点を当てることで分析を加える。このことにより，いかなる条件の下であれば，

いつ，どのような政党間移動が起こるのかという法則を発見することができるのである。

本章の構成は以下の通りである。まず，4－2において本書と関心を同じくする先行研究のモデルについて詳しく検討する。そして4－3において，政党間移動が移動先政党に受け入れられるための前提条件を提示し，4－4で本章のモデルを提示する。それを受けて4－5では，日本のケースから本章のモデルの妥当性について検証する。最後に4－6において，本章の理論的含意について述べる。

4－2　先行研究の検討

第2章で検討したように，政党間移動は近年になって多くの国に広がり，観察されるようになった現象である[56]。そのため，政党間移動に焦点を当てた先行研究そのものが決して多いとはいえない。諸外国のケースでは，イタリアのケースを分析したMershon and Heller[2004]や，ブラジルのケースを分析したDesposato[2006]などが挙がる程度である[57]。むしろ，38年の長期にわたって安定的に一党優位体制を維持してきた自民党が，政党間移動によって分裂を引き起こし，直後の総選挙を経て下野したという興味深い現象が見られた日本のケースが最も多く分析されてきた（河野[1995]，大嶽[1995a]，伊藤[1996]，建林[2004]，Cox and Rosenbluth[1995]，Kato[1998]，Reed and Scheiner[2003]など。詳細については第2章参照）。

ただ，Desposato[2006:63]も指摘するように，日本のケースにおいては安定的な優位政党の分裂という事象そのものへの関心が勝ったため，政党間移動そのものの理論的な説明を行うというよりは，経験的に自民党分裂を説明するという特徴を備えることとなった。本書はそうしたケースの特殊な説明を超えて，より一般的に政党間移動のメカニズムを説明しようとするものである。政党間移動の理論的側面に着目した研究は，上に述べたような事情か

---

(56) 日本以外の国では，フィリピン，ネパール，ブラジル，ボリビア，エクアドル，ロシア，フランス，イタリア，南アフリカといった国で政党間移動が頻発した（Desposato[2006:62]）。

(57) 他に，著者も寄稿したHeller and Mershon[2009]がある。

ら決して多くはないのであるが，そうした中でも一般性を意識したモデルの提示を試みる研究も近年になって提示されるようになってきている。

　上記でいえば，Desposato[2006] は，ゲーム理論を用いて移動が起きる状況を特定するモデルを構築し，ブラジルのケースを用いて実証している。デスポセイトの議論は，単に移動する当該議員の選好のみならず，受け入れる側の政党の選好をモデルの中に組み込んでいるというところが注目に値する。この点については，第6章において日本のケースに翻訳する形で検討が加えられる。

　そして，もう一つ本書が注目する研究として，制度と政党間移動のタイミングの関連性に着目した Mershon and Shvestova[2005;2009] がある[58]。マーションとシュヴェストヴァは，選挙と選挙の間を一つのルーティーン・サイクルとみなし，そこに含まれる制度的条件が政党間移動のパターンや頻度を規定するのではないかと想定している。本章の基本的なアイディアも，この論文に触発されたところが大きい。マーションらは，このような研究が求められる背景として，選挙と選挙の間は，政党システムは一般に静的で安定的なものであると考えられがちであるが，議会レベルでの政党間移動が観察される場合にはその想定は崩れるとし，いかなる制度的条件の下で政党間移動が発生するのかを分析することが必要になるとした。マーションらが分析対象としたのは日本と同じように 1990 年代以降に大規模な政党の離合集散を体験したイタリアと，旧ソ連の崩壊後の民主化の過程で多くの政党間移動が観察されたロシアのケースである。

　マーションらが提示したモデルは，以下の図4－1の通りである。

　マーションらは，選挙間の一サイクルを StageO から StageR，それに StageE の五つの段階に分けてモデルを提示している。ここから導き出される仮説は，以下の三つ（と系一つ）である。

---

(58) ここで挙げた二篇の論文のうち，Mershon and Shvestova[2005] は Mershon and Shvestova[2009] の元となったものである。Mershon and Shvestova[2009] では，元の 2005 年論文が改良され，モデルと仮説がよりシンプルな形に整理されている。

図 4 - 1　Mershon and Shvestova[2009] のモデル

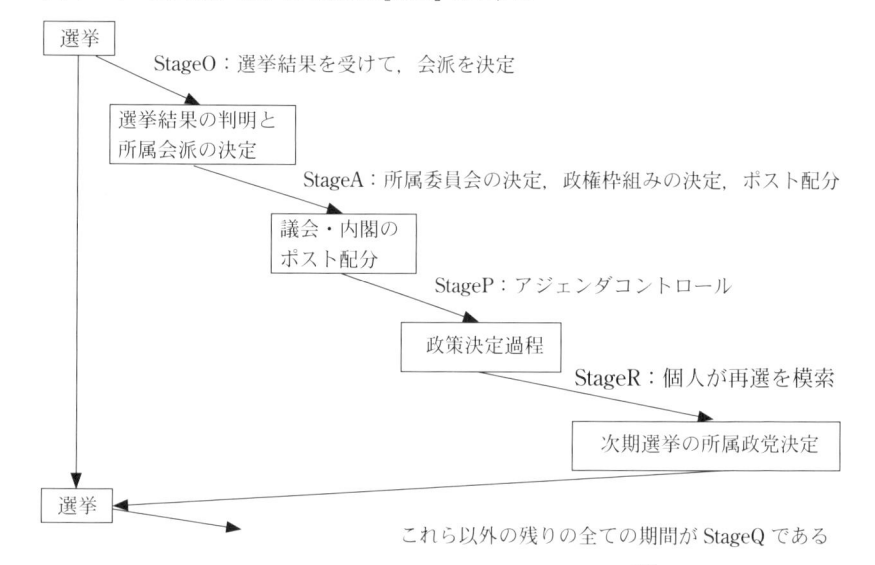

```
選挙
 │    StageO：選挙結果を受けて，会派を決定
 │
 ↓
 選挙結果の判明と
 所属会派の決定
        StageA：所属委員会の決定，政権枠組みの決定，ポスト配分
        ↓
        議会・内閣の
        ポスト配分
                StageP：アジェンダコントロール
                ↓
                政策決定過程
                        StageR：個人が再選を模索
                        ↓
                        次期選挙の所属政党決定
 ↓
 選挙                    これら以外の残りの全ての期間が StageQ である
```

(出典：Mershon and Shvestova[2009:203]Figure1 より。日本語訳は山本による[59]。)

　仮説 1　政党間移動の頻度は，ステージごとで変わる：
　　　　　StageO，A，P，R が相対的に頻繁である
　仮説 2　政党間移動のタイプは，ステージごとで変わる：
　　　　　政権追求に基づいた移動は StageO または A に，政策追求に基づく移動は StageP，再選追求に基づく移動は StageR に顕著である
　仮説 3　StageP における移動は，はっきりした政策的な効果を与えることを目的とする：
　　　　　コアを占めるか，アジェンダ設定を有利に進めるか，政権を崩壊させるかのどれかを目指す
　系（仮説 3）　新しい党派（集団）は，政策空間において中央を占めようとする

　マーションらは，これら三つの仮説を，1996 年から 2001 年のイタリア下

---
(59) なお，便宜上一部のステージ名を変更したところがある。

院，1993年から1995年のロシア下院のケースによって検証している。その際，StageOとAは制度によって規定されるが，StagePについては毎年度の予算案の審議期間に加え，イタリアでは憲法改正，ロシアではチェチェンへの軍事行動の期間をこれに見立てている。一方，StageRについては，ロシアについては選挙の3ヶ月前から候補者リストが締め切られる30日前までの期間，イタリアについては議会が解散されるまで定められないとしている(Mershon and Shvestova[2009:208])。そして，これら四つのステージに該当しない期間については，StageQとされる。

次に仮説間の関係についてであるが，仮説の1と2は政党間移動の頻度，タイプ（インセンティヴ），移動議員の属性についてのものである。一方仮説3は，StagePにおける移動がpivotalな勢力を伴ってのものであるか，アジェンダセットの能力を持った政党（すなわち与党か，政権に就くことが確実な政党）への移動であるということを意味するものである。仮説3は，StagePにおいて最も頻繁な政党間移動が観察されるという仮説1に基づいて，そこでの移動の規模とタイプを別途予測したものであると考えることができる。

ここでのモデルは，日本と同様に小選挙区と比例代表を組み合わせた選挙制度をもつイタリアとロシアを前提にしたものであり，その点だけからすると日本の分析にもそのまま適用できそうにも思える。しかし，このモデルを日本にそのまま当てはめるのは困難である。

なぜなら，マーションらのモデルは，分析対象とした期間がイタリアとロシアでそれぞれ一期ずつにとどまっているため，ケースのバイアスの影響を受け，モデルの一般性が損なわれてしまっているからである。それは，特にStagePの設定において現れる。1996年から2001年までのイタリア，1993年から1995年までのロシアでは，この期間にそれぞれ憲法改正，チェチェンへの軍事介入という重大なイシューを抱えた時期であるが，これらが決定的に重要なイシューとしてStagePに組み入れられた理由は，詰まるところこれらのイシューをめぐって実際に少なくない政党間移動が観察されたということにすぎない。これは一種のトートロジーである。無論，議員の政党間移動を引き起こすような重要な政治イシューを考慮する必要がないというわけではなく，無論無視できないものではあるだろうが，特定の政策だけをピックアップしてStagePに組み入れてしまえば，モデルの一般性が損なわれて

しまうのは避けられない。

　選挙と選挙の間を一つのサイクルとみなして政党間移動への影響を考えるモデルの長所は、選挙間に配置されているルーティーンな制度が政党間移動に与える影響を理論化できることにあるはずである。にもかかわらず、いわば選挙間のサイクルの外部から降ってくるような形で特定の政策課題だけをモデルに組み込んでしまえば、政党間移動の目的を結果論的に追認することになり、モデルの一般性が損なわれるのは避けられない。

　こうした弱点を加味した上でも、このモデルが有意義なのは、第2章において指摘したように、連合理論の分野における蓄積を政党間移動の分析に活用するという本書の基本的な問題意識とパラレルなものを持っているからである。政党間移動を基礎づける動機付けとして、再選追求にとどまらず、政権追求と政策追求という二つのインセンティヴを想定していることがその証左である。この二つのインセンティヴを、同じモデルの中に共存させて分析することによって、複数のタイプの政党間移動を包括的に説明することが可能となり、引いてはそれが「政界再編」のダイナミズムを分析することにつながる。そこで本章では、マーションとシュヴェストヴァの試みをより一般的な形に作り替えることで、連合理論と政党間移動研究を架橋することの意義を実証することとしたい。以下では、そのモデルを提示する。

4－3　本章のモデルと仮説

　図4－1を参考にしてモデルに修正を加えたものが、以下の図4－2である。

　図4－2を見る限り、モデルに明らかな変化はないように見える。他国のケースとの比較可能性を考えても、モデルの骨格はなるべく尊重するのが望ましいだろう。しかし、上に述べたように特にStagePの設定については見直す必要があり、ここではその点について特に変更を加えている。

　StageOは、選挙の投開票日から議会の招集日までの間、StageAは議会の招集日から政権の発足までの間、StageRは解散から選挙の投開票日までというように、いずれも公的な制度によって特定されうるステージであり、マーションらの設定を尊重するのが妥当である。

　具体的には、StageOについては日本国憲法第54条に「選挙の日から30

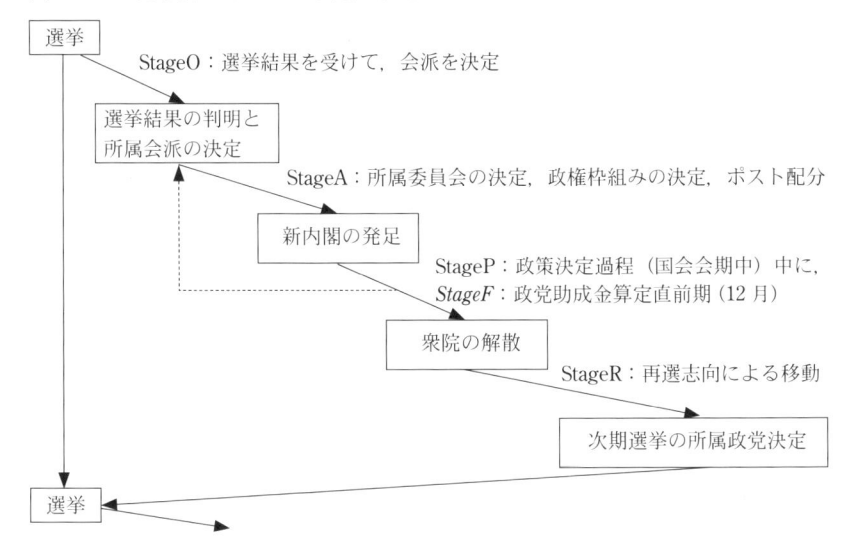

図 4 - 2　選挙間サイクルと政党間移動のモデル

```
選挙
  │   StageO：選挙結果を受けて，会派を決定
  │
  ↓
選挙結果の判明と
所属会派の決定
  │   StageA：所属委員会の決定，政権枠組みの決定，ポスト配分
  ↓
新内閣の発足
  │   StageP：政策決定過程（国会会期中）中に，
  │   StageF：政党助成金算定直前期（12月）
  ↓
衆院の解散
  │   StageR：再選志向による移動
  ↓
次期選挙の所属政党決定
  │
  ↓
選挙
```

（出典：Mershon and Shvestova[2009] を参考に，山本作成）

日以内に，国会を召集しなければならない」との規定があり，これにしたがって特別国会が召集される。したがって選挙の日から特別国会の召集日までの間を StageO とみなせばよい。次に，StageA については，日本国憲法第 70 条の規定により，総選挙後に特別国会の召集があったときは内閣総辞職の必要があるとされているため，ここから首班指名選挙が行われて内閣が発足するまでの期間を定めればよい。同様に，選挙間に何らかの事情で内閣が総辞職した場合は，この StageA に回帰することになる。この場合，内閣総辞職から次の内閣が発足するまでの期間を StageA とすればよいだろう[60]。

しかし，既に述べたように，Mershon and Shvestova[2005;2009] の問題点の一つは，StageP の設定が恣意的であるというところにあった。そこで本

---

(60) ただし，後に述べるように選挙間のサイクル内での内閣総辞職については，辞任の表明日と総辞職の日にタイムラグが生じる場合があり，このケースでは辞任の表明日を StageA のスタートと判断すべきであろう。辞任が表明されると後継首相の検討や，それと並行して新しい政権の連立協議などが行われ，実質的に StageA に突入することになるからである。

書では，StageP を国会の会期中（臨時，特別国会も含む）とし，特定の政策に限定せず，さらに予算案の審議期間に限定することもしない。国会の会期中には，政策論争が活発になることが容易に想像されるし，それ以外の期間に個別具体的な政策をめぐって政党間の論争が活発化するということは考えにくいであろう（もしその必要が生じれば臨時国会が召集されるはずである）。もちろん，国会期間中であっても個別の政策論争が下火になる時期や，また開かれる時期によっても濃淡はあるだろうが，そうした個別の事情をモデルに組み込もうとすると一般性が損なわれてしまうという点は既に述べてきた通りである。

本書ではさらに，これ以外の重要なステージとして，StageF，すなわち政党助成金の算定直前期にあたる毎年 12 月を別途ステージとして設定する。これは，マーションらの論文では想定されていないステージであって，第 3 章において観察したように例年 12 月に政党間移動が多く見られるという日本特殊の事情から帰納的に設定している側面が透けて見える。このため，このステージを加えることによってここまで再三強調してきたモデルの一般性を損なってしまうのではないかという疑問をもたれるかもしれない。

しかしながら，政党にとって政治資金はいうまでもなく極めて重要な資源である。政党の目的達成資源について述べた岡沢 [1988:24-30] においても，一番目の項目として「合法的権威」という項目が与えられ，その表れとして「公庫補助」の存在が挙げられている。さらに，選挙過程においても「ポリティカル・マネーの政治力は圧倒的である」（前掲書，184 ページ）としてその影響力の大きさを強調している。

特に，新党を結成しようとする場合，結成直後から大口の献金を集めることは困難である場合も少なくないと想像され，その場合国庫補助は新党の活動費として死活的に重要な意味を持ってくるであろう。個人の寄付制度が必ずしも整備されていない日本のようなケースにおいてはなおさらである。したがって，国庫補助の算定に合わせて政党間移動が活発化しうるという想定は，国庫補助制度が導入されている国であれば，広く受け入れられる想定であると考えられる。この意味で，政党助成金の算出基準日の直前期を別途ステージとして設定しても，一般性を失うことはない。むしろ，このようなステージを設定した方が，選挙間サイクルにおける政党間移動の可能性を論じるには有益な材料が提供されるといえるであろう。

次に問題となるのは，StageF を具体的にどの期間に設定するかという点である。政党助成法第 5 条の規定により，助成金算出の基準となるのは例年 1 月 1 日時点での所属議員数である。それを目標に政党間移動が行われるとき，どのくらい前まで遡って StageF に組み入れればよいかという基準として，明確なものを見つけることは難しい。そこで本書では，便宜的に 1 ヶ月前，すなわち例年 12 月をこの期間として設定することとする。この設定には恣意的な要素が介在せざるを得ないという限界はあるが，政党助成法に基づく届出の準備期間なども考慮して，1 ヶ月と設定するのが妥当であると本書では考える。

さらに，12 月を StageF と設定した場合に生じる問題として，12 月が国会の会期期間に入るときの取り扱いがある。事実，秋に臨時国会が開催された場合，12 月の上旬から中旬までが会期となる場合が多く見られる[61]。このように StageP と StageF が重なる場合については，StageP を優先し，12 月の会期終了後の期間を StageF とすることで区別する。

また，StageR の始まりについて，マーションらは特にイタリアにおいて解散までスタートを識別できないことを指摘している（Mershon and Shvestova[2009:208]）。実際には，総選挙の時期が囁かれるようになるのは，解散が明らかになるよりも前の時期である場合が多く，直前まで総選挙の時期が定まらないという方がむしろ例外的であろう[62]。総選挙の大まかな時期が明らかになり，その蓋然性が高いと判断されれば，それ以降の時期の移動は再選追求が前面に押し出されることは十分に考えられる事態である。しかし，解散の大まかな時期の判明といった曖昧な基準で StageR を設けてしまえば，最終的には個々の議員の認識の問題に立ち入らざるを得なくなり，そ

---

(61) 本書が分析対象とする期間のうち，1994 年の政党助成法成立以後で見れば，12 月中が会期末となる臨時国会が開催されなかったのは，11 月に総選挙がありその後には臨時国会が召集されなかった 2003 年，そして 9 月の総選挙後に同じく臨時国会が召集されなかった 2005 年の二例しかない。

(62) 本書が分析対象とする期間の中では，1993 年の宮澤内閣不信任案可決による解散，2005 年の小泉内閣による「郵政解散」がこれに該当する。2009 年総選挙についても，特に 2008 年 9 月の麻生政権発足以降は，解散が取り沙汰されては消えることの繰り返しであったが，任期満了が迫っていたため，近いうちに選挙が行われることは明らかであった。

れを実証するのは困難である。認識の問題に立ち入ることの困難を払拭するために，個々の議員の実際の行動から政権追求・政策追求という目的を見分けるという手法を採用したのが本書の基本的なスタンスであるから，StageR の始まりも明確な基準を設けることで対応することとしたい。

それは，マーションらがイタリアについてあてはめたのと同様に，衆院の解散以降を StageR とするという基準である。解散によって，党派間の議席配分はリセットされ，選挙の結果が判明するまでの間は政権追求や政策追求といった区分けは意味をなさなくなる。そうである以上，解散までは StageR には組み入れず，解散以降を StageR とすることが合理的であろう。このことによって，実質的には StageR に突入した結果として生じた移動は識別することができないという限界を抱えることになるが，これはやむを得ないものであり，個別のケースを記述することで対応する。

最後に，以上の期間に含まれない期間については，マーションらと同様に StageQ として取り扱うこととする。

これらのステージ設定を踏まえた上で，本書の仮説について説明する。

マーションらの仮説では，第一に政党間移動の頻度に関するものが設定されている。しかし，どの期に移動が頻発するかということを先験的に理論化することはそもそも困難であるというのが本書の考え方である。

もちろん，日本のケースでも，例えば StageF は政党の結成を促す重要な要因には違いないが，それだけで量的に常に StageF が最も頻繁であるといえる理由はない。選挙によって定まる政党間の勢力図によっては，大規模な新党が結成される状況が生じない場合も起こりうると考えられ，そうした場合は StageF における移動が最頻値を取るとは限らないのである。その点で，むしろ StageF の特徴は，仮説4－2において述べるように，新党の結成がこの期に行われる可能性が高い，といった形で考えるべきであるだろう。したがって，頻度に関しての仮説は設定できないと本書では考える。

仮説4－1：制度によって規定された各ステージごとに，異なる種類のインセンティヴに基づく移動が起こる：
StageO には追加公認による無所属から既存政党への移動が起こる。StageA・P には政権追求行動，StageF・Q には政策追求

行動が起こる。

最初の仮説は，モデルで設定した各ステージと移動目的との関係についてのものである。ルーティーンな制度によって規定された各ステージごとに，異なる種類のインセンティヴに基づく移動が起こると想定されるのである。

StageO は追加公認による無所属から既存政党への移動が主になる。ただ，選挙結果によって新しい政権の枠組みが明らかであれば，StageA を先取りして政権追求行動がこのステージに起こることもある。

一方，StageA において政権追求行動が顕著になるのは直観的にも明らかであろう。StageA は，まさしく政権をめぐる駆け引きが行われる時期に該当しているからである。そして，一旦政権の枠組みが固まり，ポストも配分されてしまえば与党に移動する旨みは少なくなってしまうため，StageA が終われば政権追求行動は終息し，政策追求行動が優勢になると考えられる。ただし，StageP については，後に述べるように政権追求行動が起こるものと想定される。

このように StageA 以降では，StageP を除くステージでは政策追求行動が支配的になると想定されるのであるが，StageA を終えても与党の議席（あるいは連立政権の合計議席）が安定多数に届かない場合，政権運営は安定しない。「強い参院」をもつ日本の場合，参院において安定多数に届いていない場合も同様である。そのようなケースでは，政権与党には StageA 以降も他党の議員を受け入れるインセンティヴが存在するので，StageF・Q においても政権追求行動が起こりうる。これは仮説4－1に留保をつける条件である。

また，仮説4－1において特に問題になりうるのは，StageP での移動が，政策追求行動ではなく政権追求行動だとしている点であろう。StageP が政策をめぐる対立が表に出る時期であることを考えれば，ここで発生する移動は政策追求行動であると考えるのが直観的には自然であるように思われるからである。

しかし，Mershon and Shvestova[2009:204-5] の仮説3で示されているように，StageP においては，政策面で明らかに有利な状況になることを意味する「メディアンの確保」（第2章の連合理論のレビュー参照）を直接狙った移動になるものと考えられる。これは，StageP において発生する移動について，メディアンを確保して政策的優位性を保持し，望ましいと考える政策を実現することに主眼が置かれることを意味している。メディアンを確保

する勢力を獲得し，政策を実現するということは，政権の座につくということとイコールである。したがって，ここでは政権追求行動が支配的になるのである。政策に関するインセンティヴに基づく移動でありながら，政権追求行動として観察されるという点は，論理的には自明のことではあるが，直観とは反する興味深いものであるといえる。

ただ，この場合のもう一つの可能性として，与党（あるいは連立政権）を敗北連合に変えられるだけの pivotal な勢力がまとまっていれば，与党から離脱する行動が発生しうる。これは，与党からの離脱だから見かけ上は政策追求として現れるが，自らの移動によって勝利連合を別に作ることができるという意味で，直接的なメディアンを確保することにほかならない。このようなケースでは政策追求行動として現れる可能性がある。

しかし，同時にこのようなケースでは，敗北連合となった政権が，直ちに衆院を解散することが高い確率で起こる。そのままでは下野する以外ないが，選挙で勝利すれば，一旦敗北連合となったものも再度勝利連合に変わることがあるからである。そこで，StageP における pivotal 勢力による造反行動が政党間移動となって現れるのは，衆院が解散された後，すなわち StageR においてであるということになりがちである。したがって，従来の勝利連合を敗北連合に変えうるような勢力をもっての移動は，StageP ではなく StageR において顕在化すると考えられる。

ここで注意が必要なのは，上に述べたように，StageR においては政権追求か政策追求かという軸はもはや意味をなさないということである。しかし，直接的には StageP が原因となった移動が StageR において顕在化したにすぎないという意味では，「政策追求」行動ととらえることができるだろう。

もちろん，理論的には敗北連合となった政権が解散を選択せず総辞職する可能性も残される。その場合には，StageP の後に StageA が来ることになり，ここでの連立交渉によって総辞職を引き起こした pivotal 勢力の移動は政権追求行動となると予想される。

仮説4−2：新党は，特定のステージにおいてしか結成されず，ステージごとに異なった性格を持つ：
　　　　　新党の結成は，StageA・F・R に行われる。また，仮説4−1より，StageA で結成される新党は与党，StageF では野党になる。一

方 StageR では pivotal 勢力の結集による新党か, 再選追求のための新党が結成される。

仮説4－2′：新党は, 政策空間においてメディアンを占めるか, 占められると期待できるように政策位置を設定する。

仮説4－3：解党は主に, 新党結成と連動する形で起こるか, 選挙直後に起こる。いずれの場合も, より大きな政党への合流のための解党が主になる。

仮説4－2と仮説4－3は, 新党結成と解党という政党間移動を必然的に巻き起こす事態がいつ起きるかということについてのものである。

まず新党の結成時期について, StageP では結成されにくいと考えられる。StageP での移動は, 仮説4－1で述べたように直接的な政策実現を狙ったものになる。そうであれば, 現状で野党にいる議員の政権追求が主になると考えられるが, それなら必ずしも新党が結成されなければならない理由はない。既に存在している与党へ移動した方が新党を結成するよりコストも安くつくからである。

一方, 与党にいる pivotal な勢力が移動する場合[63], 従来の勝利連合が敗北連合に変わることを意味するから, 敗北連合となった側は二つの間での選択を迫られることになる。すなわち, 衆院を解散するか総辞職するかという選択である。前者であれば pivotal 勢力の移動自体が StageR において起きるはずだから, 新党が結成されるとしてもその時期は StageR になる。逆に, 後者であれば移動が StageA になるから, 新党が結成される場合もその時期は StageA になる。したがって, いずれの場合も新党結成が StageP においてのみ行われるとはいえず, むしろ StageP には新党結成が行われないと考えるのが妥当である。そして, StageR における新党結成がありうるということは, 選挙間サイクルの終了間際においても新党の結成の可能性があることを示す。

以上より本書では, 仮説4－2のように新党結成は StageA・F・R にお

---

(63) ここで pivotal な勢力未満での移動を想定しないのは, その場合は勝利連合が変わらず, StageP での移動は政策実現を狙うものになると想定する仮説4－1と矛盾するからである。

いて生じると考える。StageA においては政権追求行動が起こるという仮説4－1の論理的帰結として，結成される新党は与党となるはずである。一方 StageF では，同じく仮説4－1より，政策追求行動が支配的であるから，新党は野党であるだろう。また，pivotal 勢力による移動が StageR において発生した場合には，StageR に新党が結成される。

もう一つの可能性は，StageR において再選追求インセンティヴを充足するために新党が結成されるケースである。新選挙制度下では，より大きな政党で臨むことが有利になるため，この新党は現在の所属政党より規模の大きな政党を目指すものとして現れるはずである。

次に仮説4－2′に関して，新党の設定する政策位置については，メディアンを意識して設定すると想定される[64]。例えば，StageA において結成される与党としての新党が直接的にメディアンに位置するよう政策位置を設定するのに対し，野党としての新党は，次期総選挙でメディアンを占められると期待される政策位置を設定すると考えられる。前者については，連立政権の場合は過半数（あるいは安定多数）を得ている政党がない場合に新党結成がより容易になるであろうし，後者については，野党勢力を結集して勢力を大きくするような形の新党や，それを促進するような新党であればメディアン奪取の期待が高まるだろう。そのことを仮説4－2と絡める形で述べたのが仮説4－2′である。

また，仮説4－3で言及している解党については，与党としての新党が結成される StageA においては起きないと思われる。再三述べているように StageA においては政権追求行動が起きるのであるが，そうなると政権を取る可能性が高い政党は解党の必要はない。野党にも，解党しなければならない積極的な理由はない。したがって，StageA における新党は，野党からの分裂という形で起きると考えられ，解党とは連動しない。

逆に StageF については，仮説4－2から，野党勢力結集型の新党が結成されることになる以上，必然的に解党が伴うことになる。StageR については，

---

(64) ここでいう「メディアン」には，閾値を過半数に設定した一般的な意味合いのものと，閾値を安定多数に設定したものとの二種類を共に想定している。

仮説4-2で述べたように，再選追求のための新党は規模の大きな政党として結成される。したがって，ここでの新党も解党を伴うこととなるだろう。また，与党の一角を占めて総選挙を戦ったが，敗れて交渉力を失った場合，他の与党に吸収される道を選ぶのが合理的である。その場合，StageOにおいて解党が引き起こされる可能性がある。

ゆえに，解党は新党結成と連動するか，選挙直後に起こるのである。

そして，解党はいずれもより大きな政党への合流という形で起こることになる。もともとメディアンを占めている政党であれば当然解党するインセンティヴはもたないし，占めていない政党であっても，将来的なメディアン奪取（すなわち政権交代）を考えたとき，小選挙区制が過半を占める選挙制度下では解党するインセンティヴはやはり存在しない。したがって，より大きな政党への合流という条件と連動する場合に，解党は決断されると考えられる。

なお，StageRにおける移動については，再選追求インセンティヴに基づき，再選の可能性を高めることが確実な政党へと移動する。StageRにおいては，政権追求・政策追求という区別は意味をなさないことは先に述べた。したがってここでは，当該議員の再選可能性を（少なくとも現状よりは）高めることが確実な政党への移動が観察されるだろう。なお，この点は選挙区事情とも関連する問題であるので，第5章において検証することとする。したがって以下では，仮説4-1から4-3までの三つの仮説の検証を行う。

4-4　検証

検証に入る前に，本書が分析対象とする六つの期間について，具体的にいつがそれぞれのステージにあたるのかを明らかにしておく。

■　ステージの内訳
・期間Ⅰ（移動が観察された1993年のみでステージを設定）
　StageQ-1　1993年1月1日から同1月21日
　StageP-1　1993年1月22日から同6月18日：第126回通常国会，6月18日解散
　StageR-1　1993年6月19日から同7月18日：第40回総選挙

・期間 II

StageO-2	1993 年 7 月 18 日から同 8 月 4 日
StageA-1	1993 年 8 月 5 日から 8 月 9 日：8 月 5 日特別国会召集，同 9 日細川政権発足
StageP-2	1993 年 8 月 10 日から同 8 月 28 日：第 127 特別国会
StageQ-2	1993 年 8 月 29 日から同 9 月 16 日
StageP-3	1993 年 9 月 17 日から 94 年 1 月 29 日：第 128 臨時国会
StageQ-3	1994 年 1 月 30 日から同 1 月 30 日
StageP-4	1994 年 1 月 31 日から同 4 月 8 日：第 129 通常国会，4 月 8 日細川首相が辞意表明
StageA-2	1994 年 4 月 9 日から同 4 月 28 日：4 月 28 日羽田政権発足
StageP-5	1994 年 4 月 29 日から同 6 月 25 日：第 129 通常国会，6 月 25 日羽田政権総辞職
StageA-3	1994 年 6 月 26 日から同 6 月 30 日：6 月 30 日村山政権発足
StageQ-4	1994 年 7 月 1 日から同 7 月 17 日
StageP-6	1994 年 7 月 18 日から同 7 月 22 日：第 130 臨時国会
StageQ-5	1994 年 7 月 23 日から同 9 月 29 日
StageP-7	1994 年 9 月 30 日から同 12 月 9 日：第 131 臨時国会
StageF-1	1994 年 12 月 10 日から 1995 年 1 月 1 日
StageQ-6	1995 年 1 月 1 日から同 1 月 19 日
StageP-8	1995 年 1 月 20 日から同 6 月 18 日：第 132 通常国会
StageQ-7	1995 年 6 月 19 日から同 8 月 3 日：7 月 23 日参院選
StageP-9	1995 年 8 月 4 日から同 8 月 8 日：第 133 臨時国会
StageQ-8	1995 年 8 月 9 日から同 9 月 28 日
StageP-10	1995 年 9 月 29 日から同 12 月 15 日：第 134 臨時国会
StageF-2	1995 年 12 月 16 日から 1996 年 1 月 1 日
StageQ-9	1996 年 1 月 1 日から同 1 月 5 日：1 月 5 日村山首相が辞意表明
StageA-4	1996 年 1 月 6 日から同 1 月 11 日：1 月 11 日橋本政権発足
StageP-11	1996 年 1 月 12 日から同 1 月 13 日：第 135 臨時国会
StageQ-10	1996 年 1 月 14 日から同 1 月 22 日
StageP-12	1996 年 1 月 22 日から同 6 月 19 日：第 136 通常国会
StageQ-11	1996 年 6 月 20 日から同 9 月 27 日：9 月 27 日第 137 臨時国会

冒頭解散
StageR-2　1996年9月27日から同10月20日：第41回総選挙

・期間Ⅲ
StageO-3　1996年10月20日から同11月6日
StageA-5　1996年11月7日：11月7日特別国会召集，同日橋本第二次政権発足
StageP-13　1996年11月7日から同11月12日：第138特別国会
StageQ-12　1996年11月13日から同11月28日
StageP-14　1996年11月29日から同12月18日：第139臨時国会
StageF-3　1996年12月19日から1997年1月1日
StageQ-13　1997年1月1日から同1月19日
StageP-15　1997年1月20日から同6月18日：第140通常国会
StageQ-14　1997年6月19日から同9月28日
StageP-16　1997年9月29日から同12月12日：第141臨時国会
StageF-4　1997年12月13日から1998年1月1日
StageQ-15　1998年1月1日から同1月11日
StageP-17　1998年1月12日から同6月18日：第142通常国会
StageQ-16　1998年6月19日から同7月13日：7月12日参院選，13日橋本首相が辞意表明
StageA-6　1998年7月14日から同7月30日：7月30日臨時国会召集，同日小渕政権発足
StageP-18　1998年7月30日から同10月16日：第143臨時国会
StageQ-17　1998年10月16日から同11月26日
StageP-19　1998年11月27日から同12月14日：第144回臨時国会
StageF-5　1998年12月15日から1999年1月1日
StageQ-18　1999年1月1日から同1月18日
StageP-20　1999年1月19日から同8月13日：第145通常国会
StageQ-19　1999年8月14日から同10月28日
StageP-21　1999年10月29日から同12月15日：第146臨時国会
StageF-6　1999年12月16日から2000年1月1日
StageQ-20　2000年1月1日から同1月19日

StageP-22 2000年1月20日から同4月4日：第147通常国会，4月4日小渕政権総辞職
StageA-7 2000年4月4日から同4月5日：4月5日森政権発足
StageP-23 2000年4月6日から同6月2日：6月2日解散
StageR-3 2000年6月3日から同6月25日：第42回総選挙

・期間IV
StageO-4 2000年6月26日から同7月3日
StageA-8 2000年7月4日：7月4日特別国会召集，同日第二次森政権発足
StageP-24 2000年7月4日から同7月6日：第148特別国会
StageQ-21 2000年7月7日から同7月27日
StageP-25 2000年7月28日から同8月9日：第149臨時国会
StageQ-22 2000年8月10日から同9月20日
StageP-26 2000年9月21日から同12月1日：第150臨時国会
StageF-7 2000年12月2日から2001年1月1日
StageQ-23 2001年1月1日から同1月30日
StageP-27 2001年1月31日から同4月6日：第151通常国会，4月6日森首相が辞意表明
StageA-9 2001年4月7日から01年4月26日：4月26日小泉政権発足
StageP-28 2001年4月26日から同6月29日
StageQ-24 2001年6月30日から同8月7日：7月29日参院選
StageP-29 2001年8月8日から同8月10日：第152臨時国会
StageQ-25 2001年8月11日から同9月26日
StageP-30 2001年9月27日から同12月7日：第153臨時国会
StageF-8 2001年12月8日から2002年1月1日
StageQ-26 2002年1月1日から同1月20日
StageP-31 2002年1月21日から同7月31日：第154通常国会
StageQ-27 2002年8月1日から同10月17日
StageP-32 2002年10月18日から同12月13日：第155臨時国会
StageF-9 2002年12月14日から2003年1月1日
StageQ-28 2003年1月1日から同1月19日
StageP-33 2003年1月20日から同7月28日：第156通常国会

StageQ-29　2003 年 7 月 29 日から同 9 月 25 日
StageP-34　2003 年 9 月 26 日から同 10 月 10 日：第 157 臨時国会，10 月 10 日解散
StageR-4　2003 年 10 月 10 日から同 11 月 9 日：第 43 回総選挙

・期間IV
StageO-5　2003 年 11 月 10 日から同 11 月 18 日
StageA-10　2003 年 11 月 19 日：11 月 19 日特別国会召集，同日第二次小泉政権発足
StageP-35　2003 年 11 月 19 日から 11 月 27 日：第 158 特別国会
StageQ-30　2003 年 11 月 28 日から同 11 月 30 日
StageF-10　2003 年 12 月 1 日から 2004 年 1 月 1 日
StageQ-31　2004 年 1 月 1 日から同 1 月 18 日
StageP-36　2004 年 1 月 19 日から同 6 月 16 日：第 159 通常国会
StageQ-32　2004 年 6 月 17 日から同 7 月 30 日：7 月 11 日参院選
StageP-37　2004 年 7 月 31 日から同 8 月 6 日：第 160 臨時国会
StageQ-33　2004 年 8 月 7 日から同 10 月 11 日
StageP-38　2004 年 10 月 12 日から同 12 月 3 日：第 161 臨時国会
StageF-11　2004 年 12 月 4 日から 2005 年 1 月 1 日
StageQ-34　2005 年 1 月 1 日から同 1 月 20 日
StageP-39　2005 年 1 月 21 日から同 8 月 8 日：第 162 通常国会，8 月 8 日解散
StageR-5　2005 年 8 月 9 日から同 9 月 11 日：第 44 回総選挙

・期間VI
StageO-6　2005 年 9 月 11 日から同 9 月 20 日
StageA-11　2005 年 9 月 21 日：9 月 21 日特別国会召集，同日第三次小泉政権発足
StageP-40　2005 年 9 月 21 日から同 11 月 1 日：第 163 特別国会
StageQ-35　2005 年 11 月 2 日から同 11 月 30 日
StageF-12　2005 年 12 月 1 日から 2006 年 1 月 1 日
StageQ-36　2006 年 1 月 1 日から同 1 月 19 日

StageP-41	2006年1月20日から同6月18日：第164通常国会
StageQ-37	2006年6月19日から同9月19日
StageA-12	2006年9月20日から同9月26日：9月20日自民党総裁選で安倍晋三氏が勝利
StageP-42	2006年9月26日から同12月19日：9月26日安倍政権発足，第165臨時国会
StageF-13	2006年12月20日から2007年1月1日
StageQ-38	2007年1月1日から同1月24日
StageP-43	2007年1月25日から同7月5日：第166通常国会
StageQ-39	2007年7月6日から同8月6日：7月29日参院選
StageP-44	2007年8月7日から同8月10日：第167臨時国会
StageQ-40	2007年8月11日から同9月9日
StageP-15	2007年9月10日から同9月12日：第168臨時国会，9月12日安倍首相が辞意表明
StageA-13	2007年9月13日から同9月25日
StageP-46	2007年9月26日から08年1月15日：9月26日福田政権発足
StageQ-41	2008年1月16日から08年1月17日
StageP-47	2008年1月18日から同6月21日：第169通常国会
StageQ-42	2008年6月22日から同8月31日
StageA-14	2008年9月1日から同9月23日：9月1日福田首相が辞意表明
StageP-48	2008年9月24日から同12月25日：9月24日麻生政権発足，第170臨時国会
StageF-14	2008年12月26日から2009年1月1日
StageQ-43	2009年1月1日から同1月4日
StageP-49	2009年1月5日から同7月21日：第171通常国会，7月21日衆院解散
StageR-6	2009年7月22日から同8月30日：第45回総選挙

■ 仮説4−1の検証

仮説4−1：制度によって規定された各ステージごとに，異なる種類のインセンティヴに基づく移動が起こる：

StageOには追加公認による無所属から既存政党への移動が起こる。StageA・Pには政権追求行動，StageF・Qには政策追求行動が起こる。

以下では，選挙期間ごとの移動頻度を示した表4－1から表4－6にしたがって，仮説4－1の検証を行う。

表4－1　期間Ｉの移動頻度

期間	政権追求	政策追求	その他	計
R-1[65]	0	46	2	48

（出典：著者作成，以下表4－7まで同断）

まずⅠ期においては，R-1以外のステージでは移動が観察されていない。その上で移動を観察すると，StageRにおける移動のみとなっている。ただしこれは，単に選挙目当ての移動が発生したのではなく，直前のStageP-1において，当時単独政権であった自民党を過半数割れに追い込むだけのpivotalな勢力が宮澤内閣不信任案に賛成したことで，不信任案が可決され，直ちに衆院が解散されたことに影響を受けている。そして，内閣不信任案に賛成した勢力が，いわゆる政治改革関連法案の第126通常国会会期中の成立を自民党執行部に強く迫り，それが実現しないことが明らかとなったため造反したことはよく知られている。したがって，ここでの造反行動が，政治改革関連法案の成立という直接の政策実現を狙ったものであったことは疑いの余地がない。

この点に関して，河野[1995]は，造反の中心となった羽田派の幹部は，必ずしも離党を頭に描いていたのではなく，不信任案可決によって宮澤内閣を退陣に追い込み，政治改革に積極的とされた後藤田正晴を首班に担いで改革の実現を果たす，というシナリオだったという。当時羽田派に属して一連の経緯を目撃していた平野貞夫も，同じく不信任案に賛成した新党さきがけグループの先行離党によってやむなく離党せざるを得なくなったとし，離党の準備が整っていなかったことを認めている（平野[2006:225-226]）。だが，

---

(65) 本来，解散後の時期の移動に，「政権追求」「政策追求」といった区分は意味をなさないはずである。にもかかわらずここで敢えて区分をしたのは，以下で述べるようにStagePとの連動性が強く示唆される移動だからである。このようなケースが他にも観察される可能性があるので，本章でStageRの「政権追求」というのは，解散前の与党への移動，「政策追求」というのは，解散前の野党への移動を意味するものとして便宜上分類する。

造反の時点で離党まで視野に入れていたかどうかはともかく，政治改革の実現のための行動であったことは明らかであり，造反によって除名等の厳しい処分が出ることもまた認識されていた（平野 [2006:225]，岡田 [2008:21] などの当事者の回顧を参照）。その意味で，直接的な政策的効果を狙い，離党の可能性も視野に入れた上での行動であったといえるであろう。

したがってここでの移動は，StageP における pivotal な勢力による政策追求行動が，解散によって StageR にずれ込んだものと考えることができ，仮説 4－1 で述べた付帯条件に該当している。

次にⅡ期においてであるが，StageO ではその他，すなわち選挙では無所属で当選して，直後に政党に所属するというケースが 4 例となっており，StageO には追加公認が主とした仮説 4－1 は妥当である。

StageA には，A-2 においては政権追求が 19 回と政策追求の 1 回を圧倒しており，A-3 と A-4 期を加えても 22.5 回中 19 回が政権追求行動となっている。これは仮説 4－1 で予測したとおりの結果といえる。

それ以外のステージはどうか。まず StageF では政権追求が観察されず，全 180 回中，実に 179 回が政策追求となっている。StageQ では，政権追求 11.5 回に対し，政策追求 4.5 回である。

ここから，StageQ においては政権追求が優勢となっているが，StageF において政策追求が圧倒していることから，トータルとしては政策追求が支配的であり，これは仮説 4－1 の示唆する通りの結果である。ここで StageQ において政権追求が多く観察された背景としては，Ⅱ期に成立した四つの政権（細川・羽田・村山・橋本）はいずれも連立政権であり，その第一党は過半数を確保していなかったということがある。この点では，仮説 4－1 の説明で述べた留保と矛盾しない。

一方で StageP は，全 32 回の移動

表 4－2　期間Ⅱの移動頻度

期間	政権追求	政策追求	その他	計
O-2	0	0	4	4
P-3	2.5	1.5	0	4
P-4	1	0	0	1
A-2	19	1	0	20
P-5	4	0.5	0	4.5
A-3	0	1.5	0	1.5
Q-4	4	2	0	6
P-7	1	8.5	2	11.5
F-1	0	175	1	176
Q-6	0	0.5	0	0.5
P-8	3	1	0	4
Q-7	0.5	0.5	1	2
Q-8	3	0.5	0	3.5
P-10	5	1	0	6
F-2	0	4	0	4
A-4	0	1	0	1
Q-10	1	0	0	1
P-12	0	0	1	1
Q-11	3	1	3	7
R-2	1	51.5	2	54.5

のうち，16.5回が政権追求，12.5回が政策追求となっている。StageP においてはメディアン確保が目的の移動が観察されるという仮説4－1からすると，StageF・Q に比して政権追求の割合が大きいことは仮説の示す通りである。だが，直接的なメディアン確保につながらない政策追求が無視できない回数で発生していることも事実である。

この点については，12.5回中過半を超える8.5回の政策追求行動が観察されている P-7期を見ていくと説明がつく。P-7期の政策追求行動8.5回のうちの8回は，P-7期の直後である F-1期の冒頭の1994年12月10日に新進党が結成された際，それに加わらなかった議員の移動を指す。したがって，これは F-1期の移動と連動していると考えるのが自然である。期間ごとに厳密に基準を設けて分類する本書のような分析では，期間をまたぐ移動の性質をとらえきれないことがあるのは否定できないが，これについては個別の記述によって補っていくよりほかないであろう。

Ⅲ期では，StageO において追加公認と見られる移動は発生していない。代わりに，選挙で敗れた新進党からの離党が見られた（移動先は無所属）。ここで移動した3名はいずれも後に自民党へ移動したため，数字上は1.5回となっている。これは，選挙結果が自民党の勝利となり，橋本政権が継続することが明らかとなったため，StageA を先取りした行動と判断できる。

次に StageA は，20回の政権追求に対し，政策追求は0.5回と政権追求行動がほぼ全てとなっており，仮説4－1は妥当である。

StageO と A 以外では，StageF では政権追求14回に対し政策追求19回，StageQ は政権追求10.5回に対し政策追求161.5回となっており，いずれも政策追求が優勢となっている。

ただし，StageF において政権追求行動が少なくないのは，F-4期に

表4－3　期間Ⅲにおける移動頻度

期間	政権追求	政策追求	その他	計
O-3	1.5	0	0	1.5
F-3	0.5	11	0	11.5
Q-13	1	0	0	1
P-15	5	0.5	0	5.5
Q-14	7.5	2	0	9.5
P-16	1.5	0	0	1.5
F-4	7.5	3.5	1	12
Q-15	0	117	0	117
P-17	1.5	124	0	125.5
Q-16	1	0.5	0	1.5
A-6	0	0.5	0	0.5
Q-17	0.5	42	1	43.5
F-5	2.5	0.5	0	3
Q-18	0.5	0	0	0.5
P-20	0	0.5	0	0
F-6	3.5	3.5	0	7
P-22	0	1	1	2
A-7	20	0	0	20
P-23	2	0	0	2

新進党からの離党組が自民党に集団入党したこと（先に無所属となっていた議員を含めれば，7名が該当），ならびにF-5期に自由党の連立政権参加に伴って無所属議員3名が自由党に入党したことが影響している。このうち前者は新進党の解党というイレギュラーな事態への対応といえるし，後者はStageAにおける行動とみなすことができ，仮説4－1と必ずしも矛盾しない。

StagePについては，政権追求10回に対し政策追求126回となっており，仮説4－1の示唆する方向と完全に逆の結果となってしまっている。だがこの点についても，126回の政策追求のうちのほとんどにあたる124回を占めるP-17期に着目すると，その例外的状況が浮かび上がる。124回の移動のうち，28回が太陽党・国民の声・フロムファイブが合流して民政党を結成した移動であり，93回が民主党Ⅰと民政党，それに新党友愛を加えた3党で民主党Ⅱを結成した移動である。

これらの背景には，この前年にあたる1997年末に新進党が解党され，野党陣営が細分化されたという事情がある。選挙制度が小選挙区制中心であることからして，議員行動の前提になる再選インセンティヴを充足するためにも，一刻も早く野党陣営の再結集が要請されたのは自明である。政策か政権かという軸以前の前提条件を満たすために，早い時期の野党陣営の再結集が模索され，その結果としてたまたまStagePに当たる期間に移動が起こったと考えられるのである。このことは，前提条件としての再選追求目的が軽視できないものであることを示しているといえよう。これを除けば，メディアン政党への参画となる政権追求行動が支配的であり，仮説4－1は概ね妥当である。

表4－4　期間Ⅳにおける移動頻度

期間	政権追求	政策追求	その他	計
Q-21	0	1	0	1
P-26	2	0	0	2
F-7	5	0	0	5
P-27	0	0.5	0	0.5
P-28	0	0.5	2	2.5
Q-25	2	0	0	2
P-30	2	0	0	2
F-9	13	0.5	0	13.5
Q-28	0.5	0	0	0.5
Q-29	0.5	23.5	0	24
R-4	1	0	0	1

Ⅳ期においては，政党間移動の頻度そのものが大幅に減っており，StageOとStageAにおける移動は観察されていない。

残りのステージでは，StageFにおいて政権追求18回に対し政策追求0.5回と政権追求が上回っているが，StageQにおいて政策追求が25回と政権追求の3回を圧倒している。StageQについては仮説通りの

結果といえるが，StageF において政権追求行動が多く見られるのは，まず F-7 期において，選挙後の追加公認がまとめて行われたことによっている。これは，仮説 4 － 1 の留保条件のところで述べたように，自民党単独では安定多数を確保できていないという事情があったことに加え，政党助成金の確保という思惑があったものと推察される。また，F-9 期の政権追求行動は，民主党 II の一部議員と保守党の大部分が合併して保守新党が結成されることに由来している。これにも政党助成金の確保という目的が色濃く滲んでいるのであるが，それ以上に，自民・公明 II 両党との選挙協力によって，再選可能性を高める動きであったと考えることができるだろう。

一方 StageP では，政権追求 4 回に対し政策追求 1 回となっており，ほぼ仮説 4 － 1 の予想した通りの結果となっている。

V 期では，StageO において政権追求が 7 回あるのに対して政策追求は一度もなく，仮説 4 － 1 の示す通りの結果となっている。

残りの期間では，StageF においては 1 回の政権追求行動しか観察されていない一方，StageR では政策追求のみ 7 回観察されている。トータルとしては，政策追求が優勢であるという仮説 4 － 1 を支持する結果となっている。

また StageP でも政権追求が 4 回に対して政策追求は 1 回しかなく，仮説 4 － 1 は概ね妥当しているといえる。

VI 期では，StageP の移動が支配的である。このうち，11 回が政権追求行動となっており，圧倒的多数を占める。これは，仮説 4 － 1 の示す通りの結果となっている。

以上をまとめて，期間 I から V を通算で見たのが表 4 － 7 である。ここから，仮説 4 － 1 から政権追求行動が起こると予測される StageA に

表 4 － 5　期間 V における移動頻度

期間	政権追求	政策追求	その他	計
O-5	7	0	0	7
F-10	1	0	0	1
P-36	4	0	0	4
P-38	0	1	0	1
R-5	0	7	3	10

表 4 － 6　期間 VI における移動頻度

期間	政権追求	政策追求	その他	計
P-12	11	0	0	11
F-13	1	0	0	1
P-18	0	1	0	1
P-19	0	1	0	1
R-6	0	4	0	4

表 4 － 7　期間 I から V の通算

期間	政権追求	政策追求	その他	計
O	8.5	0	4	12.5
A	39	4	0	43
P	45.5	142.5	6	194
F	26	191	5	222
R	2	108.5	7	117.5

ついては，トータルで見ても概ね妥当であるといえる。

同じく政権追求インセンティヴに基づく移動が予想されるStagePについては，政策追求行動が圧倒していて妥当ではないように思われるが，142.5回の政策追求行動のうち，124回がP-17期の民政党，民主党Ⅱへの移動であり，これらが新進党解党の煽りを受けての再選追求行動とみなせることは既に説明した通りである。これらを除けば，政権追求行動の方が十分に多く観察されていて，仮説4－1は妥当性を保つ。

一方，逆に政策追求行動が起こると予想されるStageFについては，政策追求行動が大きく上回っていて，仮説通りの結果となっている。

■ 仮説4－2・仮説4－3の検証

仮説4－2：新党は，特定のステージにおいてしか結成されず，ステージごとに異なった性格を持つ：
　　　　　新党の結成は，StageA・F・Rに行われる。また，仮説4－1より，StageAに結成される新党は与党，StageFは野党になる。一方StageRはpivotal勢力の結集による新党か，再選追求のための新党が結成される。
仮説4－2′：新党は，政策空間においてメディアンを占めるか，占められると期待できるように政策位置を設定する：StageRについてはその限りではない。
仮説4－3：解党は主に，新党結成と連動する形で起こるか，選挙直後に起こる。いずれの場合も，より大きな政党への合流のための解党が主になる。

期間ⅠからⅥにかけて，結成された新党と解党された政党についてまとめたのが以下の表4－8である。

まず仮説4－2についてであるが，P-7の自由連合，Q13の改革クラブ・国民の声・自由党・新党平和・新党友愛，P-17の民政党・民主党Ⅱ，Q-14の公明党Ⅱ，P-28の新党尊命を除く新党はStageA・F・Rにおいて生じている。

一見例外事象が少なくないように見えるのであるが，P-7期の自由連合はP-7期最終日（1994年12月9日）の結成であり，政策的効果を狙ったもの

表4-8 新党結成と解党[66]

期間	Stage	結成された新党	解党された政党
Ⅰ期	R-1	新生・さきがけ（←いずれも自民）	
Ⅱ期	A-2	みらい・自由(旧)（←いずれも自民）	社民連（→日本新）
	P-5		
	P-7	自由連合	
	F-1	新進（←自由(旧)・新生・日本新・民社）	公明Ⅰ・自由(旧)・新生・日本新・みらい・民社（→新進）
	F-2	市民リーグ（←日本新・社会）	
	A-4	新社会（←社会）	
	R-2	民主Ⅰ（←さきがけ・社民）	市民リーグ（→民主Ⅰ）
Ⅲ期	F-3	太陽（←新進）	
	F-4	フロムファイブ（←新進）	新進
	Q-13	改革ク・国民の声・自由・平和・友愛（←新進）	
	P-17	民政	国民の声・太陽・ファイブ（→民政）
		民主Ⅱ	民主Ⅰ・民政・友愛（→民主Ⅱ）
	Q-14	公明Ⅱ	平和（→公明Ⅱ）
	A-7	保守（←自由）	
Ⅳ期	P-28	尊命（←民主）	
	F-9	保守新（←保守・民主Ⅱ）	保守
	Q-29		自由（→民主Ⅲ）
Ⅴ期	O-5		保守新（→自民）
	R-5	国民新・新党日本（←いずれも自民）	
Ⅵ期	R-6	みんなの党（←自民など）	

(出典：著者作成)

というよりは政党助成金の獲得を意識したものととらえることができる。

　Q-13期の五党は前年末（1997年12月27日）の新進党解党の影響によるものであり、突発的な事態に対応しきれずStageFのうちに新党結成を行えなかったという物理的事情によるところが大きい。

　P-17期の二党についても、野党陣営の再結集が急がれた結果として生じたものであるということは既に述べた。

　Q-14期の公明党Ⅱは、1998年参院選で自民党が大敗したことで公明党Ⅱが参院において潜在的にpivotalとなる勢力を獲得し、自（自）公連立政権

---

(66) 政党名に下線のあるものが、その時点での与党である。StageAに関しては、そこでの交渉の結果与党となったものに下線を付けている。（　）内は、新党を結成した議員の前所属政党、あるいは解党後の所属政党である。

への機運が高まったことに影響されてのものであると思われる。実際，公明党Ⅱとして再結集が図られたおよそ1年後の1999年10月には，自自公連立政権が発足している。

　P-28期の新党尊命については例外事象ととらえざるを得ないが，全体としては概ね仮説4－2の予想する範疇の結果といえる。

　仮説4－2の後段，すなわち新党が結成されるステージと新党の性格付けについての関連であるが，与党としての新党が結成されると予測されるStageAにおいて結成された新党のうち，新社会党を除く三党（新党みらい・自由党（旧）・保守党）は，いずれも仮説通り与党である。例外としての新社会党は，自社さ連立政権をめぐる社会党内の路線対立の結果，1995年1月8日に結成されたのであるが，ここに衆院から参加した2名の議員（小森龍邦・岡崎宏美）はいずれも村山首相の突然の辞意表明（1月5日＝A-4期の始まり）より前に社会党を離党していた[67]。したがってここでの新党結成は，当初よりStageAでの結成を意図して行われたものというよりは，突然の首相の辞意表明によって偶然的にStageAでの結成となったととらえるのが自然である。よってこれも仮説4－2を反証するものとはいえない。

　次に，野党としての新党が結成されると予測されるStageFについて見ると，保守新党（F-9期結成）を除く新進党・市民リーグ・太陽党・フロムファイブの4党は，いずれも仮説通り野党である。保守新党の結成は民主党Ⅱ代表選における路線対立に端を発したものであるが，当時は自民党が単独過半数前後の議席数であり[68]，保守党が勢力を拡大すれば自民党と合わせて安定多数の252を超える勢力となりうる可能性があった。結果として保守新党は参加人数を増やすことができず，発足時衆院で10議席を占めるにとどまったため，目論見通りには進まなかったのであるが，安定多数のためのpivotal勢力となることによって，発言力を増大しようとした意図は窺い知ることができる[69]。その点では，仮説4－1と矛盾するものとはいえず，したがって

---

(67) 小森は1994年11月10日に，岡崎は1995年12月31日にそれぞれ社会党を離党して無所属となっている。

(68) 保守新党の結成をめぐる一連の騒動の開始直前にあたる2002年12月16日の段階で，連立与党の議席数は，自民党240，保守党7，公明党Ⅱ31である（定数480）。

(69) ただし，理論的には同じく連立与党の公明党Ⅱがpivotal勢力を確保してい

仮説4－2を覆すものであるともいえない。

　StageRについては，仮説4－2から，再選追求のための新党か，pivotal勢力が結集した結果，解散を招いたことによる新党かのどちらかであると予測される。

　まず，R-1期の新生党・新党さきがけについては，明らかに政治改革関連法という政策的対立に端を発した新党であり，これら勢力の造反によって内閣不信任案が可決されたことを思えば，pivotal勢力の結集による新党とみなすことができる。

　また，R-2期の民主党Iの結成は，政策的な意味でのpivotal勢力の結集ではなく，なおかつ新党さきがけ，社民党というより小さな政党の一部勢力同士が結集して，より大きな政党を作ろうとする動きであり，再選追求のための新党であるといえる。

　R-6期のみんなの党も，代表の渡辺喜美こそStageRに入る前の段階で離党していたが，新党の結成は解散後にずれ込んだ。渡辺と，事前に新党に参加することを表明していた無所属の江田憲司を除けば，その他の参加議員は自民党の公認漏れとなった議員や，民主党IIIを離党した議員などである。これら多数を占める議員が再選のためにみんなの党に加わったのは明らかであり，仮説4－2の示す通りである。

　問題はR-5期の国民新党・新党日本である。これらは，一見すると政策的対立の帰結として生じた新党でもあり，再選追求のための新党でもある。前者についていえば，いわゆる郵政民営化関連法案への賛否をめぐって自民党内で対立が起こり，それに造反した者の一部が結成したのが二つの新党であった。

　ただこれらの勢力は，それ自体でpivotalな勢力を有しているわけではない。それが証拠に，衆院ではこれら勢力の造反に見舞われながらも，郵政民営化関連法は賛成多数で通過したのである。その後，衆院では可決された郵政民営化関連法案が参院において否決されたことで衆院が解散されることに

るため，自民党と公明党IIだけの連立となった場合に自民党の支持者が拒否反応を示すために，クッションとして保守新党の存在が必要であったということを前提にしないと，この議論は成り立たない。クッションとしての保守新党の存在については，連合理論の知見を参考にすれば，アクセルロッドの提示した隣接最小勝利連合モデルで理解することが可能だろう（詳しくは第2章参照）。

なった。その意味で，解散という結果を招き，なおかつ造反者には自民党の公認を出さないという執行部の強い姿勢を受け，やむを得ず選挙互助会として結成された新党であるという色彩も濃い[70]。このように R-5 期の二つの新党は，両方の性格を併せ持っているが，より強いのは再選追求のための新党という方ではないかと思われる。いずれにしても，仮説 4 − 2 と矛盾するものではないことは明らかである。

　次に仮説 4 − 2′について検討する。仮説 4 − 2′は，新党はメディアンを占めるか，または将来的に占められると期待できる位置に政策位置を設定するというものである（StageR は除く）。
　まず A-2 期の新党みらい，自由党（旧）について，これらは発足時いずれも 5 議席ずつの小さな政党であるが，新党さきがけの連立離脱が確定的となり，社会党との連立交渉の只中であったという事情を考えたとき，この二党の存在意義は連立与党にとって大きな意味があった。定数 511[71] に対し，両党結成後の勢力分野は，社会党を含む連立与党の合計で 261 であり，二党を除くと過半数割れの危機にあった[72]。その点で，二党の結成はどちらから見てもメディアンの獲得が意図されていたものといえる。
　P-7 期の自由連合は，当初党議拘束なしの政党として発足しており，メディアンよりも政党助成金を強く意識して結成されたものであることが窺える。翌年 1 月には自民党と統一会派を組み，連立与党入りすることになるが，両党を合わせても過半数には遠く及ばず，メディアンにはほど遠い状況には変わりはなく，将来の期待を含めても仮説 4 − 2′の範囲で説明することは困

---

(70) 実際，2005 年 8 月 24 日には，新党日本への参加議員（解散により議席を失った前議員も含む）が 4 名にとどまって公職選挙法上の政党要件を満たすことができなかったことから，8 月 19 日に結成された国民新党に参加していた参院議員の長谷川憲正が新党日本に再度移動して，政党要件を満たすということが行われた（『読売新聞』2005 年 8 月 25 日付朝刊）。こうした行為は選挙互助会としての両党の性格を反映したものとも判断できる。
(71) 欠員を無視すれば，過半数 256，安定多数 270 である。
(72) 厳密には，15 議席の共産党を除けば相対多数は維持できた可能性が高いが，それでは首班指名には勝利できても，内閣不信任案可決のリスクを抱えるため，政権基盤が不安定になるのは否定できない。

難である．ただし，政権に参画することで政策決定へのアクセスは大幅に改善することが予想されるので，その点を狙って結成された色彩が濃いと思われる．

　F-1期の新進党は来たる新選挙制度への対応策として野党陣営が結集したものであり，将来的なメディアン獲得のための近道と判断されたものといえる．

　F-2期の市民リーグは，自社さ連立政権に舵を切ったことで社会党右派の中で燻っていた民主リベラル新党の呼び水として結成されたものである．これも，自民，新進両党に次ぐ第三党の地位で勢力を確保すれば，メディアンをめぐるキャスティングヴォートを握ることができると期待されたものであっただろう．

　A-4期の新社会党は，民主リベラル新党の動きとは逆に，社会党左派の中から生まれたものであり，いかなる形でもメディアン確保を意識したものと考えるのは難しい．この事例は反証事例として残さざるを得ない．

　F-3期の太陽党，F-4期のフロムファイブの両党は，1996年総選挙に敗れて党内対立が深まった新進党の一部勢力と民主党Ⅰとの橋渡しを行うことで，メディアン確保の期待を再構築できる新たな野党結集を目指したものと判断できる．

　Q-13期の新進党解党に伴う分裂は，まず解党ありきで引き起こされた結果であり，もともとは消極的なものである．ただし，解党という状況を受け，自民党との連携によって直接的なメディアン確保を目指す「保保派」と，太陽党やフロムファイブなどと同じ路線を歩んで野党の再結集を模索したグループに大きく分けることができ，前者が自由党，後者が国民の声，新党友愛であり，当面は様子見の中間が改革クラブと新党平和であるといえよう．

　この路線の違いが早速現れたのがQ-13期に続くP-17期にあたる第142通常国会である．国民の声と新党友愛が民主党Ⅰや太陽党，フロムファイブとともに「民主友愛太陽国民連合（民友連）」という統一会派を結成したのに対して，改革クラブと新党平和が「平和改革」という統一会派を結成した．そしてP-17期には，民主友愛太陽国民連合の中から，まずは国民の声・太陽党・フロムファイブが民政党を結成し，3ヶ月後にはその民政党と民主党Ⅰ，新党友愛で民主党Ⅱが結成された．

　一方Q-14期の公明党Ⅱは，既に述べたように，参院において潜在的なpivotal勢力となったことで，自民党が連立に誘い込むインセンティヴが生

じた。その環境を整えるため，衆院と参院・地方組織の二つに分裂していた組織の再結集であると考えれば，メディアン確保の期待を有したものであると考えることができる。

A-7期の保守党は，自由党の連立離脱に伴う分裂によって連立与党に残った勢力が結成した。これは，連立離脱騒動と並行する形で小渕首相が病に斃れ，直近に総選挙が行われる可能性が高まる中での行動であり，自由党として野党化するよりも与党に残った方が将来も含めてメディアンを占められる可能性が高いと判断したものであるといえる。ただし，近い将来の総選挙が確実視される状況でもあり，再選インセンティヴに基づくものである可能性も否定はできない。

P-28の新党尊命は，最大野党の民主党Ⅱから離脱して，さらに連立与党と強調する道も選ばないという点で，メディアン獲得という目的からは理解しがたい行動である。これは反証事例として扱わざるを得ない。

F-9期の保守新党は，上にも述べたように，結果としては成功しなかったものの，安定多数を閾値としたpivotal勢力を確保して発言力を高めるという意図の下で結成されたと考えることができる。その意味で，変形ではあるが仮説4－2′の範囲内にあるといえる。

以上のように，わずかな例外事象はあるものの，仮説4－2′は概ね妥当なものであることが示された。

次に仮説4－3について見よう。仮説4－3は，解党は，新党結成と連動する形で起こるか，選挙直後に起こり，いずれの場合も，より大きな政党への合流のための解党が主になる，というものである。

まず仮説の前段にあたる時期についてであるが，F-1期の新進党に合流した六政党，R-2期の市民リーグ，F-4期の新進党，F-9期の保守党，O-5期の保守新党を除いて，仮説の予想した時期の解党はない。だが，P-17期の六党は新進党解党の煽りを受けたものであるし，Q-25期の自由党は解散の時期が迫っていることが明らかになる中での解党であり，StageRにおける解党と同一視できる。残るP-5期の社民連，Q-14期の新党平和の解党は，StageRと連動させてとらえるのは難しいのであるが，社民連は日本新党への合流，新党平和は新しい公明党への合流のための解党であり，仮説4－3の予想する範囲内でとらえられる。

そして，解党後により大きい政党に合流するという仮説4－3の後段については，F-4期の新進党の解党を除き，全て該当する。

4－5　おわりに

本章では，政党間移動を規定する制度的要因について検証した。その際有用なのは選挙間を一つのサイクルとして見て，その間に配置されているルーティーンの制度に着目することであり，それらの制度が政党間移動のインセンティヴの違いを演繹的に見分ける際にも利用できることが示された。

本章は，同じ発想でイタリアとロシアのケースを分析したMershon and Shvestova[2005;2009]の影響を強く受けたものであるが，マーションらの論文が有していたケースのバイアスをできる限り取り除いて，他の国のケースに当てはめてモデルを組み立てる際にどこに着目すればいいのかというポイントを，一般化して示した。その結果，マーションらの示したように，イタリアやロシアでは単一の政策的問題に応じての対立や議会外の選挙をめぐる動きが政党間移動の要因となっているのに比べ，日本のケースではそれらは頻度としては多くなく，むしろ特定の政策的課題以外のところで移動が多発する傾向があることが判明した。これは，同じように政党間移動が頻発している国であっても，その内実としては非常に異なったものがあるという可能性を示唆しているだろう。そうした国ごとの特徴を見極める上でも，本章で示した一般的モデルは有用なものであるといえる。

また，本章では先行研究のモデルの修正だけにとどまらず，新党の結成や既存政党の解党といった特徴的なケースがどのような形で起こりうるのかということについて検討した。その結果，新党が結成されるパターンは大きく分けて二つであり，一つは連立政権に加わるために野党から分裂してできるパターンと，もう一つは政党助成金と次期選挙の両方，あるいは後者だけの目的のためにより有利になる大政党へ野党が結集するパターンに大別されることが分かった。野党から分裂して新党が結成されるのは，与党第一党が単独で十分な議席数を有していない場合であるが，何をもって「十分な議席数」と判断できるかについては，第5章において再度検討する。そこでは，単に過半数にとどまらず，安定多数というもう少し大きな閾値が重要になるという結論のみ，ここでは指摘しておこう。

第5章
政党間移動と選挙事情

5−1　はじめに

　本書ではこれまで，連合理論の枠組みを援用して，政権追求・政策追求という二つの目的を追求する議員の混在を想定することによって，議員個人の行動から「政界再編」の原理まで一貫したロジックで説明できると主張してきた。そこにおいて，再選追求という議員のもう一つの重要な目的については，必ずしも十分な光を当ててきたとはいえない。本章では，政党を移動するにあたって，再選追求目的がどのように処置されているのかという点に着目して，この限界を乗り越えようとするものである。

　第4章において，議員が政党を移動する際に影響を与える制度について分析を加えたが，そこで見逃されてきた点として，移動を希望する議員を受け入れるかどうかを決定する政党のインセンティヴの問題がある。そこで本章では，政党間移動を分析する際には，受け入れの是非を決断する政党の側と，所属政党を選択する議員の側の双方のインセンティヴを視野にとらえる必要があるという問題意識の下，政党間移動を強く規定する要因としての選挙事情と移動の関連性に関し，二つの側面から分析を加える。

　すなわち，(1) 移動議員を受け入れる政党の側から見て，どのような選挙事情を抱えた議員であれば受け入れるのか，(2) 移動議員の側から見て，再選追求という目的はどのように実体化されているのか，という二点について分析するのである。(1) によって，受け入れ政党の側から見た政党間移動が発生する前提条件を明らかにすることができる。そして (2) によって，第

4章で積み残したStageRにおける再選追求行動の実態が明らかにされる。また，政権追求・政策追求という目的だけでは説明しきれない移動が存在する可能性についても，検討することが可能になるのである。したがって，政党，および移動議員にとって選挙事情がどのような影響を与えているのかを実態的に探るのが，本章の目的となる。

本章の構成は以下の通りである。まず5－2において，政党が移動議員を受け入れる条件，あるいは議員が新たな政党に所属する際に考慮する条件について，特に選挙に関する条件に絞っての前提を検討する。さらに，これらの前提が実体化されると，それはどのような形になるのかについて説明する。その上で，5－3において5－2で述べた前提が果たして実態として成立しているかについての検証が行われる。検証は，期間IからVIの六つに分けてそれぞれ説明される。そして，5－4で本章の意義について述べる。

5－2 前提

■ 前提条件

第4章の制度と議員のインセンティヴに関する分析において考慮されていない重要な論点として，受け入れ側の政党のインセンティヴをどう取り扱うかということがある。この点の重要性を指摘したのが，Desposato[2006]である。第4章の想定では，個々の議員が自らの政権追求・政策追求という選好に照らして合理的だと考えれば，相手先の政党の事情とは無関係に移動を行うことができるということになる。

しかし実際には，いついかなるときも，いかなる議員であっても政党が移動を歓迎するとは考えにくいし，ある議員を受け入れるかどうかは当該政党の判断に委ねられるものであるから，政党自身の目的に照らして障害となるような議員の受け入れについては拒否すると考えるのが自然である。そこで，いかなる状況であれば政党が移動の意思を持つ議員を受け入れるのか，逆にいかなる状況であれば受け入れないのかという点を考えておく必要がある。

デスポセイトは，政党が移動議員を受け入れることで発生するコストよりも，ベネフィットが大きければ受け入れを決断すると述べ，特に受け入れのメリットとして，以下の二点を指摘している（Desposato[2006:64]）。第一に，政党の規模は，政権を獲得したり，政治的影響力を行使したりする上で重要

な要素であり，一般的には所属議員数が増加することで政党のリソースは拡大するとする。ただ，ウィナーテイクスオールのシステムや，複数政党による連立政権の場合などでは，移動が政党間の勢力均衡にどのような影響を与えるかによってこの関係は変わってくるとも述べている。

　第二に，移動議員が移動先の政党の選挙における支持拡大に貢献するというメリットが考えられる。人気のある議員や著名な議員が移動してくれば，それだけ政党支持が増大するであろう。しかし，これは選挙のあり方によっては必ずしもそうはいえないケースも考えられ，政党投票ではなく個人投票が盛んで，なおかつ個人投票が他の所属議員の得票にもメリットを与えるような選挙制度になっていることが条件となる。

　デスポセイト自身が留保を付けているように，この二点のメリットは特定の条件の下でないと成立しないものである。そこで，これらの条件を日本のケースの実証分析の文脈に翻訳し，モデルに加えることが求められる。すなわち，議員数の増加が政党の政治的リソース増大に貢献できなくなる閾値がどこにあり，移動議員の受け入れが政党の選挙における支持拡大につながるというのはどういう場合を指すのかという点についてケースに即した解釈が必要になるのである。そこで，以下ではまず政党が受け入れを認める状況が起きるかどうかの仕分けを行う。

　まず，政党が議員を受け入れるメリットが存在する条件は，日本の文脈ではどう考えることができるだろうか。デスポセイトのまとめに倣えば，まず一点目の，議員数の増加が政党のリソース増大に貢献できるのはどこまでか，という点については，Kato and Yamamoto[2009]で行った分析が適用できる。それによると，議員数の増大が政党のリソース増大をもたらさなくなる閾値として，いわゆる「安定多数」の存在を指摘できるのである。

　最も単純に考えれば，議員数の増加が政党のリソース増をもたらす閾値は，過半数である。衆院において過半数を制すれば，内閣を組織することができ，内閣のポストを独占することができる。そして，所属議員にとってみれば，過半数をちょうど制することができるだけの議員数で収まっていることが望ましい。なぜなら，そのことによって自分がポストに付ける確率が最も高くなるし，政策に影響力を与えられる可能性も最も高まると想定できるからである。逆にいえば，過半数を超えて議員数が増加するにしたがって，一人ひとりの議員にとってのポストの獲得のしやすさや，政策への影響力は

逓減していくと考えられる。したがって，政党が移動議員を受け入れるのは，既存の所属議員の不満を抑えるためにも，所属議員数が議会における過半数ちょうど未満の場合ということになる。

しかし，委員会制をとっている日本のようなケースでは，委員会審議を円滑に進めたり，閣僚に次ぐ重要ポストである常任委員会委員長のポスト配分をめぐって，過半数以外の閾値が存在する。それが「安定多数」である。安定多数とは，「与党が全ての常任委員会で委員長ポストを独占しても，各委員会で与党側委員総数が野党側委員総数と同数もしくは上回ること」（向大野 [2002:46]）をいう。2010年8月現在では，衆院の定数480に対し，過半数は241，安定多数は252となり，安定多数には過半数を上回る議席数が必要である。

だが実際には，与党が安定多数を超えていても委員長ポストは与党に独占的に配分されるわけではない[73]。そのことをもって，安定多数を閾値とするのは妥当ではないのではないか，との反論も想定される。また，円滑な委員会審議の進行という大義名分にしても，「たとえ，委員会で与党が少数であっても，基本的に本会議において多数を制している政府・与党の意向がより反映する形で法案の審議が進行する」（川人 [2005:204]）のであり，その意味でも安定多数は重要とはいえないという指摘もありうる。

ただ，委員長ポストの比例配分という慣行は，自民党が安定多数を失った1976年以降において，「自民党はいくつかの委員会で野党委員長か野党が多数となる逆転委員会かを選択せざるを得」（同書，203ページ）なくなった結果として生じたものである。その点では，元々は物理的に委員長ポストを独占できないという状況から，やむを得ず比例配分という方法がとられたにすぎないのであり，この慣行をもって安定多数を制することが重要でないとはいいきれない。1991年にこの慣行が慣行として成立したのも，自民党が参院で過半数を失って不安定な議会運営を余儀なくされていた状況を考えれ

---

(73) 衆院では，自民党が安定多数を確保していた時期には委員長ポストを独占していたが，1976年以降に安定多数を失うと，いくつかの委員長ポストを野党に渡すようになり，1991年の第121回国会において，今後，委員長ポスト配分を各会派の議員数比率に近づけて配分することが合意されたという（川人 [2005:203]）。2005年総選挙で自民党が圧勝した後でも，この傾向は変わらなかったし，2009年総選挙で民主党が大勝を収めた後も，それは同様である。

ば，委員長ポストが重要でないから手放したとはいえないだろう[74]。また，選挙のたびに目標議席として，安定多数や「絶対安定多数」（この概念については後述）といった概念が取り沙汰されることからしても，政党がこうした数値を重視していることが分かる。

以上から本書では，安定多数を超えるまでは政党には移動議員を受け入れるインセンティヴが存在すると考える。それ以上になれば，移動議員を受け入れることはない。

前提Ⅲ 政党は，所属議員数増が自らの目的実現に資する場合に限って移動議員を受け入れる：
政党は，所属議員数が安定多数に満たない場合に限り，移動議員を受け入れる。

一方，安定多数以外の閾値として，絶対安定多数なる閾値が存在することはどう考えればよいのであろうか。絶対安定多数とは，「与党が全ての常任委員会で委員長ポストを独占しても，各委員会で与党側委員総数が野党側委員総数」を「完全に」「上回る」（向大野 [2002:46]）のに必要な議席数を指す。安定多数が「委員長を除いて与野党同数，もしくは与党が上回るために必要な議席数」を指すので，絶対安定多数は与野党同数という事態を避けられる数であることを意味し，当然ながら安定多数より多い議席数が必要になる。2010年5月現在で，絶対安定多数は269（安定多数は252）である。

安定多数を重視するなら，絶対安定多数についても同様に考えて，閾値としてこちらを想定すべきではないかという議論は当然ありうる。しかし，委員長を除いて与野党の委員数が同数ということは，与野党が対立している法案であれば委員会における採決では賛否同数になることが予想されるが，その場合最終的に成否を決めるのは委員長である。安定多数の定義上，その場

---

(74) 事実，2009年総選挙で大勝を収めた民主党は，総選挙直後に衆院各派協議会で常任委員長ポストの独占を自民党に提案した（『読売新聞』2009年9月2日付朝刊）。最終的には慣例にしたがって二つの常任委員長ポストを自民党に振り分けたものの，このような提案がなされたこと自体，衆参両院で過半数を確保する政党が再び現れた場合，この慣例が破棄される可能性を示唆するものといえる。

合でも委員長ポストは与党にあるから，法案の成立／不成立に支障はないことになる。

　もちろん，実際には委員長ポストは与野党で比例配分されているため，少なくとも理論上は賛否同数となる委員会の委員長ポストが野党の手に渡るということもありうる。しかし，その場合もどの委員長ポストを野党に渡すかという決定権は与党が持っており，そのように明らかに不利になる委員長ポストを野党に渡すとは考えられない[75]。そのため，本書において絶対安定多数という概念は，議会運営の実質においてほとんど影響を与えるものではないと判断し，閾値として取り扱うことはしない[76]。

　では次に，デスポセイトのいう二点目，すなわち「選挙における支持拡大に資する場合に限って議員を受け入れる」，という点に関してであるが，この点については選挙制度との関連性を考える必要がある。一般に，ある議員が政党に新しく加わるとき，選挙における支持について全くプラスの効果をもたらさないということは考えにくい。しかし，その議員が加わることで，従来の支持者が離反したり，または既にいる所属議員の地盤と競合したりする場合には，受け入れ自体が反発を招くといったマイナス面が存在する場合がある。いかなる場合に政党が移動議員を受け入れるかを考える上で，これらの関係を整理しておくことが求められる。

前提IV　政党は，移動議員の受け入れによって選挙における得票が拡大する場合に限って，移動議員を受け入れる。

---

(75) 事実，著者が 1993 年から 2005 年までの期間について委員会の会派別委員数と委員長ポストについて調べたところ，委員長を除く委員数が与野党で同数になるようなケースで，委員長ポストが野党に配分されているケースは確認されなかった。

(76) もちろん，このことは絶対安定多数なる概念が重要でないということを意味するものではない。有力議員が衆院選の勝敗ラインについて言及する際などによく持ち出されることが示す通り，議会運営の実質に関するものというよりは，いわば「圧倒的多数」を意味する政治的な象徴として重要な意味を持っているものと考えられる。

では逆に，議員が政党を移動する際の行動原理の前提は，どのように考えられるのであろうか。本書ではその点について，以下のように考える。

前提Ⅴ：議員は，再選追求目的に明らかに反するような移動は，それがたとえ政権追求・政策追求という目的の遂行に合致するものであっても，行うことはない。

　選挙で明らかに不利になるような選択は，政党も議員も行うことはないというこれらの想定は，一般性を持っていると思われる。政党は選挙で多くの議席を確保することが政権獲得への近道であるし，それは政策を実現することにも結びついていく。議員も，再選されなければその先の目的を実現していくことができないのだから（建林[2004:22]），明らかに再選に不利に働くような行動は採らないだろう。
　だが，これらの前提が日本という特定のケースにおいてどのように実体化されているかという点は，別途検討を要する問題である。というのも，これらの前提は，議員にとっての選挙における効用最大化とまとめることができるわけであるが，どのような行動が効用最大化を意味するのかという点は，選挙制度によって異なってくると考えられるからである。
　事実，本書が分析対象とする期間においては，選挙制度がいわゆる中選挙区制から小選挙区比例代表並立制へと変更されていることから考えても，何が政党にとっての「得票が拡大する場合」（前提Ⅳ）にあたり，何が議員にとっての「再選追求目標に明らかに反する」（前提Ⅴ）行動なのかという点を特定しておく作業が不可欠になる。
　したがって本章では，これらの前提条件がどう実体化されているのかについて検証することが主な目的となる。

■　前提Ⅳについて

前提Ⅳ　政党は，移動議員の受け入れによって選挙における得票が拡大する場合に限って，移動議員を受け入れる。

　まず，前提Ⅳについて重要な点は，選挙において個人投票が多いか政党投

票が多いかという問題である。前者が多ければ，移動議員を受け入れることで受け入れた政党の得票は増大することが予想されるが，後者が多ければ必ずしもそうはならず，移動議員を受け入れるメリットは少なくなるだろう。

そこで，三宅 [2001] によると，日本において政党を重視して投票する有権者と，候補者個人を重視して投票する有権者の割合は，おおむね5：4で推移してきたとされる。この傾向は選挙制度改革を経ても大きな変化はない（三宅 [2001:169-170]）。その意味では，こと支持基盤の拡大という観点だけから考えれば，日本では政党が移動議員を受け入れることで，候補者個人に向けられた票を取り込み，政党の票拡大につながりやすい土壌が存在しているといえる。

しかし，いくら政党の得票を増やすからといって，既に所属している議員の反発が強ければ，受け入れが見送られるということは十分にありうる。特に小選挙区制の下では，現職優先の原理が徹底されれば，現職が反対すれば同じ選挙区の他党の議員を受け入れるというのは難しくなることが予想される。ましてや，反対する議員が党の執行部において影響力を行使できる立場にある場合などはなおさらであろう。

そこで，こうした状況を識別するために，ここではまずある政党 B に所属する議員 β が，政党 A に移動を希望しているとしよう。

選挙制度改革以前に関しては，公認候補者数が定数を超えない限り，政党 A は議員 β を受け入れられると考えられる。もちろん，例えば Kohno[2001] が議論する社会党のように，現職の当選を守るために一つの選挙区あたりの立候補者数を意識的に制限する戦略をとった政党も存在するが，これは一つの政党の中に限った候補者調整の話であり，他党からの受け入れとなると状況は異なるであろう。特に，個人投票が多く，当選のために必要な得票数も少なくてすむ中選挙区制の場合では，既に個人の選挙地盤を固めている他党の議員が同一選挙区に増えても，議席の純増に近いメリットが政党にはあったはずである。現に，政党の移動とは厳密には同一視できないケースではあるが，中選挙区制時代の自民党は，選挙後にいわゆる保守系無所属の当選者を追加で公認することが少なくなかった。これは，中選挙区制であれば政党が移動議員を無条件で受け入れることができることを示す一つの証左にほかならない。

したがって，旧選挙制度下では，移動議員によって公認候補者数が選挙区

定数を超えない限り，移動議員を受け入れるであろう。

　次に，選挙制度改革以降に関しては，小選挙区制が導入されたことにより，一つの選挙区には同じ党の公認候補は一人しかいない。そうなると，既に政党Aに議員βが当選したのと同じ選挙区選出の現職議員αがいる場合[77]，βを選挙区で公認することにはαが反対するので，少なくとも次回の選挙においてはβが当該選挙区から立候補しないという条件でないと，受け入れるのは難しいと予想される。

　ただ，政党Aの支持拡大という観点からすれば，ライバル政党の公認で比例復活する程度の得票率を獲得した議員βを招き入れれば，潜在的に政党Aの公認候補αの敗北の可能性を減じることができる。これは，言うまでもなく議員αにとってのメリットでもある。したがって，いわゆるコスタリカ方式などを活用することによって，次々回以降であればβの選挙区からの立候補を担保した形で移動議員を受け入れる可能性は残る。ただ，比例区の定数にも限りがあるため，全ての選挙区においてコスタリカ方式を実行することは難しいという点は注意を要する。

　では，政党Aに議員βに小選挙区で敗れて比例区で復活当選した現職議員α′がいる場合はどうか。この場合，政党Aにとってはβにそのまま選挙区における公認を与えるか，それともβを比例区に回してα′を選挙区で公認するかという問題は残るものの，受け入れた方が合理的である。そのままにしておくと，次回選挙でもβが当選して，他党の議席になってしまう可能性が低くないからである。

　一方，βが比例区単独で立候補し，当選した議員であった場合はどうか。2000年5月9日に成立した改正公職選挙法により，比例区選出議員の政党間移動が禁止されることとなったが[78]，それまでは自由であった。比例区の場合，βが個人投票をどの程度持っているかは確認できない。そこで，議会

---

(77) したがって，議員βは選挙区と比例区に重複立候補した上，選挙区で落選して比例区で復活当選した議員，ということになる。
(78) ただし，無所属への移動，選挙後に発足した新党に加わること，所属政党が解散して既存政党に合流した場合に既存政党に所属すること，所属政党が解党した結果できた政党に所属すること，所属政党が既存政党に合併した場合既存政党に所属することは可能である（公職選挙法第99条の2）。

の勢力図といった他の要因が考慮された上で，比例区単独候補者数が当選圏内を超えない場合であれば，政党 A は β を受け入れると考えられる。

　以上をまとめると，新選挙制度下では，移動議員が小選挙区選出であれば，政党は議員を受け入れるのに対し，移動議員が比例区復活議員で，同じ選挙区の選出議員が既に当該政党に存在している場合，移動議員が次回選挙で当該選挙区からの立候補を見送るという条件に賛同する限りにおいて，受け入れる。また，2000 年総選挙まで，あるいは移動議員にとっての直近の選挙時には存在しなかった新党の場合は，移動議員が比例区単独議員であれば，当該比例ブロックにおける単独候補者数が当選圏内を超えない場合に限り，移動議員を受け入れると考えられる。

■　前提 V について

前提 V：議員は，再選追求目的に明らかに反するような移動は，それがたとえ政権追求・政策追求という目的の遂行に合致するものであっても，行うことはない。

　移動議員を受け入れる政党側に続いて，移動する議員についての前提 V について考える。

　まず旧選挙制度について，いかなるケースが「再選追求目標に明らかに反する」といえるのだろうか。中選挙区制の下では，一つの政党が同一選挙区に複数の公認候補を立てることができ，またそのインセンティヴがあるために，後に述べる新選挙制度と比べて選挙区移動を要請される可能性は非常に低い。ただし，移動先の同一選挙区の公認候補数が定数を超えてしまうような場合には，他の選挙区に回される可能性が理論上は存在する。逆に言えば，ほとんどありえないと思われるそのようなケースを除けば，「明らかに再選目標に反する」状況というものは想定するのが難しいといえる。したがって，旧選挙制度の下では，選挙区移動が要請されるようなケースでは移動が行われないことになるが，これは新選挙制度を前提にした議論に吸収して考えることができる。

　では，その新選挙制度について，どういうケースが「再選追求目標に明ら

かに反する」ものになると判断すればよいのか。この点を考える上で重要なことは，移動によって（1）前回選挙において立候補した選挙区と，移動後の選挙において立候補した選挙区が同一かどうか，（2）比例区に転出することになった場合，それが当選圏内を約束されたものであるかどうか，ということである。これらのどちらかが満たされていれば，移動の前提条件は整うだろう[79]。

よって，政党を移動することで，選挙区間の移動，もしくは当選圏外の名簿順位での比例区への転出を強いられる場合は，移動を行わないと考えられる。ただし，選挙区間移動を強いられた場合に，重複立候補した比例区において当選圏内での処遇が約束された場合は，この限りではないであろう。

次に検討されなければならないのは，第4章で，StageR以外での移動は，見かけ上全て政権追求ならびに政策追求という二つの目的に回収されうるとしたが，実態としてStageR以外で他の二つの目的とは独立に再選追求行動が志向されるケースが全くありえないのか，という点である。本書ではこのような可能性をここまで考慮せずに議論してきたのであるが，これでは「政界再編」の実態の全てを解き明かしたことにはならないだろう。StageR以外であっても，選挙に確実に勝てる可能性が高まると判断できれば，それのみを根拠に移動する可能性がないとはいいきれないからである。では，「確実に勝てる可能性が高まる」というのはどういうケースを意味するのだろうか。

一つには，移動先の政党において当選圏内での比例区順位での処遇が約束されているようなケースである。これは，次の選挙での当選だけを考えれば最も確実な方法であるといえるであろう。もう一つの可能性として，移動によって移動先の政党の公認候補を押しのけることができれば，勝利の可能性が高まる。小選挙区制では，選挙区レベルでの有力な候補者は二人に絞られるという法則はよく知られている。移動先の政党が同じ選挙区におけるライバルの有力候補者が属する政党であれば，確実に勝てる可能性が高まると考えられる。これらの状況にあてはまった場合，見かけ上は政権追求あるいは政策追求行動に分類されるのであるが，実態としては再選追求が前面に押し

---

(79) 先に述べた旧選挙制度の場合は，(1) に該当する。

出された移動である可能性が高い。そのパターンの移動をあらかじめ識別しておくことには意味があるだろう。逆にいえば、このような形で移動している議員がいるにもかかわらず、同じ移動をしない議員がいれば、その議員は再選インセンティヴだけを考えて所属政党を決定しているのではないということになるのである。

つまり、当選圏内での比例区順位での処遇、ならびに移動先政党のライバルを押しのけて選出選挙区の公認候補となることが保証されている場合、再選インセンティヴのみに基づく政党間移動が起こりうるだろう。

そして、論理的には、この延長線上でStageRにおける移動を説明することができるはずである。なぜなら、StageRにおける移動は、迫り来る選挙において勝てる可能性を高めるために行われるはずだからである。だが、このことはStageRにおいては「確実な」勝利をもたらす移動だけが発生するということを意味するわけではない。

ここでは、「当選圏内での比例区順位での処遇」、ならびに「移動先政党のライバルを押しのけて公認候補になることができる移動」に加えて、「より大きな政党への移動」ということが加わる。選挙制度改革によって、小選挙区でも比例区でも、大政党の方が小政党よりも有利になる選挙制度が導入されたからである。より大きな政党への移動というのは、「確実」な勝利を目指したものというよりは、選挙においてよりベターな環境を提供してくれる政党へ移動するということを意味している。

すなわち、StageRにおける移動は、選挙に勝利する（主観）確率を上げるためのものとなり、当選圏内での比例区順位での処遇、ならびに移動先政党のライバルを押しのけて選出選挙区の公認候補となることが保証されている場合に加えて、より規模の大きな政党への移動が行われる。

以下では、実際にこれらの前提条件が成り立っているかどうかについての検証を行う。

5-3　検証

■ Ⅰ期：旧選挙制度下での政党間移動と選挙

　ここではⅠ期，すなわち旧選挙制度下での移動と選挙事情について検討する。5-2で述べた議論のうち，旧選挙制度に関わるものは以下の通り抽出することが可能である。

　すなわち，旧選挙制度下で政党は，移動議員の受け入れによって公認候補者数が選挙区定数を超えない限り，移動議員を受け入れる（前提Ⅳ）。一方議員は，政党を移動することで，選挙区間の移動を強いられる場合は，政党間移動を行わない（前提Ⅴ）。

　以下ではこれらの条件が成立しているか否かを検証する。

　Ⅰ期に起きた政党間移動は，R-1期の自民党から新生党への移動，ならびにさきがけへの移動がほとんどを占める。新生党やさきがけが加入を要望した議員を拒否した事例は見つかっておらず，参加した議員の選挙区移動もない。よって前提ⅣもⅤも満たされているといえる。

　一方，Ⅰ期の移動は全てStageRにおける移動であるため，移動によって再選の確率が上がると当該議員に認識されうる状況が生じているか確認する必要がある。これは，さきがけと新生党によってやや異なる。既に述べたように，新生党グループの移動は，さきがけグループの先行離党によってやむを得ず生じた側面が色濃いという指摘がある（河野[1995]など）。したがって，さきがけグループが政治改革を求める世論に「離党」という形で反応することで，再選の可能性を高める戦略を前もって練っていたといえる（武村[2006:162-168]参照）のに対し，新生党グループの場合はそうではない可能性がある。

　ただし，新生党グループが離党を決断せざるをえなくなったのは，さきがけグループが宮澤内閣不信任案には反対していながら先行離党を表明したことで，不信任案に賛成した新生党グループが自民党に残って選挙を戦うのは「『おかしなことになる』（山本注：羽田孜の言葉）」（平野[2006:226]）ということだったのであり，解散とそれに続くさきがけグループの離党という状況を受けた段階では，離党こそが再選確率を上げると判断されたものと判断

するのが妥当である。それが証拠に，不信任案に賛成した羽田派は一人の離脱者も出すことなく，新生党へと離党した。

また，第4章でも議論したように，新生党の結成に至る混乱は，その原因がStageP-1における政治改革をめぐる党内対立であり，解散総選挙という結果がそれに伴って起こったために，新たなステージで対応することになったということを示している。この点では，StageRにおける移動ではあったが，移動のきっかけを作ったのは政策追求インセンティヴであったのである。

■ II期

II期は，1994年1月に政治改革関連法が成立したことにより，前回選挙が中選挙区制，そして次回選挙が小選挙区比例代表並立制という過渡期にあたる。したがって選挙制度によって行動の前提が変わるとした前提IVやVををそのまま当てはめることはできない。このような過渡期は，選挙制度が変更されるということが稀であるということを前提にすれば，一般的な理論の中に落とし込むのが難しいケースである。よってここでは，移動議員とそうでない議員で選挙事情にどのような変化があるのかというところを，政党ごとに述べることで対応する。

まずは移動議員がいないのは，社民（社会），さきがけ両党である[80]。新進，民主I，新社会，自由連合の各党はI期のうちに結成された新党であるため，当然ながら所属議員は全員が移動議員である。また，自民党にも移動議員が含まれる。このうち新社会と自由連合の両党は，2人ずつの現職議員がともに同一選挙区[81]から立候補しているが，全員落選している。

では，自民，新進の最大与党と最大野党についてはどうか。自民・新進の両党は，その選挙戦略において際立った違いを見せていた[82]。自民党は小選

---

(80) なお，共産党もこれに該当するのであるが，共産党は一貫して政権獲得競争に参加しておらず，したがって移動議員とも無縁なため，本書においてこれ以降言及することはしない。
(81) 正確には，旧選挙区と重なる市区町村が含まれる選挙区からの立候補を意味する。以下，II期における「同一選挙区」は全てこの意である。
(82) 両党の戦略の違いについては，鹿毛[1997:303-338]に詳しい。

挙区と比例区の重複立候補を積極的に認めたのに対して，新進党は原則として重複立候補を認めなかったのである。その結果として，新進党では出身政党によって選挙事情に差異が生まれた。公明党 I 出身者では 51 名中 29 名，社民党では 3 名中 2 名が比例区立候補となったのに対し，民社党では 14 名中 3 名，日本新党では 23 名中 3 名，新生党では 46 名中 3 名，自民党では 18 名中 2 名，無所属で 4 名中 1 名が比例区からの立候補となっており，特に公明党 I 出身者が比例区に集中して回されたことは明らかである。旧選挙制度下で同一政党間での厳しい競争を強いられてきた自民党出身者は，他党出身者に比べて個人票を多く持っていると推測されるため，選挙区からの立候補になるのではないかと予想されるが，その通りの結果となっている。逆に，個人票というよりは強固な政党票を持つ公明党 I 出身議員が比例区に回るのも，予想通りの現象であるといえよう。

　なお，貝沼次郎（公明党 I 出身），左近正男（社民党出身）の 2 名の議員は，比例区からの立候補にもかかわらず落選しており，前提 V で予測したのと逆の結果となっている。特に左近は，1996 年 9 月 26 日という総選挙の直近に新進党に移動しながら当選圏内での処遇を受けなかったことになり，明らかな例外事象となっている。これらは，新進党が選挙区と比例区の重複立候補を基本的に認めない方針をとったために，比例区名簿に余裕がなくなってしまったためであると考えられる。

　一方の自民党はどうであろうか。1993 年新生党[83]の 3 名は全員が比例区単独立候補でかつ当選圏内で処遇されている。これは，II 期の現職議員のうち，1996 年総選挙にも自民党公認で立候補した全 196 議員のうち，比例区単独候補が 32 名にとどまっているところからすると，際立った特徴を持っている。この 3 名はいずれも 1996 年 9 月 17 日に新進党から自民党に移動した井奥貞雄，杉山憲夫，高橋一郎である。3 名の移動は Q-11 期にあたるが，解散のまさに直前期にあたっており，選挙を強く意識した移動であることは明らかである。その点では，限りなく StageR の移動と同一視することができ，「StageR における移動は，選挙に勝利する（主観）確率を上げるためのものとなる」という前提 V が成立していることが示唆される。

---

(83) 1993 年総選挙で新生党から立候補の意である。同様の表記は以下も同じ意である。

この点に関連して興味深いのは，1996年6月26日に自民党の白川勝彦総務局長が，「自民党候補が決まっていない小選挙区の新進党の代議士約10人に」，「①衆院選までに自民党に復党する，②衆院選に自民党推薦の無所属として臨む，③選挙は純粋な無所属として戦うが，選挙後に自民党に加わる」という三つの方式を示して自民党入りを勧誘したと記者会見で明らかにした事実があることである（『朝日新聞』1996年6月27日付朝刊）。井奥ら3名はこのうち①に該当すると思われるが，それ以外にも船田元，石破茂の2名が総選挙直前に新進党を離党して無所属で選挙を戦い，選挙後に時をおかず自民党に復党している[84]。船田らのケースは白川のいう条件③にあたると考えられる。重要なのは，①から③のどれを選ぶにせよ，ここに名前が挙がった議員以外にも自民党から勧誘されていた議員がいたという事実であり，勧誘を受けていた議員はその気になれば当選が確実な順位で比例区単独から立候補するという道もあったにもかかわらず，その道を選んでいないということである。勧誘を受けていた議員のほとんどは自民党に在籍経験があった議員であると想像されるため[85]，既に確認した新進党の選挙戦略上，比例区単独の立候補や重複立候補が認められない議員たちであった。議員が常に再選のことだけを考え，他の目的に優越して再選を追求するのだとすれば，このような議員は自民党に移動していなければならないはずである。しかし，あえてその道を選ばなかった議員がいたということは，再選追求目的だけで政党間移動を説明することはできないということを示している。

　また，白川の示した条件が「自民党候補が決まっていない小選挙区の新進党の代議士」であるということは，勧誘された議員が新進党に残留したとしても選挙事情が極端に悪化するわけではないことになる。総選挙まで半年を切る時期に自民党の公認候補が未定であるということは，その後候補者が定まったとしても知名度などの点で苦戦を余儀なくされることが予想され，そのことは新進党の議員にとって有利に働く材料であると考えられるからである。したがって，議員は常に再選を最優先しているわけではないが，前提条

---

(84) 他にも1996年6月11日には新井将敬が新進党を離党して，総選挙を無所属で戦った例があるが，新井のケースは白川の記者会見より前であるため，白川のいう「約10人」に含まれているかどうかははっきりしない。
(85) 実際，ここで名前が挙がった全ての議員は自民党の在籍経験がある。

件としては考慮されているといえ，再選インセンティヴに対する本書の想定が妥当であることを証明しているといえるだろう。

では，民主党Ⅰはどうであったか。民主党Ⅰは，新進党とは異なり，自民党と同様に重複立候補を認める方針で総選挙に臨んだ。また民主党Ⅰの結成はR-2期にあたっており，前提Ⅴが成り立つならば，当選の（主観）確率を上げるための移動になるはずである。民主党Ⅰは，さきがけと社民党の一部に市民リーグが合流して作られた政党であり，全ての参加議員にとって「より規模の大きな政党への移動」となっている。社民党やさきがけ，市民リーグに残留したままでは，自民・新進両党に埋没して小選挙区での苦戦は免れない上に，比例区もブロック制で定数の少ないブロックも存在することから，規模の利益があることは確実である。この点において，前提Ⅴは成立していると見ることができる。

だが，より大きな規模を目指すというのなら，いわゆる「排除の論理」で社民党とさきがけの一部ベテラン議員の参加を民主党Ⅰの執行部が拒んだ理由が説明できなくなるし，さらにいえば新進党に合流する道もあったはずである。前者については，自社さ連立政権発足の立役者を新党に加えてしまうと，新党の改革イメージが後退することを恐れてのことであるという説明が支配的であろうが，これが正しいとすると，前提Ⅴに反する議員は受け入れられなかったという説明ができる。後者については，時期の問題が影響していると思われる。民主党Ⅰが結成された時期には既に衆院が解散されており，新進党の選挙準備は大詰めであった。この段階で公認調整を行って，両党にとって最適な結果を見つけるのは物理的に至難の業であろう。また，民主党Ⅰは結党の理念として，自民・新進両党に次ぐ第三極を目指すとしており，その理念が得票を最大化できるという戦略と結びついていたため，新進党との協力を模索するのは難しかったと思われる。以上より，勢力の最大化が模索されなかったことをもって前提Ⅴが満たされていないとはいえないのである。

また，民主党Ⅰ以外のR-2期における移動議員として，新進党から無所属となった石破茂，社民党から無所属になった山下八洲夫がいる。石破と山下は前提Ⅴの予想した大政党への移動とは逆の移動を選択した。山下については例外事象として取り扱わざるを得ないが，石破の立候補した鳥取1区につ

いては自民党が対立候補の擁立を見送っており，新進党も選挙直前の離党では代わりの候補者を立てることが困難であったことから考えれば，明らかに当選の可能性を減じる行動であったとまではいいきれない。事実，石破の鳥取1区で石破以外の候補は，社民党，共産党，新社会党の公認候補3名のみであり，自民，新進，民主I各党の公認候補は立候補しなかったのである。

■ III期

III期においては，社民党には移動議員がおらず，比例区復活議員を含む現職議員の全員が1996年と同一選挙区から立候補している。その他の政党には，全て移動議員を受け入れる機会があった。

改革クラブは，4名の現職議員が2000年総選挙にも立候補したのであるが，全員が1996年新進党からの立候補であり，かつ選挙区選出議員であった。2000年も同一選挙区から立候補して，全員が落選している。その意味で，政党は小選挙区選出議員であれば受け入れるという前提IV，議員は選挙区移動を強いられない場合に限って政党を移動するという前提Vは明らかに満たされている。

問題は，全員が落選しているということをどう見るかという点である。これについては，以下のような説明が可能であろう。1997年末の新進党の解党を受けての動きの中で，改革クラブは公明党系の新党平和との連携を模索して，統一会派「平和・改革」を結成し，この会派は1999年11月に公明党IIが結成されても，会派名を「公明党・改革クラブ」と変更して継続された。改革クラブにとっては，強固な支持基盤を持つ公明党IIと連携することで，再選の可能性を高めたいという意識があったと考えられる[86]。連立与党入りした後も，小沢辰男代表が小渕首相に選挙協力の進展を要請するなど（『読売新聞』2000年2月22日付朝刊），再選可能性を高める努力は続けられた。このように，結果として必ずしもうまくは運ばなかったものの，当初は公明系との提携によって，さらに後には自民党との選挙協力によって再選に向け

---

(86) 例えば，「改革クラブとしては，次期衆院選での公明党との選挙協力を最重視している」（『読売新聞』1999年5月24日付朝刊）ことから，公明党IIが自自両党と連立政権を組んだ場合でも協力する，という方針が示され，実際に公明党IIとともに連立政権入りしたという事実がある。

ての環境を整える努力が行われていたのであり，結果だけから見て改革クラブに所属し続けることが再選に明らかに不利であったとまではいえない。

公明党Ⅱは，35名の現職議員が2000年総選挙にも立候補している。公明党Ⅱの35名はいずれも1996年は新進党からの立候補であるが，Ⅱ期の説明で述べたように，公明系議員は新進党の選挙戦略によって比例区単独からの立候補が多かった影響で，35名中23名が比例区単独の選出議員であった。このうち1996年選挙区から立候補の12名は，いずれも2000年も同一選挙区から立候補し，重複立候補も認められていた。一方23名の比例区単独議員については，うち18名が同一ブロックの比例区単独で，2000年も立候補している（1名は落選）。また，1名はブロックを変更して比例区単独で立候補し，当選している。残る4名は，いずれもブロック内の選挙区に移って2000年総選挙を戦ったが，1名が比例区で復活当選したのを除いて，3名が落選している。

公明党Ⅱのケースを検証すると，政党は移動議員が小選挙区選出であれば受け入れるという前提Ⅳは満たされている。もう一点，政党は比例区単独議員について，再度当選圏内で処遇できる場合に限って受け入れるという前提は，概ね当てはまっているのであるが，近畿ブロックにおいて1名落選者（佐藤茂樹）を出しており，比例区単独議員を選挙区に回すケースも四例あった。ただ，公明党Ⅱについては1996年総選挙で新進党というより大規模な政党で選挙を戦い，しかも比例区単独議員の多くを公明党関連の議員が占めたため，党の集票力に比して過大な比例区単独議員を抱えていたという事情がある。このため，全員を当選圏内で処遇することができなかったと考えられる。ただし，割合で見て多くの議員をそのまま比例区単独で処遇しているということは明らかである。

そして，ここで逸脱例として挙げた5名については，必然的に，「政党を移動することで選挙区間の移動，もしくは当選圏外の比例区への転出を強いられる場合は，政党間移動を行わない」という前提Ⅴも充足しないことになる。ただ，この点については，公明党という政党の特殊性に鑑みた場合，有利な再選環境を提供してくれる可能性がある他の政党に移動するという選択肢が果たして現実的であったかという問題がある。

自由党に移動した東祥三や二見伸明のように，かつて公明党に籍を置いた議員であっても他党に移動した議員が存在していることからすれば，そうし

た選択肢もあったというべきであるかもしれないが，東は比例区単独から選挙区に移って復活当選を果たしたものの，二見は同じく選挙区に移って落選しており，彼らが必ずしも有利な環境を与えられて移動したわけではない。

公明党の選挙戦略と議員の自律性という問題については，現時点では十分に解明されていない点が多く，この段階で確固たる説明を行うことは難しいといわざるを得ない[87]。前提Ⅴで述べた，再選インセンティヴのみに基づく移動が起きるかどうかという点についても，公明党の特殊性という事情から自由ではなく，この議論が妥当かどうか検証することは困難である。ただし，公明党の事例においても，5名の例外を除く多数の事例においては，前提Ⅴが妥当なものであることは確かである。

次に同じく連立与党の一員であった保守党について見ていく。保守党では17名の現職議員が2000年にも立候補したのであるが，うち16名が1996年新進党であり，さらに15名が選挙区選出議員，残る1名は比例区単独議員である。さらに，1996年民主党Ⅰで比例区復活議員が1名いる。15名の選挙区選出議員のうち14名が同一選挙区から立候補して，7名は当選したが，7名は落選した。また残る1名は比例区単独に転出して，落選した。1996年新進党の比例区単独選出議員1名は，同一ブロックの比例区単独から立候補したが落選，1996年民主党Ⅰの比例区復活議員1名は，選挙区を移して選挙を戦ったが落選した。

保守党のケースでは，政党は移動議員が小選挙区選出であれば受け入れるという前提Ⅳは問題がない。比例区単独議員は当選圏内で処遇できる場合に受け入れるという前提Ⅳについては，1名（安倍基雄）が対象となるが，安倍は東海ブロックにおいて単独1位で処遇されている。保守党が比例代表で議席を獲得できた可能性は低かったのではないかという反論はありうるが，当選圏内を明らかに超えて受け入れているとまではいえないであろう。

次に議員の側の事情について見る。まず議員が選挙区間の移動，ないしは当選圏外の比例区への転出を強いられていないかどうかについては，1996年民主党Ⅰの比例区復活議員1名（井上一成）が選挙区移動を行っていることと，1996年新進党の選挙区選出議員1名（中村鋭一）が比例区単独へ転

---

(87) 公明党を研究する数少ない試みとして，島田 [2007] がある。

出し，いずれも落選していることを指摘しなければならない。しかし，井上に関しては，選挙区を大阪8区から7区に移動することで，連立与党の統一候補となっている。結果としては落選したものの，大阪8区には自民党公認の新人候補が存在したことを思えば，たとえ隣の選挙区に移ってでも統一候補として戦った方が有利になると判断したものと思われる。その意味では，明らかに不利になるような種類の選挙区移動とはいえない。また中村は，近畿ブロックにおいて単独1位で処遇されている。これは上に述べた安倍の事例と同様であるが，明らかに当選圏外であるとまではいいきれないであろう。

次に，井上のところでも述べたように，自民・公明Ⅱ両党との調整によって連立与党の統一候補になることができる場合は，再選追求目的での移動となっていた可能性があるわけであるが，実際に調整がうまくいったのは当選した7名と井上一成に加え，西田猛，三沢淳の計10名であり，残りの5名については調整に失敗している。だが，調整がうまくいくかどうかというのは公示の直前まで不透明だったのであり，見切り発車的な移動であるという側面が強いのも事実である。自由党の連立離脱に伴って，所属政党を自由党にするか保守党にするかという選択を迫られる中で，野党間の候補者調整の可能性は低い自由党と，候補者調整の可能性が残っている保守党という選択となっていたわけであるから，ここで保守党に移動した議員はおしなべて再選追求が前面に出ていたと考えるのが妥当であろう。逆にいえば，自由党に残った議員たちにとってみれば，保守党に移れば候補者調整の恩恵を受けることができる可能性がありながら，自由党に残留したことになるのである。

では自民党はどうであったか。まず移動議員について見ると，1996年さきがけの1名はそのまま同一選挙区から立候補した。1996年新進党の24名のうち，13名が同一選挙区からの立候補であり，8名が選挙区から比例区単独への転出，2名が同一比例区からの単独立候補，1名が比例区単独から選挙区への転出となっている。そして，1996年無所属の5名は全員同一選挙区からの立候補である。

一方，1996年自民党の議員について見ると，208名中13名が選挙区から比例区単独への転出，8名が比例区単独から選挙区への転出となっている以外の187名は全て同一選挙区からの立候補である。また，13名の比例区転出議員のうち10名がコスタリカ方式によるものであり，2名が公明Ⅱと

の候補者調整によるものである。残る1名は宮澤喜一で,一度限りの特例含みで首相経験者を処遇するという形での比例転出となった。逆に8名の比例区から選挙区への転出議員は,全てコスタリカ方式によるものである。

　自民党の特徴は,移動議員には選挙事情の変更を求める割合が高いのに対し,プロパーの現職議員を優先する方針が徹底しているという点である。上記データを見る限り,同一選挙区に自民党の比例区復活議員がいれば,移動は許されなかったと思われるのである。例外は北村直人のみであり,同一選挙区に比例区で復活当選した鈴木宗男がいたものの,コスタリカ方式を条件に入党が認められた[88]。だが,これ以外のケースでは,Ⅲ期の自民党について小選挙区選出であれば移動議員を受け入れるという前提Ⅳは必ずしも成立していない可能性が否定できない。

　比例単独での選出議員は当選圏内で処遇できる範囲で受け入れるという前提Ⅳについては,該当する3名のうち2名についてはそのまま同一ブロックの当選圏内の順位で処遇されたが,選挙区への転出を迫られた議員が1名(山中燁子)いる。これについては,山中が1996年に当選した東海ブロックに特有の事情があったものと思われる。東海ブロックでは自民党プロパーだけで既に当選圏を超える比例区単独議員を処遇しなければならず,枠に余裕がなかったことが影響していると考えられるのである。事実,山中は愛知10区と比例東海ブロックに重複立候補したのであるが,比例名簿登載順位は単独8位であった[89]。そして,山中よりさらに順位が下の9位に,比例区単独の現職・稲垣実男が単独で登載されている。そして,ようやく10位に小選挙区との重複立候補者15人が同一順位で並べられたのである。その意味では,比例区単独候補だけで当選圏内を超えてしまっていたために,本来であれば山中が受け入れられる余地はなかったはずであるが,小選挙区への転出という条件が山中に受け入れられたために,入党が認められたのだと考えられる。逆に山中から見れば,小選挙区立候補議員の中では重複立候補順位で

---

(88) 北村のみが例外を認められた背景については推測の域を出ないが,北村を入党させれば衆院の単独過半数をちょうど確保できたという当時の勢力図が影響していた可能性はある。この時期,自民党は単独では過半数に届かない少数与党だったため,北村の移動は自民党にとって過半数を回復するという象徴的な意味を持ったからである。

(89) 2000年総選挙で自民党の東海ブロックでの当選者は7名である。

優遇を受け，それが当選ラインを超えることも見込める順位での処遇であったため，選挙区への転出を受け入れることができたのだと思われる．その点で，議員にとって明らかに再選事情を悪化させるものではなかったといえる（すなわち，前提Vの反証例ではない）．

もう一点，再選インセンティヴのみに基づく移動の可能性については，比例区単独へ転出した1996年新進党の8名，それに同一比例区からの当選圏内での立候補が担保された2名が候補となる．実際，青山丘と吉田幸弘は2000年4月に保守党に移動して，その後6月の選挙までの間に自民党に移動しており，再選インセンティヴによる移動と判断できる．残りの8例は選挙に近い時期での移動とは必ずしもいえないが，他には当選圏内では処遇されない議員もいた中でのことであるから，再選面で何らかの担保があったために移動したととらえるのが自然であろう．

次に民主党IIについてである．民主党IIのうち，1996年民主党Iで当選した現職議員で2000年も立候補した議員は48名であるが，うち5名が比例区単独から選挙区へ転出し，4名が選挙区（いずれも比例区復活当選）から比例区単独へと転出した．35名は同一選挙区（うち19名が比例区復活議員）からの立候補，4名は同一比例区からの単独立候補である．

一方移動議員について見ると，1996年無所属の2名はいずれも同一選挙区から，1996年新進党の36名のうち，比例区単独から選挙区への転出が7名，選挙区から比例区単独への転出が1名，同一選挙区からの立候補が24名，同一比例区からの単独立候補は4名である．1996年社民党の1名は同一選挙区からの立候補である．

民主党IIは，自民党に比べると現職議員の転出が目立ち，自民党ほどプロパーの現職優位の原則が貫かれているわけではないことが見てとれる．また，移動を受け入れた議員のうち選挙区選出議員は一例を除いて全員そのまま同一選挙区から立候補させており，これは，政党は小選挙区選出議員については受け入れるという前提IVの示唆する通りである．

比例区単独議員については，ひとまず受け入れてはいるが，11名中7名は選挙区に転出させている．民主党プロパーの議員については5名を選挙区に転出させたものの，逆に4名を選挙区から比例区単独に転出させ，なおかつ同一比例区からの単独立候補も4名に認めているから，比例区単独の移動

議員に対しては，選挙区選出の移動議員に比べて厳しい対応を取っていることが窺える。実際，選挙区に転出させられた7名の移動議員は，1名が転出した選挙区で勝利し，2名が比例区で復活当選を果たしたものの，残る4名は落選の憂き目にあっている。比例区の名簿登載順位の点でも，7名中6名は他の選挙区－比例区の重複立候補者と同一順位とされており，優遇はされていない[90]。

これは，前提Ⅳのところで検討したような，候補者数が当選圏内を超えるかどうかということでは必ずしもなく，比例区単独候補の数は極力減らすという選挙戦略の影響ではないかと考えられる。民主党Ⅱの比例区単独候補者数は，北海道ブロックで1（自民党1，カッコ内は以下同様），東北で2（6），北関東で1（7），南関東で3（4），東京で2（5），北信越で2（7），東海で2（9），近畿で4（6），中国で0（7），四国で0（3），九州で0（7）となっており，自民党に比べれば極めて少ない数に抑えられているといってよい。

一方議員の側から見るとどうか。移動議員が選挙区間の移動を強いられたケースはないし，比例区へ転出した議員もいずれも当選圏内で処遇されている。再選インセンティヴのみに基づく移動については，民主党Ⅱの結成経緯からして，特定の議員の再選を約束する状況になかったと考えられる。

最後にこれら以外の政党についても簡単に述べておく。無所属の会は4名の現職議員を受け入れ，いずれも同一選挙区から立候補させている。自由連合は，全3名のうち移動議員が2名を占めている。うち1名は1996年新進党，うち1名は1996年自民党であるが，この2名はいずれも選挙区間移動をし，落選している。これは選挙区間移動を強いられる政党間移動は行わないという前提Ⅴに反する行動であり，例外事象として扱わざるを得ない。残る1名は同一選挙区からの立候補で，前提Ⅴを満たしている。

■ Ⅳ期

Ⅳ期については，社民党，自由連合，無所属の会の各党には移動議員が存在せず，新党尊命も含めて現職議員は全て同じ選挙区から立候補している。

---

[90] 城島正光のみ，重複立候補した東京ブロックの名簿順位単独2位で優遇されている。

公明党Ⅱにも移動議員はいないが，選挙区－比例区間の移動は発生している。しかし，Ⅲ期のところでも言及した公明党という政党の特殊性から，ここでその中身について分析を加えることはしない。

次に，公明党Ⅱとともに連立与党の一角を占めた保守新党について見ていく。保守新党には保守党から5名，民主党Ⅱから4名の計9名が移動し，2003年総選挙にも立候補した。このうち2000年保守党の5名はいずれも同一選挙区からの立候補であるのに対して，2000年民主党Ⅱの4名のうち2名は比例区単独から選挙区へ転出している。残る2名は，同一選挙区からの立候補である[91]。

保守新党のケースでは，小選挙区選出議員であれば政党は受け入れるという前提Ⅳを覆す材料は見当たらない。次に議員にとってであるが，2名の比例区単独から選挙区に転出を余儀なくされたケースが注目される。当選確実な比例区単独から選挙区への移動というのは，特に選挙区での立候補経験がなく足場に乏しい議員にとってはコストが大きいことが容易に想像される。事実，2名のうち，金子善次郎は連立与党の統一候補として埼玉1区から立候補するも落選しているし，山谷えり子は統一候補にすらなることができず，東京4区で自民党公認候補に敗れている。金子については統一候補という立場になったことで，移動と再選追求という前提条件が矛盾していないと解釈できるが，山谷に関しては再選追求という目標が前提条件にすらなっていないかのようである。これは反証事例として扱わざるを得ない。

自民党は，Ⅳ期に14名の移動議員を受け入れ，移動議員は全員選挙区選出議員である。したがって小選挙区選出議員は受け入れるという前提Ⅳは満たされる。14名のうち9名は無所属からの移動であり，全て同一選挙区からの立候補となった。2000年無所属の会の1名も，同一選挙区からの立候補である。一方，2000年民主党Ⅱからの移動者は2名であるが，うち1名は同一選挙区，もう1名は選挙区から比例区単独へ転出した。2000年保守党からも2名を受け入れ，これらはいずれも選挙区から比例区単独への転出

---

(91) この2名は熊谷弘と佐藤敬夫であるが，熊谷は区割り変更に伴って静岡9区から7区に選挙区名が変わっている。また佐藤は，比例区復活議員である。

である。

　移動議員以外での特徴としては，2000年総選挙以前に自民党に移動して，比例区単独候補となった議員が，選挙区に転出するケースが目立つことである。コスタリカ方式とは無関係に比例区単独から選挙区に転出した議員は10名いるが，そのうち七条明と森山真弓，それに谷田武彦を除く7名が自民党プロパーではない議員である。そして，この7名の選挙結果は芳しくなく，米田建三，高市早苗，吉田幸弘は落選，伊藤達也，鳩山邦夫，青山丘は比例区で復活当選，選挙区で当選したのは西野陽ただ一人である[92]。これは，自民党プロパー10名の比例区単独議員が，そのまま同一比例区の当選圏内で処遇されたことからすると際立った違いといえる。自民党は，移動議員を一度目の選挙では優遇したとしても，二度目は優遇していないのである。

　次に議員側から見て自民党の提供する選挙事情はどうであったか。まず，選挙区間移動や当選圏外の比例区への転出を強いられた議員はいない。一方で，再選インセンティヴのみに基づく移動については，2000年民主党からの1名（江崎洋一郎），2000年保守党からの2名（小池百合子，野田毅）がこれに該当する可能性がある。江崎については，保守新党を経てR-4期の2003年10月10日に自民党に移動し，比例区における当選圏内で処遇された。これは明らかにStageRにおける移動のパターンとして，「当選圏内順位での比例区での処遇」を挙げた前提Ⅴに該当する。一方，小池と野田については，連立与党の候補者調整によって党をまたいだ変則的なコスタリカ方式がとられており，順序からいって次は（保守新党の）比例区から立候補する番であった。その際，保守新党では議席を確保するのが困難であることが予想されたため，自民党に移動する道を選んだと思われる。したがってこれらは再選インセンティヴに基づく移動であると解釈できる。

　次に，民主党Ⅲについてであるが，民主党Ⅲは自由党を吸収合併したため，17名の2000年自由党の議員を受け入れ，2003年総選挙に立候補させている。このうち12名は同一選挙区からの立候補である（うち8名は2000年比

---

(92) ただし，鳩山邦夫と伊藤達也は，比例区東京ブロックにおいて単独でそれぞれ2位・3位に位置づけられており，当選圏内で処遇されていた。また，鳩山は1999年の東京都知事選に立候補するため議員辞職しており，2000年総選挙時には非現職だった。

例区復活議員)。残る5名のうち1名は比例区単独から選挙区へ転出, 1名は比例区復活議員から比例区単独へ転出, 残る3名が選挙区間移動である (この3名は全員が2000年比例区復活議員)。

2000年民主党Ⅱの議員のうちでは, 民主党Ⅲが2003年総選挙にあたって比例区単独での立候補を認めない方針を採用したために, 2000年の比例区単独議員は全員選挙区に転出した。それ以外では, 選挙区間移動があった3名の例がある (玉置一弥, 鉢呂義雄, 長浜博行)。この3名は, いずれも比例区単独から選挙区への鞍替え議員との調整によって選挙区を移動したものである。残りは全て同一選挙区からの立候補である。

これらより, 小選挙区選出議員であれば受け入れるという前提Ⅳを否定する材料はない。一方比例区復活議員について, 鈴木淑夫, 樋高剛, 土田龍司の3名は, 同じ選挙区に民主党Ⅱの現職議員が存在した。このうち鈴木は比例区単独へ転出し, 樋高と土田は選挙区を移動した。したがって比例区復活議員の受け入れについての前提Ⅳも妥当である。

次に議員にとって選挙区間移動や比例への転出を強いられないかという前提Ⅴについてであるが, 鈴木, 樋高, 土田に加えて都築譲がこの反証例である。鈴木は, 東京ブロックの名簿順位25位と, 小選挙区との重複立候補者24名に次ぐ順位に追いやられており, 小選挙区で民主党Ⅲがよほどの勝利を収めないと当選の可能性がない状況となった。これは, 前提条件としての再選追求に反する行動といわざるを得ないが, 一つの解釈としては, 鈴木の長男の盛夫が東京8区から新人として立候補を認められており, そのことと引き換えに落選の可能性が高い順位を呑んだという可能性がある。一方樋高ら3名は, 選挙区間の移動を強いられ, 重複立候補した比例区においても優遇はされていない。その点では前提Ⅴを満たしていないのであるが, 民主党Ⅲへの自由党の合流が総選挙直前の時期 (厳密にはStageRではなくQ-29期にあたる) であるため, StageRにおける移動だと考えると理解可能になる。つまり, 自由党のまま自民, 民主Ⅱという二大政党の候補者と小選挙区を戦うより, 選挙区を移動してでも民主党Ⅲの公認として戦った方が有利になると判断されたものと想像できるのである。

■ Ⅴ期

StageRを除くⅤ期には, 無所属から自民, 無所属から民主Ⅲへの移動が

それぞれ8名，1名観察されているが，これらは郵政民営化関連法への造反によって2005年総選挙で自民党からの公認を得られなかった者[93]も含め，全て同一選挙区からの立候補となっている。また，2003年総選挙直後には保守新党が解党して自民党に合流したが，これに該当する4名も，2005年は同一選挙区から立候補した。

　以上より，政党は小選挙区選出議員については受け入れるという前提Ⅳは妥当であるといえる。一方，議員は選挙事情が不利になる移動は行わないという前提Ⅴについても満たされているが，Ⅴ期において特筆されるのは，R-5期に移動が多く起こったということである。したがってStageRにおける移動が，前提Ⅴでいう主観確率の上昇，すなわち当選圏内での比例区順位での処遇，ならびに移動先政党のライバルを押しのけて選出選挙区の公認候補となることが保証されている場合に加えて，より規模の大きな政党への移動が行われるという条件が満たされているかの検証が必要になる。

　R-5期には，郵政民営化造反組の移動が支配的なのであるが，それ以外のものとして，2003年社民党から民主党Ⅲへの移動が1名見られた。これは横光克彦であるが，横光は民主党Ⅲ公認として同一選挙区から2005年総選挙に立候補した。これは，より規模の大きな政党への移動という意味で，前提Ⅴを満たしている。

　では郵政民営化造反組の移動はどういう形で現れたのか。一つには，自民党に党籍を置いた状態で無所属のまま選挙を戦うパターンであるが，これは復党とセットになる形で離党が遅れてⅥ期に発生するため，Ⅵ期のところで分析されるケースである。次に，総選挙前に自民党を離党して無所属で選挙を戦うパターンと，同じく総選挙前に離党して新党（国民新党・新党日本）に加わるパターンがある。この二つのパターンでⅤ期の移動が発生するため，これらが分析対象となる。

　まず無所属で総選挙を戦った議員として，小西理と八代英太がいる。小西は2003年比例区復活議員であるにもかかわらず，新党に加わらずに同一選挙区から立候補し，落選した。小西は新党に加わる道はあったはずであるが，抵抗勢力のレッテルを貼られる中で新党に加わっても当選の確率は上がらないと判断したものと思われる。一方，八代は公明党Ⅱと自民党との候補者調

---

(93) 江藤拓，古川禎久，川上義博，坂本哲志，武田良太の5名がこれに該当する。

整の結果，2003年は比例区単独に回っていたため，郵政造反組は公認しないとの自民党執行部の方針の下でも例外的に比例区で処遇される可能性があると考えられていた。しかし実際にはそうした扱いは受けることができず，離党して選挙区から立候補し，落選した。八代の場合も，自民党の公認が受けられないと分かった時点で，新党に移動するか無所属から立候補するかの二択を迫られた。そこで，小西同様に新党に属しても勝てる確率は上昇しないと判断したのであろう。

次に二つの新党への移動である。まず国民新党であるが，綿貫民輔，亀井静香の2名は同一選挙区から，亀井久興は比例区単独から選挙区への転出となった。綿貫と亀井静香は現実的に移動できる可能性があった政党がなく，自ら結成する以外になかったため，国民新党を結成したものと考えられる。その意味で，前提Vを満たしているといえる。一方亀井久興は選挙区への転出となったため，比例区での復活当選の可能性を睨んでも政党に加入する必要があった。実際，国民新党の比例区中国ブロックで単独1位に処遇され，選挙区では敗れたものの復活当選を果たしており，国民新党への移動は望ましいものであったといえる。

次に新党日本については，小林興起，滝実，青山丘，津島恭一の4名が移動した。このうち，小林，滝，津島の3名は同一選挙区から立候補し，滝が比例区で復活当選した以外は落選した。青山は選挙区から比例区単独に転出し，東海ブロックの名簿順位1位に処遇されたものの，新党日本が同ブロックで議席を確保できなかったため落選した。小林，滝，津島は，政党に加入するには国民新党か自ら新党を結成する以外になかったわけであるが，綿貫や亀井静香のイメージが強い国民新党では選挙を勝ち抜くのは難しいと判断し，新党日本を結成する道を選んだのだと思われる。代表に田中康夫長野県知事（当時）を担いだ点からも，そのことは窺える。単純に規模の点からいえば，なぜ国民新党と新党日本に分かれてしまったのかという問題はあるにせよ，これは前提Vを支持する結果であるといえる。一方，青山は選挙区から立候補せず比例区単独に回ったわけであるが，2003年も青山は比例区復活当選であり，自民・民主両党の候補者がいる中で立候補しても勝てる可能性は低いと判断して，比例区一本に絞ったものと思われる。結果的には実らなかったものの，これもStageRに関する前提Vの範疇で理解できる。

■ Ⅵ期

　Ⅵ期に発生した移動は，Ⅴ期の項でも言及した郵政造反組の復党者が目立つ。無所属から自民への移動12名中11名は郵政造反組である。ほかに，自民からみんなの党への移動が3例（うち2例はStageR），無所属からみんなの党，国民新から民主Ⅲへの移動がそれぞれ1例ずつ（この2例はいずれもStageR）である[94]。

　これらの移動のうち，14名は同一選挙区からの立候補であり（このうち広津素子は比例区復活議員である），1名（山内康一）は選挙区から比例区単独への転出，もう1名（糸川正晃）は逆に比例区単独から選挙区への転出である[95]。

　同一選挙区14名のうち，自民党への移動議員12名についてまず見よう。この12名はいずれも小選挙区選出議員であり，政党は小選挙区選出議員は受け入れるという前提Ⅳは満たしている。また，全員同一選挙区から立候補できたことから，前提Ⅴも満たされているといえる。ただし，自民党にとっての問題は，郵政造反組ではない徳田毅を含め，全員の選挙区に自民党公認の対立候補が存在したということである。古屋圭司，今村雅弘，江藤拓，古川禎久，森山裕，それに徳田の対立候補は落選したが，残る6名には比例区復活の自民党現職議員が存在したのである。にもかかわらず，結果的にはその全員を押しのける形で6名は同一選挙区から立候補したのであり，このことはⅤ期以前の自民党が移動議員よりも自党の議員を優遇してきたこととは際立った差異を見せている。これには，第6章でも言及する2007年参院選への対策という説明も可能であろうが，参院選はⅤ期以前にもあったことか

---

(94) 他に，民主Ⅲから自身のスキャンダルによって無所属となり，後に改革クラブ（新）に加わった西村眞悟がいるが，西村のケースは民主Ⅲからの離党は本書の分析対象からは外れ，改革クラブへの移動のみが対象となる。西村は2005年民主党Ⅲで比例区復活議員であるが，同一選挙区から立候補できており，さらに無所属より政党に所属して選挙を戦う方が相対的に有利なのは自明である。また，改革クラブも政党要件を満たして政党助成金を受け取るという目的があり，かつ選挙区が競合する議員もいなかったため，受け入れに支障はなかった。これらは前提ⅣとⅤに反しない。

(95) 残る1名，すなわち保坂武は，2008年9月21日に山梨県甲斐市長選に立候補するため衆院議員を辞した。

らすると，やはり造反組は移動議員というよりもともとプロパーの議員であると自民党の中でとらえられていたということなのであろう。

　残る2名のうち，1名は無所属からみんなの党に移動した江田憲司で，もう1名は広津である。江田は選挙区選出，広津は比例区復活だが同一選挙区に同じ党の対立候補はいなかったため，みんなの党が2名を受け入れたのは前提IVと矛盾しない。一方2名にとっても，江田は無所属よりは政党に所属する方が選挙において有利であるし，広津も自民党の公認から漏れたために無所属よりはどこかの政党に属した方が有利であっただろう。ゆえにこれらはStageRの移動として，前提Vを満たしている。

　次に山内と糸川の転出組についてだが，まず山内は選挙区選出で，糸川も比例区単独だが公認候補がいない選挙区への転出であったので，みんなの党も民主党IIIも受け入れている。前提IVは妥当である。

　一方前提Vについては，山内も糸川もStageRにおける移動であり，その移動は再選の主観確率を上げる規模が大きい政党へのものか，当選圏内での比例区順位が保証されている場合である。山内は自民党のまま総選挙を戦うことも可能であったはずであるが，自民党の苦戦が予想された中でみんなの党の比例区名簿で当選圏に処遇されたことが大きい。山内はみんなの党の北関東ブロックの比例区単独1位で処遇され，当選を果たしているのである。北関東ブロックは代表の渡辺喜美の選挙区である栃木県が含まれ，議席獲得の可能性は高かったといえる。

　糸川については，2005年総選挙では国民新党の北陸信越ブロック単独1位で当選したのだが，2009年は前回小選挙区で当選した代表の綿貫が比例区単独に転出することが決まっていた。これにより，当選圏の順位の確保が難しくなったことから，より大政党の民主党IIIからであれば選挙区に転出しても当選確率が上がると考えたのであろう。事実糸川は，福井2区では惜敗したが，民主党IIIの北信越ブロックに重複立候補していたために比例区復活当選を果たした。これらのケースも，前提Vを満たしている。

5-4　おわりに

　本章では，選挙事情という要因が，政党間移動の受け入れ側の政党と，所属政党を選択する側の議員にとってどのような制約となっているのかについ

て具体的に観察した。そこから明らかになったことは、小選挙区制になって、各選挙区支部長の議員の発言力が政党内において高まっているという事実である。特に、選挙区において選出されている議員がいる場合、同一選挙区の他党の比例区復活議員を迎え入れるには、受け入れた議員の方を比例区に回すか、他の選挙区に転出させるかしかない。

政党を選択する議員にとっても、こうした条件は気にせざるを得ないが、その際に重要な意味を持ってくるのが、当該政党が比例区単独での立候補を認めているかどうかという点である。選挙区を転出させられたり、選挙区からの立候補が認められないような場合であっても、比例区において当選圏内に優遇されれば移動を決断する議員が散見された。このことは、政党が移動を促進して受け入れを増やすには、比例区での優遇措置を活用していくことが必要であるということを示唆している。

元来、自民党はその材料を巧みに用いてきたのに対して、新進党は重複立候補を認めなかったために、もともと比例区の枠に余裕がなかった。民主党Ⅱは比例区の利用を極力控えたし、民主党Ⅲは比例区単独立候補や優遇策を認めない姿勢をとった。こうした対照的な姿勢は、選挙に不安を抱える議員が自民党への移動を選択しやすい一つのきっかけを作ったといえよう。

しかし、その自民党も、移動議員の受け入れに対応するためコスタリカ方式を相次いで導入するなど、比例区の枠は次第に余裕がなくなっていった。そのため、移動議員が選挙で優遇措置を受けられるのは移動後一度目の選挙までで、二度目以降はその限りではなくなることもしばしばとなった。「政界再編」の初期には、このようなことは予想できなかったのであるが、時間の経過とともにこうした傾向が明らかになると、議員に自民党への移動を躊躇させる効果を持った可能性もある。

もう一つ重要なのは、議員はいかなる場合も再選可能性を最大化するように行動しているわけではないという点が明らかとなったことである。選挙区においては、移動によって対立する政党のライバル候補を押しのけない限り不確実性は残るので、既に述べた比例区の当選圏内で処遇されることが最も望ましいはずである。実際、そのような条件で移動を行った議員も特にStageRには多く観察された。だが、同じような条件を備えた議員で、移動を決断すれば当選圏内の比例区で処遇されて不確実性を減らせるにもかかわらず、移動を決断しなかった議員の存在も明らかとなった。

もちろん，現状のままでは落選すると思っているのに移動しないということは考えにくいのであって，主観的な確率計算の上では，移動しなくても十分に高い値が計算できると判断していると思われるのであるが，少なくとも再選の可能性を最大化することだけを考えているなら，不確実性の残る主観確率に依存するよりも移動する道を選ぶはずである。その意味で，議員の行動原理を再選だけに絞ったのでは不十分であるということが明らかとなったといえる。むしろ，どの政党が政権獲得に有利かといった政党間の競争構図や，時々の政策課題とそれに対応する政党の政策位置といった要因が主観確率を規定していて，そうした要因に着目することこそが政党間移動の分析においても有用であるということを，本章は示しているのである。

第6章
自民党離党／復党議員の研究

6-1 はじめに

　本章と第7章は，これまで述べてきた政党間移動のメカニズムに関する考察を用いて，具体的な日本のケースを分析することで，日本における「政界再編」とは何であったかという問いに答えることを目的とする。その際，本章では，政界の流動化の中でもほぼ一貫して与党であり続けた自民党，次章では自民党に対抗する形で再編期に結成された最大野党に着目して，「政界再編」の意味合いを探る。

　自民党は，長く一党優位体制を築いた世界的にも特異な政党である。その自民党が，内部分裂を引き起こして下野したのが1993年のことである。これにより，自民党の一党優位体制は終わったかに思われたのであるが，わずか10ヶ月後には政権に復帰し，その後も2009年に下野するまで政権を維持し続けた。しかし，この間自民党という政党が「政界再編」と無縁であったということはなく，むしろその一方の主役を担っていた。その象徴が，1993年に「政界再編」の引き金を引いた離党議員が，同じ自民党に復党していったという事実にある。特に，1996年の総選挙で自民党が伸長して新進党の敗北が決まると，新進党に集っていた元自民党の議員たちが次々と自民党に復党するようになったのである。

　一般に，政党を離れるのには理由があるし，それには大きなコストがかかる。有権者に対しての説明責任を負うことになるし，何よりも新しい政党に

おいて自らの存在感を高めていくことは，それ自体コストの大きい試みである。ましてや，そこから元の政党に復党するということになると，さらにコストは増大することになる。仮に復党が認められたとしても，一度離党をしたことそのものがスティグマとなり，プロパーの議員たちからの視線は厳しく，自らの昇進にも差し障りが出るだろう[96]。したがって，一旦離党した政党に再度戻るという選択は余程のことがない限り行われないと考えられる。実際，世界的にも短期間に離党と復党が同一議員についてみられるというのは稀なケースである。

また，受け入れる政党にしても，一度離れていった議員を受け入れるのには，党内からの反発も予想される。だが，現実に復党議員の受け入れは少なくない頻度で実行に移され，またそのことが自民党の衆院での多数を維持する手段としても活用されたのである。そこには，どの議員を受け入れて，どの議員を受け入れないかについての自民党の戦略が存在するはずである。

議員・政党の双方から見て，一度離党した政党に，しかも短期間のうちに復党するという現象はコストが大きいにもかかわらず，実際にはそれほど間を置かずに離党していった議員が復党するというケースが見られる。これは一体なぜなのであろうか。本章では，その理由について分析することで，議員と政党の政党間移動に関するインセンティヴについて分析を加える。

事実，日本における「政界再編」とは，一つには次章で取り上げる野党陣営の再編によって，もう一つはかつて自民党に所属した議員たちの動きによって規定されるところが大きい。そして後者の中には，野党陣営にとどまって政権交代を訴えるグループと，自民党に復党するグループが存在する。復党議員を取り上げることは，復党しなかった議員について取り上げることともイコールなのである。

また自民党には，再編期において短期間ではあるが野党に転落した時期がある。このことによって，自民党からの離党には，自民党が与党であったときの離党（本書の枠組みでは，見かけ上，政策追求行動となる）と，野党で

---

[96] かつて新自由クラブを結成して自民党を離党し，後に復党した河野洋平のグループが，一貫して自民党内の冷たい視線に晒されたことがよく知られるように，自民党という政党は同志意識が強固であり，他の政党以上にこうしたスティグマが大きいともいえよう。

あったときの離党(同じく,政権追求行動)という二種類が存在することになる。そのため,同一政党に所属した比較的均一な議員というサンプルを確保でき,その上で両者の性格の違いを復党の有無と絡めて分析できるという利点がある。これは,見かけ上の政権追求行動と政策追求行動の違いを比較できるだけでなく,それぞれのインセンティヴの中身についても分析できるということにもなる。

さらに,同時に着目するのは,選挙サイクルを超えての離党－復党のつながりである。本書ではこれまで,選挙間を1サイクルとしてそのサイクルの中での移動を分析することに終始してきた。しかし,それでは一人の議員がサイクルを超えて政党を移動するダイナミズムが見落とされる可能性がある。本章は,その点の限界を乗り越えることも目的とする。

本章の構成は以下の通りである。6－2において,本章の前提と仮説について説明し,6－3でその検証を行い,6－4で理論的含意について述べる。

6－2　分析枠組み

本書ではこれまで,政権追求インセンティヴと政策追求インセンティヴの関係については,見かけ上の区分として利用してきたのみであり,十分にその中身を論じてきたとはいえない。むしろ,意図的にその中身には立ち入らずに,観察可能な形で分類して分析に利用してきたのである。

だが,第2章でも指摘したように,政権追求インセンティヴを充足したとしても,政策追求インセンティヴが充足されるとは必ずしも限らないし,逆に政策追求インセンティヴを充足する方向に動いたからといって,それが結果的に政権追求と重ならないとは限らない。これらの点についても検証しなければ,政党間移動のインセンティヴをめぐる問題を全て明らかにしたとはいえないだろう。本章と次章は,異なる角度からこの点にメスを入れることになる。

その際,まず与党からの離党について,次にそれまで与党であった政党が,野党に転落した時期の離党についてそれぞれ実証仮説を設定する。本書のこれまでの議論を踏まえれば,前者が見かけ上政策追求インセンティヴに基づく移動であるのに対して,後者が政権追求インセンティヴに基づく移動として区別される。そこで,以下ではまず与党からの離党について議論を始める。

一般に，与党においては，政権の座についていることが望ましい政策を実現するための必要条件となっているといえるから，両者は背反しないことが予想される。しかし，当然のことながら，いかに与党といえども，全ての議員にとって望ましい政策を常に用意できるわけではない。したがって典型的には，自らの望ましい政策と所属政党の政策との乖離が，重要な政策課題において現れたとき，与党からの離脱の余地が生じるであろう。

　また，時代の変化に応じてパッケージとしての政策位置に関する志向が変化し，所属政党のそれとの乖離が発生し，離党を企てる場合もあるだろう。特に，党議拘束が強く，政党の意向に反して自らの意思を通すことが困難な日本の場合においては，望ましいと考える政策が与党のそれと食い違ったとき，政党を離脱する以外に選択の余地はない。その点では，与党からの離脱というのはおしなべて政策追求インセンティヴが満たされなくなった結果として現れるといえる。

　直観的には，これ以外にも，そのまま与党に所属し続けたのでは，再選追求インセンティヴが満たされなくなることが明らかとなった場合にも，与党からの離党が発生する可能性があるように思われるかもしれない。しかし，現職優先の原則が貫かれている限りにおいて，与党自らがあえて所属議員の再選を困難にさせるような選挙戦術を採用するインセンティヴはない[97]。したがって，いかなる場合も与党からの離脱は，少なくとも第一義的には政策追求インセンティヴに基づくものであるということができるのである[98]。

　ここで，特定の政策課題の出現とか，時代の変化に応じたパッケージとしての政策志向の変化といった要因は，理論的に事前予測するのが困難な問題である。例えば，いかなる場合に深刻な対立につながる「特定の政策課題」が生じるのかという点は，アジェンダセッター（典型的には，行政府の長である首相）が持ち出す外生的なものとして扱わざるを得ない。また，時代の

---

(97) 一見，2005年の郵政解散の際の自民党が「刺客」を送り込んだことが反証例となりそうであるが，このケースはそもそもの原因が郵政民営化法案という政策に端を発しているのであり，理由もなく所属議員の選挙事情を悪化させたわけではない。
(98) 逆にいえば，例外的な事情によって再選追求インセンティヴが満たされない状況が生じたために起こった移動については，本書の枠組みでは十分な説明はできないということになる。

変化に応じた政策位置の変化ということに関しても，個々の議員の内面にかかわることでもあり，結果として離党が起こって初めて分かることで，あらかじめ観察するのは困難である。

だが，所属政党のパッケージとしての政策位置に明らかに矛盾する政策が打ち出された場合は，離党につながる「特定の政策課題」が現れたといえるであろうし，パッケージとしての政策位置の変化が原因となる離党についても，消去法的に見分けることは可能であると本書では考える。すなわち，そもそも特定の政策課題に反応した形での離党ではない場合，それはパッケージとしての政策位置に不満があったとしか考えられない。また，特定の政策課題に対応した結果の離党であっても，課題の消滅と時間の経過によって対立が解消され，元の所属政党が復党を容認する姿勢を見せてもなお復党をしないということは，パッケージとしての政策位置に対して相容れないと考えているといえるのである。この点を確認する意味でも，自民党議員の離党と復党を分析することは意義深いだろう。

与党からの離脱を選択する際に障害となりうるのは，その離党が政権の枠組みを変えるようなものでない限り，単に反対というアピールを行っただけで終わってしまうということである。よって，離党をテコに政策の方向性に変化をもたらしたいと考えれば，pivotalな勢力を募って離党して与党（あるいは与党連合）を下野させ，党外の協力勢力と連携して新たな勝利連合を形成する必要がある。したがって，政策追求インセンティヴに基づく移動はpivotalな勢力を結集した形で行われると考えられる（本書第4章，Mershon and Shvestova[2005;2009] 参照）。

逆に，野党の場合は，政党としての望ましい政策を実現できる可能性は，少なくとも短期的には非常に低い。にもかかわらず個別の議員が野党に所属するのは，(1) 選挙において野党から立候補する方が当選するのに有利であると考えたか，(2) 与党の政策とは相容れないものを「望ましい」と考えているか，(3) 近い将来には選挙に勝利して政権の座につくことができるという期待を抱くことができるから，のどれかであるだろう。(1) については候補者の段階では該当していても，その論理で当選した後の移動を説明するのは難しいというのは第5章で見た通りである。また，(2) はまさに政策面から野党に所属しているということになるが，一方 (3) であれば，それは政策追求の帰結として野党に所属しているというよりは，真の選好としては政

権追求をより重視するものにほかならない。ここに，見かけ上政策追求インセンティヴに基づく行動とみなされるものの中にさらに二種類のものが存在する余地がある[99]。

またこれは，上で述べた「時代の変化に応じてパッケージとしての政策位置を変化させ，与党から離党した議員」と「特定の政策位置に反応して，与党を離党して野党にいる議員」の区別についてもそのまま当てはまることになる。前者については (2) のインセンティヴが作用していて，後者については，当該政策課題が解消された後は，(3) の可能性が存在するからこそ野党に所属し続けるのであり，その期待がなくなれば与党へ移動する道を模索するであろう。

以上から，与党からの離党は，それが特定の政策課題に対応したものであれ，パッケージとしての政策に不満を持ったものであれ，政策追求インセンティヴに基づくものであるとみなすことができるのである。

では逆に，一度は離党したまさにその政党に復党するというのはいかなるインセンティヴに基づく行動なのだろうか。

まず，離党が特定の政策課題に端を発した移動ではない場合，より本質的な政策対立に根差した離党であると考えられるため，復党するとは考えられない。次に，離党が特定の政策課題に対するスタンスの相違をきっかけにしたものであった場合，政党側が立場を変更し，それが結果的に離党議員の政策インセンティヴを充足した，ということが考えられる。だが，現実問題として，離党するまでこじれるほど両者がこだわった政策が，そうは簡単に変更されるとは考えにくい。政党か当該議員に変更の余地があるのなら，そもそも離党というような事態にはつながっていかないはずだからである。むしろ，一定の期間が経過したことで，離党のきっかけとなった政策をめぐる対立が収まり，元のパッケージとしての政策だけが前面に押し出されるようになると，特定の政策課題に反応して離党した議員にとって復党する余地が生じると考えられる。

以上をまとめると，以下のような仮説6－1が設定できる。

仮説6－1：与党からの離党は政策追求インセンティヴに基づく移動であ

---

[99] この点については，次章において検証される。

り，そのきっかけは特定の政策課題に基づくものと，パッケージとしての政策に基づくものの二種類がある。このうち，当該政党へ復党するのは，パッケージとしての政策ではなく，特定の政策課題に反応して離党した議員のみである。

次に，与党が野党に転落したことによって，当該政党から離党するという行動についてはどうか。

これについては，本書でこれまで論じてきたように，政権追求インセンティヴに基づくものだと考えるのが妥当であろう。一貫して与党に所属したいという志向を極めてわかりやすい形で示したものといえるからである。

したがって，その政党に復党する場合は，当該政党が与党となっている場合であろう。その点を表したのが以下の仮説6－2である。

仮説6－2：ある政党が与党から野党に転落した場合に発生する離党は，政権追求インセンティヴに基づく移動であり，当該政党が与党となれば，復党する。

6－3　検証

本節では，仮説6－1と6－2を検証する。

まず必要になるのは，これらの仮説を検証可能な形で読みかえることである。そこで仮説の文脈を自民党のケースに当てはめれば，自民党からの離党議員のうち，自民党が与党であった時期の離党とそうでなかった時期の離党では意味合いが異なっており，前者は政策追求インセンティヴに基づくもので（仮説6－1），後者は政権追求インセンティヴに基づくものであるはずである（仮説6－2）。

そして，復党した議員のうち，野党時代の自民党から離党した議員は政権追求インセンティヴに基づいて復党したと考えられる（仮説6－2）。逆に，復党しなかった議員は政権追求インセンティヴより政策追求インセンティヴを重視し，なおかつパッケージとしての自民党の政策位置に不満を持つ議員である，ということになる（仮説6－1）。特定の政策課題についてのみ不満を持って離党した議員であれば，当該政策をめぐる対立が解消されれば，

いつまでも野党に居続ける必要はないからである。

そこで事実関係を確認してみると，自民党を離党する議員は，Ⅰ期とⅡ期の前半，それにⅤ期とⅥ期の終盤に限られており，Ⅲ期とⅣ期には見られない。復党については，Ⅱ期の後半に見られるとともに，Ⅲ期は新進党からの復党議員を中心に多くのケースが観察される一方，Ⅳ期とⅤ期には存在しない。離党と復党が集中する時期とそうでない時期が，明らかに好対照をなしているというのが見てとれる。

まず離党時期から考えると，Ⅰ期とⅤ期の離党は明らかに特定の政策課題をめぐる対立に端を発したものである（仮説6－1）[100]。また，Ⅱ期の前半のうち，自民党が下野した時期の離党は，仮説6－2の通り，自民党が政権復帰するのに伴って復党すると考えられる。一方，この期には村山自社さ連立政権の誕生とともに自民党を離党する議員も現れ，これらは政策追求行動であると予想される。これは，Ⅰ期やⅤ期のように特定の政策課題に対応したものではないため，自民党に復党することはないと思われる（仮説6－1）。

ここで，復党にあたって受け入れの可否を決定する自民党が重視するのは何か，という点を確認しておく。再三強調しているように，本書では政党側が受け入れるインセンティヴを持つかどうかを議会勢力と選挙事情の二つの条件からとらえ，それらが満たされて初めて入党行動が起きると考える。すなわち，第5章で述べた2つの前提条件がそれに当たる。

前提Ⅲ　政党は，所属議員数増が自らの目的実現に資する場合に限って移動議員を受け入れる：政党は，所属議員数が安定多数に満たない場合に限り，移動議員を受け入れる。

前提Ⅳ　政党は，移動議員の受け入れによって選挙における得票が拡大する場合に限って，移動議員を受け入れる。

逆に言えば，これが満たされれば，復党を希望する議員を拒む理由はない。議会勢力に関しては，期間Ⅵを除く全ての期において受け入れるインセンティヴがある。前提Ⅳについては，第5章で確認した通りである。

---

(100) Ⅵ期の移動についても仮説6－1でとらえられるだろう。詳しくは以下の検証のところで述べる。

以下，期ごとに分けて仮説を検証する。

■ 期間Ⅰの離党議員とその後：さきがけ，新生党

期間Ⅰの自民党からの離党議員は，新党さきがけに参画した議員（10名）と，新生党に参画した議員（36名），それに無所属となった議員（1名）[101]の計47名である。これら47名の移動は全てStageR-1における移動であり，政治改革関連法案の取り扱いをめぐって宮澤内閣不信任案が可決されたことを受け，離党に至ったものである。これは自民党が与党であった時期の離党であるため，仮説6－1が示すように，自民党に復党するのは特定の政策課題（この場合は，政治改革）に反応して離党を決断した議員のみとなるはずである。

以下，これらの議員のその後の動向を，離党に伴う最初の移動先ごとに分けて検証する。

◆ さきがけグループ

さきがけグループの10名は，まず期間Ⅱの終了までの間に民主党Ⅰの結成に参画したグループ（3名：鳩山由紀夫ら）と，そのままさきがけに残留したグループ（6名：武村正義ら）に分かれていくことになる[102]。

小政党のさきがけは，1994年1月の政治改革関連法の成立以降，来たる小選挙区中心の総選挙に対応する目的で，自民党でも新進党でもない勢力の結集を図る新党の結成を断続的に模索した。その動きが結実したのが1996

(101) これに該当するのは，1993年6月の宮澤内閣不信任案可決後に自民党を離党しながら，さきがけにも新生党にも加わらず，無所属で7月の総選挙を戦った鳩山邦夫である。鳩山は，その後1994年12月の新進党結成に参画し，1996年9月には民主党Ⅰの結成に合わせて新進党を離党，1999年には東京都知事選に立候補するため議員を辞職した。都知事選に落選すると，今度は2000年の総選挙に自民党に復党して立候補した。2010年には再び自民党を離党している。なお，鳩山の復党は非議員の期間の出来事であるため，本書の分析対象からは除かれる。
(102) 残る1名にあたる岩屋毅は，1993年総選挙において落選したため，分析から除外される。ちなみに岩屋は，元職として再選インセンティヴのみに基づいて，1996年は新進党，2000年以降は自民党に転じて総選挙に立候補し，2000年に議員に返り咲いている。

年9月の民主党Iの結成であり、その中心にあったのが鳩山由紀夫である。

鳩山は、民主党I結成にあたって、社民党・さきがけ丸ごとの合流ではなく、個人参加の形で結集することにこだわり、武村正義らの民主党Iへの参加を拒否した。これは、自社さ連立政権の成立に尽力した武村らを新党に参加させることで、その清新なイメージに傷がつくことを恐れたためであるとされる（『朝日新聞』1996年8月26日付朝刊）。その結果、武村に近いさきがけ幹部（井出正一、園田博之らベテランが中心）は、鳩山らと袂を分かってさきがけに残留することとなったのである。

では、二つのグループに分かれた議員はその後どうなったか。まず民主党Iの結成に参画した3名であるが、このうち鳩山と佐藤謙一郎は、そのまま一貫して民主党に所属し続けており、復党していない。また、簗瀬進は1996年総選挙で落選したが、その後参院議員に転身して民主党に所属している。

一方、さきがけに残留した6名は、武村と園田を除く4名が1996年総選挙で落選し、武村も2000年総選挙で落選した（武村は、落選するまでさきがけ所属を貫いた）。園田は、期間IIIにあたる1999年12月に自民党に復党し、その後も自民党に籍を置いている。

以上のように、自民党からさきがけに移動した議員のうち、復党したのは園田のみであり、残りのメンバーは復党しなかった[103]。さきがけグループのメンバーの大半が自民党へ復党していないという事実は非常に興味深い。さきがけに移動した議員は、以下で述べる新生党移動議員とは対照的に、その多くが宮澤内閣不信任案に反対した議員である。つまり、政治改革関連法の取り扱いという特定の政策課題に対応して離党したものというよりは、パッケージとしての自民党の政策の在り方に疑問を持ち、離党に踏み切った性格が強いと考えられるのである。さきがけグループが、政治改革関連法の行方とはとりあえず無関係に、水面下で新党結成の準備を進めていたこと（朝日新聞政治部 [1993:52-53]）がそれを傍証しているといえるだろう。

---

(103) ただし、さきがけに残留して1996年総選挙で落選した渡海紀三朗と三原朝彦は、その後自民党公認に転じて2000年以降の総選挙を戦い、渡海は2000年、三原は2003年にそれぞれ衆院議員に返り咲いた。だが、落選中の移動についてはもっぱら再選インセンティヴに基づくものであると考えられるので、ここでの仮説を覆すものとまではいえない（第2章参照）。

◆ 新生党グループ

次に，新生党に参画したグループについてはどうであったか。自民党から新生党に移動した36名のうち，1993年総選挙に落選した魚住汎英，立候補しなかった松浦昭を除く34名について，ここでは分析を加える。

この34名は，期間Ⅱの1994年12月に新進党が結成されると，全員で参加する。しかし，1996年10月の総選挙直前の時期になり，自民党に3名の議員（井奥貞雄，杉山憲夫，高橋一郎）が復党する。また，船田元が新進党を離党して，無所属となる。このうち，井奥ら3名については，R-2期の移動であり，第5章で説明したように再選インセンティヴに基づく移動と考えられる。船田は，総選挙後間もない1997年1月に自民党に復党している。

新進党に残った議員のうち，1996年10月の総選挙で新進党が現有議席から4議席後退する敗北に終わったことを受けて，期間Ⅲに入った直後のまず12月には羽田孜ら6名が新進党を離党し，太陽党を結成する。

太陽党への移動議員のうち，羽田，奥田敬和，畑栄次郎，前田武志の4名が1998年1月結成の民政党，同4月結成の民主党Ⅱと行動を共にし，引退，死去，後の総選挙で落選した議員も含めて自民党に復党した者は存在しない[104]。粟屋敏信は民政党までグループと行動を共にしたが，民主党Ⅱの結成には参加せず無所属の会に転じ，2003年に引退するまで復党することはなかった。残る一人の熊谷弘は，民主党Ⅱまで羽田らと行動を共にしたが，2002年12月に民主党Ⅱを離党，保守党と合併して保守新党を結成し，連立与党の一員となった。太陽党へと移動したメンバーは，熊谷を除いて与党に所属することはなく，その熊谷も含め全員が自民党に復党することはなかったのである。

1997年に入ると，新進党からの離党者が五月雨式に相次ぐようになり，旧新生党グループの中から自民党に復党する議員が目立ち始める。愛知和男，井上喜一，北村直人，古賀正浩，仲村正治，松田岩夫，村井仁，増田敏男の実に8名が1997年のうちに新進党を離れ，自民党に復党した[105]。

---

(104) 前田は，2003年総選挙で落選したが，2004年参院選において民主党公認で比例区から立候補し，当選している。
(105) 8名の離党と復党の間にはタイムラグがあり，間に無所属となっている期間が存在している。

そして1997年12月には，直接的には参院の一部と地方政党としての公明との合流をめぐって新進党は分裂し，旧新生党グループも自由党5名（小沢一郎，中西啓介，二階俊博，岡島正之，藤井裕久），国民の声4名（岡田克也，左藤恵，愛野興一郎，石井一），改革クラブ1名（小沢辰男）に分かれることとなる。

このうち国民の声は，太陽党・フロムファイブと合流して1998年1月に民政党となり，民政党は同年4月に民主党Ⅰと合併して民主党Ⅱとなった。国民の声4名のうち，岡田と石井の2名はそのまま民主党所属を継続し[106]，民主党Ⅱ結成を前にして死去した愛野を含めた3名は自民党に復党しなかったが，左藤は民主党Ⅰとの合流に反対して自民党に復党した。改革クラブへと移動した小沢辰男は，2000年に引退するまで復党することはなかった。

自由党の5名は，さらに複雑な道筋を辿ることになる。1998年7月の参院選で自民党が大敗し，参院で与野党の勢力が逆転したことを受け，同年11月には自民党と自由党が連立政権を結成することで合意する。しかし，翌1999年12月にさらに公明党が加わって自自公の連立政権となると，当初の政策合意が十分に実現されていないとして，自由党党首の小沢が不満を示すようになる。結果的に，2000年4月に自由党は連立を離脱することとなるが，その過程で小沢ら連立離脱派と連立維持派に分かれて自由党の党内抗争が起こり，連立離脱に伴って連立維持派が分裂して保守党を結成する。先の5名も，小沢と藤井は自由党に残り，中西・二階・岡島の3名は保守党に参画することになる。

期間Ⅳには，まず2002年12月に前述した熊谷ら民主党Ⅱから離党したグループと保守党が合併して保守新党が結成され，中西らはこれに参加する。だが，保守新党は2003年11月の総選挙で代表の熊谷が落選するなど惨敗し（二階を除く2名が落選），直後に自民党との合流を選択する。したがって，二階はようやくこの段階で自民党に復党したのである。

一方自由党は，同じく期間Ⅳの末期である2003年9月に民主党Ⅱと合併し，民主党Ⅲに参画する。小沢，藤井ともそのまま民主党への所属を続け，自民党へ復党する道は選択していない。

---

(106) 石井は，2005年総選挙で落選したが，2007年参院選において民主党公認で比例区から立候補し，当選している。

以上をまとめると，全 34 名中，自民党への復党を選択した議員が 14 名おり，およそ 4 割が復党したことになる。これは，同時期に自民党を離党したさきがけグループの復党者が極めて少数にとどまっていることとの比較において，はっきりした相違を見せているといえる。自民党に復党しなかった議員の中にも，例えば自由党時代の小沢は自民党との合流を模索したことがあったとされる（例えば，『読売新聞』1999 年 1 月 15 日付朝刊）。

また，復党者の属性に着目してみると，当選回数の比較的少ない議員が復党し，回数の多い議員が民主党に集うという傾向が見られる。Kato[1998] や伊藤 [1996] といった自民党分裂についての先行研究は，当選回数が少なく選挙に不安を抱える議員にとっては，政治改革という特定の政策課題に対応することが必要であったという議論を行っている。それをここにあてはめて考えると，当選回数の少ない議員は特定の政策課題に反応して離党したため，1994 年 1 月に政治改革関連法が成立したことを受けて対立が解消し，復党したと考えることができる。復党の時期が，政治改革関連法が成立し，その下での初めての国政選挙が行われた後のⅢ期以降に絞られていることからも，この説明には妥当性があるだろう。

一方で，当選回数の多い議員が復党せず，民主党に集うというのも，特定の政策課題を実現したいだけなら自民党内のヒエラルヒーを昇り詰める道を模索する方が近道であると思われ，パッケージとしての政策に不満を持ったからこそ離党に至ったと考えれば，納得できる現象であるといえる。

■ 期間Ⅱの離党議員とその後：自民党下野時代の離党者，政権復帰後の離党者

期間Ⅱの自民党からの離党者は，自民党が下野していた細川・羽田政権下でのものと，政権に復帰した村山政権下のものとに分けて考える必要がある。前者が仮説 6 − 2 の範疇であるのに対し，後者は仮説 6 − 1 に該当するからである。すなわち，前者は自民党の政権復帰に伴って復党しようとするはずであるが，後者は特定の政策課題に基づいた離党でない限り復党することはないと考えられる。

以下，この二つの時期に分けてそれぞれ検証する。

◆　自民党下野時代の離党者（1）：細川政権下での離党者

　自民党下野時代の離党者については，時期によってさらに二種類に分類できる。まず，1993年の総選挙後から細川首相が辞意を表明するまでの期間，そして細川首相の辞意表明から村山政権の発足までの期間である。前者は8名，後者は12名がそれぞれ該当する。

　まず1993年総選挙後から細川政権までの期間についての8名は，1993年の総選挙が終わって政権の枠組みが未確定であった段階で自民党を離党した4名（加藤六月・古賀一成・吹田愰・田名部匡省）と，細川政権発足後の1993年12月22日に離党した4名（石破茂・大石正光・笹川堯・西岡武夫）に分かれる。このうち前者は，政権の枠組みが正式に固まる前の連合協議の期間に自民党を離党している[107]。これらは，自民党が野党に転落するかどうか分からない段階であれば，仮説6－2の範囲に収まりきらなくなる。だが，既に7月25日の段階で「非自民連立政権になる可能性が高い」（武村正義新党さきがけ代表の談，『朝日新聞』1993年7月26日付朝刊）とされ，同27日には「非自民連立政権が確実に」（『朝日新聞』7月28日付朝刊）という観測が広まっていた。4名の自民党離党はその後の出来事であり，これらは与党の座から滑り落ちることが確実な自民党からの離党とみなすことができる。したがって，加藤らの離党についても仮説6－2の範囲で取り扱うのが妥当であると考えられる。

　その上で，仮説6－2によれば，これらの8名は自民党が政権復帰すると復党を企てるはずである。しかし，実際には8名とも，1994年6月には自民党が政権復帰したにもかかわらず，Ⅱ期の間に復党することはなかった。8名はいずれも1994年12月の新進党の結党に参画し，石破を除く6名が新進党公認で1996年総選挙に立候補したのである（このうち4名が当選）[108]。石破は，1996年総選挙に無所属で立候補して当選した後，1997年3月21日

---

(107) 加藤ら3名は7月28日，田名部は8月4日の離党である。ちなみに細川政権の発足は，8月9日のことである。
(108) 残る1名の吹田は，1996年8月4日に行われた山口県知事選に新進党・公明党推薦候補として立候補するため，6月25日に新進党を離党して無所属となった。吹田はこの後，2000年の総選挙に自民党公認で比例中国ブロックから立候補しているが，落選している。県知事選落選から自民党公認を得るまでの変遷については，本書の分析対象外となる。

に自民党に復党している。

　1996年総選挙に新進党公認で当選した4名については，まず笹川が総選挙直後となる11月6日に新進党を離れて無所属となった後，石破と同じ翌年3月21日に自民党に復党した。残る3名は新進党が解党するまで所属し続け，解党に際しては加藤・西岡の両名が自由党に，古賀が国民の声へと移動した。古賀はさらに民政党，民主党Ⅱの結成に参加することになる。また，加藤は2000年4月の自由党分裂に伴って保守党に移動したが，2000年総選挙には立候補せず，そのまま引退した。西岡は自由党結成直後の1998年2月に長崎県知事選に立候補するため衆院議員を辞職し，一度国政から離れるも，知事選に落選すると2001年参院選で自由党から比例区で立候補して当選，2003年に民主党Ⅲへ合流した。

　以上のように，自民党が野党であった時代の離党者8名のうち，自民党の政権復帰直後に復党したものは見受けられず，新進党公認あるいは無所属という形で1996年総選挙を迎えることとなった。その点では仮説6－2の予想とは異なる結果を示している。だがこれに対しては，1995年の参院選で新進党が躍進したこともあり，初の小選挙区比例代表並立制下での総選挙では，新進党が勝利する可能性が低くないと思われていたためではないかと考えられる。すなわち，むしろ政権追求志向の結果として，自民党への復党ではなく新進党に所属し続ける道を選択したと理解できるのである。

　ただ，この考え方を敷衍すれば，1996年総選挙で新進党が議席を増やすことができず，政権を獲得できなかったことが決まると，これらの議員たちは自民党に復党する道を選択することになるはずである。笹川の総選挙直後の新進党離党は，まさにこのパターンとして理解されるであろう。だが，笹川を含めて自民党に復党したのは2名にとどまっており，残る3名は復党しなかった。したがって，この説明だけで仮説6－2を正当化することはできない。

　政権追求志向が強いはずの3名がなぜ復党しなかったか。この要因について，再選に向けての制約を抱えていたという説明ができれば，本書の主張と矛盾しないことになるが，加藤は2000年に政界を引退しているため，再選制約で説明するのは不可能である。古賀は1996年総選挙で比例区単独立候補であったが，同じく新進党の比例区単独当選者であっても自民党に入党した議員も存在するため，比例区単独であるという理由で自民党に復党しなかった事情を説明するのは妥当ではない。西岡も，長崎1区で自民党公認の

新人候補を破って当選していて，対立候補は比例区でも復活していないため，自民党復党への障害は形式的には存在しない。以上から，これら3名の非復党要因を再選志向に求めるのは困難である。これら3名の事情については，例外事象として扱わざるを得ない。

ただし，これら3名が自民党に復党しなかったことを説明する別のロジックを推測することは可能である。

加藤と古賀は，自民党内の加藤グループに所属していたが，リーダーである加藤は1993年6月の衆院解散直後の段階で，「自民党で（選挙を）やるかどうか考えている最中だ。22日に政真会（山本注：加藤グループのこと）の同志が集まり態度を決定したい。党に(除名)処分してもらいたかった」(『読売新聞』1993年6月22日付朝刊) と述べており，総選挙の結果がどうあれ離党する意思を持っていた。その意味では，政権追求のために離党したというよりは，そもそも離党を念頭に置いていて，時期がたまたま選挙後にずれ込んだだけ，と考えることができる。現に，加藤と古賀は，宮澤内閣不信任決議案の採決にも欠席している。

また，加藤グループは安倍派の跡目争いで三塚博が後任に選ばれたことに端を発して1991年末に発足したもので，当初から竹下派の金丸や小沢と連携姿勢を見せていた[109]。金丸が佐川急便事件で失脚し，小沢が竹下派の跡目争いに敗れて包囲網を敷かれる中，同じく自民党内で不利な扱いを受けていた点が自民党そのものに対する不満を醸成させていったと推測することも可能だろう。

一方西岡も，宮澤内閣不信任案の採決に欠席した，いわゆる造反議員である。選挙後発足した自民党の政治改革本部でも総合座長を務め，1993年11月18日の政治改革関連法案の衆院における採決で賛成票を投じて再び造反し，その後まもなく（12月22日）自民党を離党した。このような経緯から，政権追求行動になったのは結果的なものであって，政治改革という政策課題に反応した離党であったと判断できる。

---

(109) 例えば，「自民・加藤グループ派閥認知へ　竹下派が主導，三塚派は反発」という見出しの新聞報道の中で，「加藤氏自身,事あるごとに，竹下派の金丸信・元副総理―小沢一郎・元幹事長ラインとの親密ぶりを強調してみせる」といった指摘がなされている（『読売新聞』1992年1月3日付朝刊）。

これらのように，例外事象についても，本書の議論と矛盾しない形で説明することは可能である。

◆ 自民党下野時代の離党者（2）：細川辞意表明以降の離党者

次に，細川首相の辞意表明から村山政権が発足するまでの期間に自民党を離党した12名について観察する。

この12名には，新党みらいを結成した5名（鹿野道彦，北川正恭，佐藤敬夫，坂本剛二，増子輝彦），自由党（旧）を結成した6名（新井将敬，太田誠一，柿沢弘治，佐藤静雄，山本拓，米田建三），それに自民党から新生党に移動した小坂憲次が該当する。これらはいずれも，細川首相が辞意を表明した後，羽田政権が発足するまでの期間に自民党を離党しているという特徴がある。したがって，ここで扱う政党間移動はStageA-2の出来事ということになる。

これらは，次の政権の枠組みを決める交渉の時期にあたっていたため，そもそも仮説6－1の範疇なのか，仮説6－2の範疇なのかということ自体に議論の余地がある。

そこで細川首相が辞意を表明した1994年4月8日以降の動きを観察すると，12日には細川政権の連立与党がそのままの枠組みを維持した上で，新生党の羽田孜を後継首相とすることで調整が始まる（『朝日新聞』1994年4月13日付朝刊）。その後，自民党の渡辺美智雄が離党して新党を結成するといった動きも生まれた[110]が，そこでも「与党の大勢はなお，渡辺氏が離党したとしても羽田孜副総理・外相を首相候補に擁立する方向」（『朝日新聞』1994年4月15日付夕刊）であったとされ，羽田後継の流れは基本的には変わらなかった。

以上よりこの時期は，連立政権の枠組み自体は基本的に不変で[111]，自民党が与党に転じる可能性は低かったと判断できる。そのため，この時期の自民党からの離党については，自民党が野党である時期の離党であり，仮説6－2の範疇でとらえるのが妥当である。ここでの離党議員は，自民党が与党に復帰すれば，復党を企てるものと予想されるのである。

---

(110) 渡辺の離党騒動の経緯は，田原[2000:125-144]に詳しい。
(111) 新党さきがけは閣外協力に転じたが，少数勢力のため影響は大きくなかった。

以下，12名のその後の動きを検討する。まず，みらいの5名は1994年12月の新進党結成に参加しており，1994年6月の自民党の政権復帰には直接反応していない。このうち1996年総選挙で当選を果たしたのは3名であるが[112]，うち坂本剛二は期間Ⅲにあたる1998年12月24日に自民党に復党する[113]。また，鹿野道彦は国民の声，民政党，民主党Ⅱ Ⅲと移動し，自民党には復党しなかった。佐藤敬夫は，鹿野同様の道筋で民主党Ⅱまで辘ったが，2002年12月に民主党Ⅱを離党して保守新党の結成に参加した[114]。

自由党（旧）の6名のうち，4名は新進党に所属したが，残りの2名（柿沢弘治，佐藤静雄）は新進党の結党に加わらず，1994年12月9日に自由連合に入党した。自由連合はほどなく村山政権の与党となり，翌1995年11月20日に2人は自民党に復党しているので，仮説6－2の通りになっているといえる。

また，新進党に加わった4名のうち，新井将敬と太田誠一の2名は1996年総選挙を待たずに新進党を離党して無所属になり，太田は1995年5月9日に新進党を離党，8月29日には自民党に復党した。新井も，総選挙に無所属で当選した後の1997年7月14日に復党した。米田建三は1996年総選挙に新進党から立候補して当選すると，直後の10月30日に無所属になり，1997年5月28日には自民党に復党した。山本拓は，1996年総選挙で新進党から立候補し，落選している[115]。

最後に小坂憲次は，新生党から新進党の結党に参加し，1996年総選挙は新進党公認で立候補，当選した。総選挙後，太陽党の結成に参画し，1998

---

(112) 残る2名のうち，北川正恭は1995年4月の三重県知事選に無所属で立候補するため衆院議員を辞職し，増子輝彦は1996年総選挙で落選した（新進党公認）。北川は知事を2期務めたのち早大教授に転じ，政界には復帰していない。増子は，2000年以降3回の衆院選にいずれも民主党公認で立候補し，2003年は比例区復活で当選したものの，残る2回は落選している。その後，2007年4月の参院選の補選で民主党から立候補して当選を果たした。
(113) 1997年12月の新進党解党に伴い無所属となり，およそ1年後に無所属から自民党に復党した。
(114) その後2003年の総選挙で落選し，2005年総選挙に自民党公認で立候補するも，落選した。
(115) 山本はその後，1999年の福井県知事選に無所属で立候補するも落選，2003年に自民党公認で総選挙に立候補，当選した。

年1月には民政党に加わったが,同4月の民主党Ⅱの結成には参加せず,無所属となった。それから間もなく,6月23日には自民党に復党した。

以上のように,12名のうち途中で議員辞職して知事に転じた北川正恭,1996年総選挙で落選した増子輝彦,落選後に復党した山本拓と佐藤敬夫を除く8名について,7名が最終的には自民党への復党行動をとったことになり,仮説6-2はおおむね妥当であるといえる。

ただし,復党の時期に差異があることは否定できず,特に自民党の政権復帰にダイレクトに反応した議員は少ない。Ⅱ期のうちに復党したのは柿沢弘治,佐藤静雄,太田誠一の3名にとどまっている。それは,自民党の政権復帰が12名の離党からわずか2ヶ月後の出来事であり,いきなりの復党は難しかったことと,何よりも1994年12月に結党された新進党への期待が存在していたことの表れと理解できる。その証拠に,1996年総選挙で新進党が議席を伸ばせなかったことを受け,総選挙前に離党していた新井将敬以外にも,米田建三,坂本剛二,小坂憲次がⅢ期のうちに復党している。

これら以外の議員,すなわち野党陣営に居続ける道を選択した鹿野道彦,それに2003年までの現職のうちに復党することがなかった佐藤敬夫については,例外事象ということになる。彼らの存在は,見かけ上政権追求行動とみなされる時期の離党であっても,実質としてはパッケージとしての自民党の政策に見切りをつけた上の政策追求行動が起こりうることを示唆している。だが,どれがこの種の離党行動かを事前に識別することは困難であるといわざるを得ない。

◆ **自民党政権復帰後の離党者**

では,自民党が政権に復帰した1994年6月の村山政権発足後の離党者についてはどうであろうか。これについては,与党からの離脱ということになるので,仮説6-1が該当する。すなわち,ここでの移動は政策追求インセンティヴに基づく移動であり,なおかつ特定の政策課題が存在するわけではないので,パッケージとしての政策の相違から離党に踏み切ったと想定される。特定の政策課題に基づいた移動ではないから,自民党への復党は行われないはずである。

これに該当するのは,今津寛,海部俊樹,野呂昭彦(以上7月4日離党),津島雄二,野田毅(以上7月6日離党)の5名である。このうち,今津寛

はⅡ期の最末期にあたる 1996 年 9 月 30 日に自民党に復党している。今津のケースは StageR-2 に該当するので，再選インセンティヴに基づく移動であり，本章の分析対象からは除外される。

　また，津島雄二は離党後無所属を通し，翌 1995 年 3 月 2 日に自民党に復党している。これは一見して仮説 6 - 1 の逆であり，強い反証例である。しかし，津島の復党には国会外の選挙，すなわち青森知事選という例外的事情が作用している。

　そもそも，津島が自民党復党に傾いたのは，新進党の結成に参加しなかったことが影響している。新進党に不参加だった理由として，「地元の青森県知事選で，新進党に参加する木村守男氏（旧・新生党）が立候補表明しているのに対し，津島氏は自民党と共に現職支持で対立しているなどの事情」（『読売新聞』1994 年 12 月 10 日付朝刊）がある，という報道がなされているのである。実際，1995 年 2 月 5 日に投開票された当該知事選において，津島は「精力的な動きを見せ」（『読売新聞』1995 年 1 月 31 日付朝刊），自民党が推薦する無所属の北村正哉（当時，現職）を支援した。このことが自民党をして津島の復党を受け入れる素地を作ったといわれるのである（『読売新聞』1995 年 2 月 28 日付朝刊）。

　以上のように，津島のケースは地元知事選の対立構図が自身の所属政党を規定していったという側面があり，本書が分析対象の外においている制度が行動に影響を与えた例外的ケースである。

　次に，野呂昭彦は，新進党結成に参加し，そのまま 1996 年総選挙に新進党公認で立候補したが，落選し，そのまま地方政界に身を転じた。2000 年には松阪市長に当選し，2003 年には三重県知事に就任した。注目すべきは，2003 年の三重県知事選立候補にあたって，推薦を受けたのは民主党Ⅱと社民党だったという事実である。これは，パッケージとしての自民党の政策に反旗を翻しての離党であるという仮説 6 - 1 を支持する材料といえるだろう。

　野田毅，海部俊樹の両名は，それぞれ 2002 年 12 月 27 日，2003 年 11 月 17 日に自民党に復党し，その点に限っていえば仮説 6 - 1 の反証例になる。しかし，離党と復党の間の期間がおよそ 10 年と長期にわたっていることを考慮すれば，合理的な説明を加えることが可能である。

野田と海部は，新進党，自由党，保守党まで歩みを同じくし[116]，2002年12月の保守新党の結成に合わせて野田が自民党に復党したのに対して，海部は保守新党に参加した。その後，2003年11月の総選挙で保守新党が惨敗し，総選挙の直後に自民党に合流する決定がなされたことを受け，海部も自民党に復党した。

　2名の復党に共通するのは，共にそれ以外の選択肢が取りにくい状況に陥っていたというころである。まず野田のケースでは，再選という前提条件が揺るぎかねない状況があった。すなわち，2000年の総選挙では自民党と保守党との選挙協力によって，野田が熊本2区の連立与党統一候補となり，同じ選挙区の自民党の候補である林田彪が比例区に回る変則コスタリカ方式が採用された。それに従うと，来たる総選挙では林田が選挙区から立候補し，野田は比例に回る公算が強くなる。しかし，2000年の総選挙で保守党は比例区の議席を全てのブロックで確保できず，たとえ看板を掛け替えても同じような小政党では比例区での再選の可能性はほとんどない。そこで，自民党に復党して再選という前提条件を充足させる道を選択せざるをえなかったものと考えられる。

　一方，海部のケースも同様で，2003年総選挙で保守新党は代表の熊谷弘が落選するなど，わずか4議席しか確保できず惨敗した。4議席の小政党では選挙後の展望を開くことは難しく，しかもこの合流に反旗を翻したところで，他により効用の大きい選択肢が存在するわけではない以上，復党という道を選択するよりほかなかったと想像される。

　よって，復党に際して直面していた状況からして，他の選択肢を取りようがなかったという事実があり，それを加味すると仮説6－1の強固な反証例とはいえない。むしろ，10年近くにわたって自民党以外の政党を選択し続けてきたという事実によって，仮説6－1を支持する方向でも解釈できるだろう。

---

(116) 正確には，海部は1997年末の新進党解党から，1999年1月18日に自由党に加わるまでの約1年間無所属であったので，この期間を除いて両名は同一の政党に属していたことになる。

■ 期間Ⅴ・Ⅵの離党議員とその後：国民新党，新党日本，みんなの党など

◆ 郵政造反組の離党・復党

　期間Ⅱ以来，政権復帰に伴って自民党からの政党間移動は全く観察されなくなっていたが，期間Ⅴになって久々に観察された。それが，いわゆる郵政解散に伴う「造反組」の自民党離党[117]と新党結成である。

　まず，自民党を離れたいわゆる「造反組」は，二種類に分けることができる。自民党公認が得られず，無所属のまま 2005 年総選挙を戦った議員と，国民新党と新党日本という二つの新党に加わった議員である。前者については，離党のタイミングが期間ⅥのStage-Pに入ってからということになるのに対して，後者は期間ⅤのStageR-5ということになる。したがって後者は，再選インセンティヴで説明されることになり，ここでの分析対象からは除外される。

　そこで以下では，自民党公認を得られず無所属で 2005 年総選挙を戦い，勝利した 12 名について見る。この 12 名の移動については，自民党が与党である時期の移動であり，仮説 6 − 1 の中で説明されるべき政党間移動であるといえる。

　この 12 名の離党要因が，郵政民営化法案に対する造反にあったことは明らかであり[118]，特定の政策課題に基づいた政策追求インセンティヴによって引き起こされた移動であることは論を俟たない。そして，12 名のうち実に 11 名が，2006 年末になって自民党に復党しており，仮説 6 − 1 の妥当性

---

(117) 正確には，造反組のうち，無所属のまま選挙を戦った議員たちは，少なくとも 2005 年総選挙までの段階では，自民党を「離党」したわけではない。総選挙の段階では，あくまで 2005 年総選挙において自民党の公認を得られなかったというにすぎず，党から除名処分を受けたわけでもないからである。無所属で総選挙を戦った議員たちが「離党」するのは，2005 年 10 月 28 日に出された自民党党紀委員会の決定において，離党勧告が出されたのちのことになる。したがって，無所属で 2005 年総選挙を戦った造反組の「移動」と，二つの新党に参加した議員の移動のタイミングとはずれていることになる。

(118) 12 名を含む造反議員の処分を決定した自民党党紀委員会の処分理由は，まさに郵政民営化法案への対応を理由としたものであった（『読売新聞』2005 年 10 月 29 日付朝刊）。

を強く支持する結果となっている。この場合，小泉純一郎から安倍晋三に首相が交代し，また郵政民営化法案自体も 2005 年に成立していたこともあって，郵政民営化という単一の政策課題に対する軛が取り除かれ，復党の環境が整ったといえる[119]。特定の政策課題に基づいての離党の場合は，その政策課題が政治的争点でなくなった場合，復党の可能性が開かれるのである。

ただし，ここでの 11 名の復党については，前提Ⅲが満たされていないことは付言しておかなければならない。2005 年総選挙で 296 議席と圧勝した自民党は，安定多数を大幅に上回る議席を単独で確保しているため，前提Ⅲに基づけば新たに議員を受け入れる必要がないのである。しかし，この場合は別の制度的条件として，2007 年夏に参院選が予定されていたという点が大きく作用した。12 名の造反組無所属議員については，参院選の主戦場である一人区の県選出の議員が複数含まれていたことから，参院選のために取り込んでおくことが要請されたのである[120]。

◆ みんなの党の離党

次に，2009 年総選挙直前に新党「みんなの党」を結党した渡辺喜美の離党について検討する。渡辺の離党は自民党が与党の時代の離党のため，仮説 6－1 の範疇に入る。したがって，ここでの移動は政策追求インセンティヴに基づく移動であるが，問題はこれが特定の政策課題に基づいたものといえるかどうかという点である。

渡辺が離党した 2009 年 1 月という時期は，1993 年の政治改革，2005 年の郵政民営化のようなはっきりした政策課題が浮き彫りになっていたわけではない。その意味では，パッケージとしての自民党の政策に不満を抱いての離

---

(119) ただし，平沼赳夫は，復党の条件として郵政民営化への賛意を含んだ誓約書の提出を自民党執行部に求められたことに反発して，ただひとり復党を見送った。その意味で，あらゆる意味で軛が取り除かれたわけではない。

(120) このことを裏付ける材料として，例えば，「復党問題を巡っては，安倍首相が 10 月上旬，都内で，森元首相や中川幹事長，青木参院議員会長と会談。青木氏は『参院選は 1 人区が勝負なので，造反組の支援がないと勝てない。なるべく早く復党させなければいけない』と主張し，無所属議員 12 人の復党を軸に検討することで一致した経緯がある」（『読売新聞』2006 年 11 月 6 日付朝刊）といった報道がなされている。

党であるということになる。ただし，渡辺自身は麻生政権が公務員制度改革に熱心でないことを離党の要因として挙げており[121]，そうであれば自民党政権が渡辺の望む公務員制度改革を実現すれば復党する道が開けた可能性がある。

　実際には，2009年総選挙で自民党が下野したために，渡辺の離党要因がこのどちらであるかは先験的には判断しがたい。しかし，いずれにしても選挙後も渡辺が自民党に復党しなかったという事実は，本書の仮説を反証するものでないということは確かである。

6-4　おわりに

　本章では，自民党の離党・復党議員についての網羅的分析を行った。それによると，(1) 自民党が与党である時期に自民党を離党した議員のうち，復党するのは特定の政策課題に基づいて離党した議員である，(2) 自民党が野党である時期に自民党を離党した議員は，政権追求インセンティヴに基づいて自民党を離党しているため，その多くが自民党の政権復帰に伴って復党する，という実証仮説が大筋において妥当していることが明らかとなった。逆にいえば，特定の政策課題でなく，パッケージとしての自民党の政策に不満を持って離党した議員は，復党を企てることはないと考えられるのである。このことは，自民党にかつて在籍経験を持つ議員たちが実力者として党の中枢に位置する最大野党を分析する際にも，参考になるポイントである。この点は，次章においてさらに詳細に検討されることになる。

　また，(2) について，政権追求志向を持っているはずの議員でも，自民党の政権復帰直後に復党するのではなく，1996年総選挙後の離党が多く見られるというのが一つの特徴であった。そこから，直近の総選挙で勝利して政権を獲得できるという期待を維持している政党（この場合は新進党）であれば，野党であっても所属し続ける議員がいることが示された。これは，新進党が総選挙に敗れ，政権の獲得が困難になった直後に復党する議員が多く見

---

(121) 2009年1月14日付『朝日新聞』朝刊では，渡辺は会見で「麻生首相が『天下り公認政令』撤回を明確に否定し，麻生内閣が霞が関の代弁者であることを露呈させた」という離党の理由を発表した，とされている。

られたことからも明らかである。

　このことは，政策追求の結果として野党に所属する議員の中にも，実は二種類のアクターが存在するのではないかという本章冒頭での想定が正しいことを示しているといえる。この点については，次章においてさらに詳しく分析を加える。

第7章
新進党と民主党：二つの最大野党は
なぜ異なる運命を辿ったのか

7-1 はじめに

　日本における「政界再編」の意味を考えたとき，殊に野党陣営の再編という色彩が濃いことは，第3章で見た定量的な特徴からも裏付けられる。本章は，その野党陣営の再編はどのように行われたのかという点を，自民党に対抗しうる政党の樹立の試みに着目することで説明するものである。
　第6章において，政策追求行動としての政党間移動には，実は二種類の選好を持ったアクターが混在しているのではないかと述べたが，そのことは実証分析の結果からも示唆されていた。本書ではこれまで，見かけ上政権追求行動ではない行動を政策追求行動として扱ってきた。与党が勢力面で移動議員を受け入れるインセンティヴを持つ状況であるにもかかわらず，野党が凝集力を保ち続けていれば，そこで野党に所属することを選ぶ議員の行動は政策追求インセンティヴに基づくものであると考えてきたのである。しかし，その定義では政策追求行動の中にある多様性を見落としてしまうことになってしまう。さらにいえば，野党は野党であるがゆえに，党が掲げる政策を実現することはほとんどできない。そのことを考えたとき，野党への移動を一様に「政策」追求行動であると決めつけてしまうのは問題である。
　しかし，こうした問題も，新進党と民主党ⅡⅢという二つの最大野党の運命の違いに着目することで，識別することができるようになる。なぜなら，規模の大きい野党であれば，小選挙区比例代表並立制の選挙制度の下，次期総選挙で政権を獲得することができるかもしれないからである。むしろ，そ

の時点での与党を除けば，政権を獲得できる可能性があるのは，現実的には最大野党をおいて他にないであろう。だからこそ，最大野党に移動・所属するインセンティヴを分析する上では，実現性を棚上げした単なる規範やイデオロギーとしての「政策追求」だけでなく，まさしく実現することを目的とした「政策追求」インセンティヴを俎上に載せる意味があるのである。

　ここで改めて確認しておくと，本書が想定している二種類の政策追求アクターとは，政策そのものへの親和性から野党に所属している議員と，今現在は野党であっても近い将来の選挙で勝利して政権を獲得できるという期待感から野党に所属している議員の二種類である[122]。前者が政策にコミットする文字通りの「政策追求」インセンティヴを有するアクターであるのに対して，後者はいわば将来の政策追求の「期待」にコミットし，「政権追求」インセンティヴが背後に隠された「政策追求」インセンティヴを持つアクターである。

　小選挙区比例代表並立制という衆院の選挙制度の下では，規模の小さな野党に所属するアクターは政権獲得を期待せず「政策」のみにコミットすると考えられるが，単独で政権を獲得できるだけの候補者を擁立し，それを現実的な目標とする野党には，このような政権獲得の「期待」にコミットするアクターも含まれる。この想定は，社民党や共産党といった小規模政党と民主党を比較すれば，妥当なものである[123]。

　したがって，「政策」と「(政権獲得という)期待」にコミットする二種類の政策追求アクターを分析するには，野党のなかでも規模が大きく，政権獲

---

(122) これは，前章で与党としての自民党から離党する議員を二種類に分け，パッケージとしての政策に不満を持って離党する議員と，特定の政策課題に対するスタンスの違いから離党する議員とに分けられるという議論ともパラレルに対応する。前者が政策そのものへの親和性から野党に所属している議員に対応し，後者は当該政策課題が解消されたのちは，近い将来の政権獲得を期待して野党にとどまるのである。

(123) 共産党は，過半数を超える選挙区に公認候補を立て，物理的には自前で過半数を占めることも可能ではあるが，実際には2005年総選挙におけるキャッチコピーが「たしかな野党が必要です」であったように，政権を獲得する意思はないと判断できる。そのような政党には，「期待」にコミットするアクターが参加する余地はない。

得を現実的な目標として掲げる政党を分析対象とする必要がある。本書が対象とする 1993 年以降の日本のケースでは，それは新進党と民主党ⅡⅢ[124]，それに 1993 年から 1994 年にかけてと，2009 年総選挙後の自民党を指す[125]。

そこで本章では，分析対象期間の初期における最大野党だった新進党と，新進党の解党という事態を受けてのちに最大野党の座についた民主党ⅡⅢとを比較することで，二種類の政策追求アクターが「政界再編」期を通してどのように整理されていったのかについて分析を加える。

既によく知られているように，新進党は 1994 年 12 月の結成からわずか 3 年後の 1997 年 12 月に解党されてしまったのに対して，民主党ⅡⅢは，その前身にあたる 1996 年 9 月の民主党Ⅰ結党以来勢力をほぼ一貫して拡大し続け[126]，新進党の解党後は野党第一党の地位に躍り出た。2009 年総選挙では，308 議席を獲得してついに政権交代を果たしたのである。

共に政権交代を目指した野党第一党であることや，両党とも複数の政党が結集して出来上がったため，政策的な凝集力が乏しい「寄り合い所帯」と批判されてきたことなど，二つの政党の共通点は数多い。にもかかわらず，両党の辿った道筋は余りにも対照的であり，新進党が短命に終わったのに対して，民主党ⅡⅢが長らく凝集性を保ち，政権交代を果たすに至ったのはなぜかというのは，それ自体興味深い問いであるといえる[127]。

そして本章では，この違いを説明するのが，二種類の政策追求アクターという存在であると考える。同じように「期待」にコミットするアクターを惹きつけるだけの勢力と政権獲得への意志を持ちながら，一方で新進党は総選挙に一度敗れただけで求心力が一気に失われてしまい，他方民主党ⅡⅢは目立った分裂もなく求心力を維持しているのはなぜであろうか。この理由を「政

---

(124) 1998 年 4 月結成の第Ⅱ期民主党，2003 年 9 月に自由党が合流した後の第Ⅲ期民主党を指す。以下同じ。

(125) ただし，2009 年総選挙後の自民党については，野党となって間がないため，ここでの分析対象からは外す。また，1993 年の細川政権発足から翌年までの自民党の野党時代についても，ここでは分析しない。それは，再編によってできた野党に絞って議論した方が，条件をコントロールしやすいからである。

(126) 2009 年の政権交代を前に大型の国政選挙で勢力を減らした唯一の例外が，自民党の歴史的大勝に煽られて惨敗した 2005 年の総選挙である。

(127) したがって本章では，野党としての民主党ⅡⅢに焦点をあてるため，分析期間は 2009 年総選挙の前までに絞る。

策」面から説明するのが本章の目的である。

　結論を先取りすれば，新進党と民主党ⅡⅢでは許容する政策の範囲に違いがあり，前者は保守政党としての色合いをはっきりさせる戦略を取ったのに対し，後者は曖昧なままを維持してきた。また，政権を近い将来に獲得できる可能性が最も高い政党という期待についても，新進党が必ずしも十分な結果を残せなかったのに対して，民主党ⅡⅢは国政選挙のたびに議席を増やし，高水準を保った。「政策」と「期待」の双方において，民主党ⅡⅢの取った戦略は合理的なものといえ，それが同党の凝集力を維持させてきたと考えられるのである。

　本章の構成は以下の通りである。7－2において，本章の実証仮説について説明する。7－3で仮説を実証した上で，7－4において本章の分析から得られる知見についてまとめる。

7－2　分析枠組み

　7－1でも述べたように，政策追求インセンティヴといっても，その中身を精査すると二種類に分かれるのではないか，というのが本章での基本的な着眼点である。二種類とは，文字通りの政策を追求するものと，一見政策を追求している（＝政権を追求していない）ように見えるが，実は近い将来に所属政党が政権を獲得できるという期待を持っているから，見かけ上政権を追求していないように見えているだけというものの二つである。以下，本章では便宜上，前者を「純政策追求」，後者を「隠れ政権追求」と呼んで区別する。

　一般に，野党にこの二種類のインセンティヴを有した議員が混在しているとするなら，二種類の議員たちはどのような行動をとると予測できるであろうか。純政策追求型のアクターについては，当該政党が自らの志向する政策と背反するものを掲げない限り，政党を移動するインセンティヴはないであろう。

　ここでのポイントは，純政策追求型のアクターにとって，志向する政策と同一あるいは限りなく同じものを，所属政党が掲げる必要は必ずしもないということである。小選挙区比例代表並立制という選挙制度の下で，再選という前提条件を満たすために，より大きな政党に所属するインセンティヴが存

在する$^{128)}$中では，自らの志向する政策パッケージと完全に同一のものを所属政党が掲げることはそもそも望み薄である。そこで，純政策追求型アクターにとっては，自分の政策志向と明らかに背反する政策を所属政党が掲げない限り，残留すると考えられる。逆に，明らかに背反する政策を所属政党が打ち出した場合には，離党するインセンティヴが生じることになる。

一方，隠れ政権追求型のアクターについては，当該政党が政権を獲得できる見込みがある場合は，所属政党にとどまる選択をするであろう。逆に，政権獲得の見込みが乏しくなり，なおかつ与党が議員の受け入れに乗り出している場合，政党間移動を行うと予測される。

ではどういう場合に政権を獲得できる見込みが乏しいと判断されるか，という点であるが，最もわかりやすいのは，いうまでもなく所属政党が総選挙に敗れた場合である。総選挙で過半数を大幅に割り込み，別の政党（連合）が過半数の議席を確保すれば，少なくとも短期的には政権を獲得できるチャンスはなくなる。また，所属政党が選挙を前にして分裂するなどして，勢力が大きく減少した場合にも，政権獲得の見込みが少なくなったと判断される可能性がある。これらの場合には，政党間移動によって政権追求インセンティヴを充足させようとすることになるであろう。

したがって，純政策追求型と隠れ政権追求型の二種類のアクターを抱えて，最大野党が凝集力を保つためには，(1) 純政策追求型に対しては，政策路線を純化せず，所属議員の幅広い政策志向を許容すること（高い政策的許容性を維持すること），(2) 隠れ政権追求型に対しては，高い政権獲得期待を維持する，という二つの条件を満たす必要があるといえる。このどちらが欠けても，最大野党は分裂リスクを抱え込むことになる。さらに，この両方が損なわれれば，最大野党は消滅に向かうことになるであろう。

この点に関連して，(1) については，以下のような反論が予想される。つまり，政策的許容性というが，それは政党が幅広い政策路線を積極的に「許容」していたというよりは，なし崩しで曖昧にされていただけではないか，ということである。しかし，逆にいえばこれは，敢えて政策路線の一本化を図らなかったということを意味するのであり，そこに戦略性がなかったとも言い

---

(128) 小選挙区はもちろんのこと，比例代表においても，11のブロックに細分化されているため，大政党が有利な制度設計になっている。

切れないのである。

　この意味で，政策的許容性なる概念は，政策的許容性が損なわれるときにこそ，政党執行部の積極的な行動を伴うという類のものなのである。政策的許容性が低いというのは，政党執行部が政策の一本化に乗り出すという事態を意味するからである。そうでないときは，消極的な形で維持されるにすぎない。

　このように，本章では政党間移動を包括的に観察し，異なる政策的立場の議員が民主党に移動している傾向を特定することで，最大野党である民主党が政策的許容性を（たとえ消極的ではあれ）確保することで，凝集力を維持していることを証明しようとするものである。その結果，自民党と対抗し生き残りに成功しているのであれば，民主党の政策的立場は，新進党と比較した場合，幅広い政策志向を有する議員をより受け入れやすいものであるはずである。

　この点に関し，著者は別稿（Kato and Yamamoto[2009]）で，政党の政策位置専門家調査に基づいて，検証を行っている。ある政策における立場は保守・中道寄り，他の政策における立場は中道・左翼といったように，調査結果の分析は，複数の政策を考えた場合，保守・中道から中道・左翼までの広い範囲に民主党の政策位置が分布していることを示している。これは，明らかに，新進党に比べて民主党において政策的立場が中道を中心に広い範囲に分布していることを意味し，本章の政党間移動の分析と一貫性がある。

　以上を表で表すと，表7－1のようになる。

表7－1　最大野党の凝集力

		政権獲得期待	
		高い	低い
政策的許容性	高い	①凝集力維持	②分裂 （隠れ政権追求型，離党）
	低い	③分裂 （純政策追求型，離党）	④解党

（出典：著者作成）

よって，本章の実証仮説は，以下のように設定される。

仮説7　最大野党が凝集力を保つには，政策的許容性と政権獲得期待の二つを高い水準で維持することが必要である。このどちらかが欠けると分裂が起こり，両方が欠けると政党は消滅に向かう。

では，表7－1の図式を新進党と民主党ⅡⅢという本章が分析対象とするケースにあてはめると，どのようになるであろうか。

新進党は，1994年12月の発足から1年の間は，高い政策的許容性と政権獲得期待を持っていた（①）。しかし，1995年12月の党首選で小沢一郎が勝利すると，政策的許容性を失い，純化路線を歩み始め，離党者が一部出るようになる。ただしこの時期は1995年7月の参院選で新進党が議席を伸長させた後でもあり，政権獲得期待は高止まりしていた（③）ため，分裂は小規模なものにとどまっていた。だが，1996年総選挙で議席を伸ばすことができず，政権獲得に失敗すると，政権獲得期待が大きく損なわれ，なおかつ政策的純化路線を推し進めたため（④），新進党は解党への道を歩むことになったのである。

新進党の解党によって最大野党の座に押し出された民主党Ⅰは，1998年4月に民政党とフロムファイブを取り込み，民主党Ⅱとなった。それ以来，民主党Ⅱは一貫して政策的許容性，政権獲得期待を高い水準で維持し続け，2003年9月の自由党合流でその傾向はさらに加速することとなった（①）。しかし，2005年総選挙で議席を大幅に減らしたことで，政権獲得期待は毀損したものの，この場合は党外に受け入れる政党が存在せず，なおかつ民主党Ⅲの他に政権獲得期待を抱かせる政党がないことから，2009年総選挙まで①のまま変化しなかったと考えられる。

このことを表7－1にあてはめてみると，表7－2のようになる。

次節では，政策的許容性と政権獲得期待という二つの変数に着目しながら，表7－2の整理に基づいて仮説7の妥当性を検討する。

表7-2 新進党と民主党ⅡⅢの凝集力の推移

		政権獲得期待	
		高い	低い
政策的許容性	高い	①凝集力維持 海部党首時代の新進党 (1994年12月～1995年12月) 民主党ⅡⅢ (1998年4月～2009年8月)	②分裂（隠れ政権追求型） なし
	低い	③分裂（純政策追求型） 小沢党首時代の新進党(前) (1995年12月～1996年10月)	④解党 小沢党首時代の新進党(後) (1996年10月～1997年12月)

(出典：著者作成)

7-3 検証

■ 海部党首時代の新進党（1994年12月～1995年12月）

新進党は，1994年12月に，羽田政権の連立与党を構成した政党が中心となって結成された。参加したのは，新生党，公明党の一部（公明新党）[129]，日本新党，民社党，新党みらい，自由党（旧）の各政党と，無所属議員である。自民党に在籍経験を持つ議員が中心の新生党，新党みらい，自由党（旧）から，新党ブームの火付け役となった日本新党，それに55年体制下で中道政党であった公明党と民社党までが大同団結した政党であり，政策に関する雑居性の強さは発足当初から指摘されていた[130]。

---

(129) 公明党からは，参院の一部と地方組織が新進党に参加しなかったため，分党のうえ一部が新進党に合流する手続きが取られた。そこで，新進党に合流する公明党議員によって結成されたのが公明新党である。
(130) 例えば，「自民党離党組から労組出身者まで新進党はいまの与党と同様，内部にさまざまな潮流を抱えている。国際貢献，税制・行政改革などの政策課題で一定の方向を打ち出せば，各党派の思惑が入り乱れ，求心力が低下する場面も予想される」(『朝日新聞』1994年12月11日付朝刊) といった指摘がなされ

綱領に「たゆまざる改革」と「責任ある政治」を掲げた新進党は，初代党首に海部俊樹，幹事長に小沢一郎を選出したのであるが，ここで注目すべきはその政策的許容性の大きさである。象徴的なのが，12月10日の結党大会での中野寛成政審会長のあいさつである。中野は，「相手（村山政権）は正体が見えず軸もない。軸がない相手に対立軸を作るのは不可能だ」（『読売新聞』1994年12月11日付朝刊）と述べ，新進党が明確な政策的旗印を持っていないことを自ら認めた。

実際，結党とともに明らかにされた重点政策（「当面する重点政策」[131]）を見ても，対立につながりかねない政策については曖昧な表記にとどめ，政策的許容性に配慮されていることが窺える。例えば，憲法改正については「論議もタブーなく行うことが重要であ」り，「『論憲』を主張する」とされているし（東大法・蒲島郁夫ゼミ編[1998:413]），安全保障政策についても，「自衛隊と憲法との関係，国連による集団安全保障概念の憲法上の位置づけ等の問題は，今後，『安全保障問題委員会』（仮称）を党内に設置して協議し，国民合意の形成に努める」（『読売新聞』1994年12月11日付朝刊）と述べ，結論を先送りする形をとっている。また，大きな政府か，小さな政府かといった経済政策上の路線についても棚上げされている。

このように，新進党は結党時，非常に高い政策的許容性を有していたといえる。

一方，政権獲得期待についてはどうか。これについては，例えば鹿毛利枝子が「新進党の結成が比較的スムーズに進展したことは，並立制の下では二大政党制が成立するという小沢の認識が，比較的広範に共有されていたことの反映でもあった」（鹿毛[1997:322]）と述べているように，新進党という政党の結党動機それ自体が政権獲得への期待と分かちがたく結びついていたという側面がある。新選挙制度の下では，自民党に対抗できるだけの勢力を備えた政党こそが，政権を獲得する可能性があると考えられていたのである。

世論の受け止め方からも，この見方は裏付けられる。新進党発足後初の『朝日新聞』による世論調査で，新進党の支持率は自民党の36％に次ぐ21％で2位になり，社会党の13％や新党さきがけの7％を上回った（『朝日新聞』

ている。
(131) 東大法・蒲島郁夫ゼミ編[1998]，411-413ページ。

1994年12月22日付朝刊)。この数字は，自民党に対抗しうる政党として，新進党が一定の期待を集めていたことを示しているといえるだろう。

また，新進党の政権獲得期待をさらに高めたのが，結党後初の大型国政選挙となった1995年参院選である。この選挙で，新進党は改選19議席からほぼ倍増となる40議席を獲得し，自民党の46議席に迫る結果を残した[132]。比例区では自民党の15議席を上回る19議席を確保し，選挙区でも総得票数で自民党を上回るなど，来たる新選挙制度下で初となる総選挙に向けて大きく弾みをつける結果となったのである。

選挙区で44.52%という低投票率が，創価学会や旧民社党系労組などの組織票のウエイトを高めたという点はあったにせよ，総選挙でも同様の傾向が続けば政権獲得の可能性も十分であるという認識が広がったことは疑いない。

この点で，海部が党首を務めていた時代の新進党は，高い政策的許容性と，高い政権獲得期待を両立していたと結論付けられるのである。

しかし，この時期に新進党からの離党者が全くいなかったわけではない。1995年1月17日には川端達夫，5月9日に太田誠一，7月24日に保岡興治，9月12日に小平忠正の4名が新進党を離党している。

このうち川端は，社会党の山花貞夫らが中心になって結成しようとしていたリベラル新党に参加するための離党であったが(『読売新聞』1995年1月11日付朝刊)，阪神・淡路大震災によってこの新党結成が延期になり(『読売新聞』1995年2月15日付朝刊)，その後も新党が具体化しないまま，10月16日には新進党に復帰した。

川端のケースは，自らの政策志向に鑑み，より理想的な新党が結成される場合には，そちらに移動する議員が存在する可能性を示唆している。特に，この場合は「第三極」としての民主・リベラル新党が一定の勢力を維持すれば，pivotalな勢力となりうる可能性も秘めていた。だが，新党構想は実現せず，そうした期待も薄れたことから，新進党に復帰したものと考えられる。

太田と保岡は，離党後ともに自民党に復党した(太田は8月29日，保岡は8月21日)。太田は，離党の理由について「自社連合と新進党は対決のた

---

[132] 他の主要政党では，連立与党の社会党が16議席，新党さきがけが3議席に終わり，連立与党は改選75議席から65議席に議席を減らした。野党では，共産党8議席，民主改革連合2議席などとなっている。

めの対決になっている。『保・保連合』を目指し、次の首相指名では自民党の大勢と同じ候補者を支持すべく、できるだけ多くの新進党議員に働きかける」(『朝日新聞』1995 年 4 月 20 日付朝刊) とし、保岡は「選挙区事情で自民党に戻りたい」(『朝日新聞』1995 年 6 月 2 日付朝刊) と述べている。

太田については、第 6 章でも分析したように、もともと自民党を離党したタイミング (細川辞意表明後の 1994 年 4 月 18 日) から見て、政権志向の強いアクターであるといえ、自民党からの誘いに反応したものと思われる。保岡は、自身の言葉を文字通りに解釈すれば、再選インセンティヴに基づく移動ということになる。そうであれば、再選という前提条件を満たすための行動として解釈される。

小平は、離党後まもなくの 9 月 28 日、新党さきがけに入党している。小平の移動については、保岡同様、選挙事情から説明することができる。自身も「選挙区事情などを勘案して離党したい」(『朝日新聞』1995 年 9 月 7 日付朝刊) と述べているように、同じ旧北海道 4 区選出で新党さきがけの鳩山由紀夫との共闘によって、再選を有利に運ぼうとしたものと考えられる。

以上のように、海部党首時代の新進党は、高い政策的許容性と政権獲得期待を維持していたといえ、分裂は起きないという理論的予測 (表 7 - 1 と表 7 - 2 でいう①) は正しいことが分かった。4 例の離党が発生したという反証例についても、再選追求インセンティヴという前提条件か、もともと政権追求志向が強いアクターの離党がずれ込んだということで説明可能であるといえる。

■ 小沢党首時代の新進党 (前) (1995 年 12 月〜 1996 年 10 月)

新進党の党首については、結党時に党所属国会議員の投票によって海部が選出されたのであるが、これは党規約を定めるまでの暫定的なものとされた。そこで、1995 年 12 月に結党 1 年を迎えるにあたり、1000 円を納めた 18 歳以上の一般国民であれば誰でも投票できる党首公選制度による選挙が行われることとなった。初代党首の海部は、当初から党首選への立候補に意欲を見せていたが (例えば、『朝日新聞』1995 年 10 月 1 日付朝刊)、自らを支える幹事長の小沢一郎が党首選に立候補する方向となると、一転不出馬を表明した (『朝日新聞』1995 年 12 月 11 日付夕刊)。

小沢は、当初党首選への立候補には消極的で、10 月 28 日には、「立候補

する考えはない」(『朝日新聞』1995年10月29日付朝刊)と明言していた。しかし，党首選立候補の意志を鮮明にしていた羽田が，党首に就任した場合は幹事長を小沢以外にする意向を固めたと報道されたことで(『朝日新聞』1995年11月24日付朝刊)，小沢の立候補が浮上してくることになる[133]。それでも小沢は支持グループの立候補要請になかなか応じなかったが(例えば，『朝日新聞』1995年12月5日付夕刊など)，再三の要請に応じる形で，ついに12月8日に立候補の意向を示した(『朝日新聞』1995年12月9日付朝刊)。その際，小沢は「(1) 海部党首の理解を得る，(2) 自分自身の政策を受け入れる——の二点を条件として示し」，政策として「「将来は消費税率を10％とする」「自衛隊を再編し国連警察部隊を創設する」」などを挙げたとされる(『朝日新聞』同日付)。

党首選は小沢と羽田孜副党首の争いとなり，結果は小沢が倍近い票差をつけて羽田を下し[134]，党首に就任した。

こうして，迫り来る総選挙に向けての小沢党首時代が幕を開けるのであるが，本章で着目する二つの変数のうち政策的許容性に関して，小沢党首の選出過程が大きな意味を持った。すなわち，政策的方向性を明確に打ち出し，それを受け入れるなら立候補するという条件を付けた小沢が党首選に勝利したことで，結果として政策的許容性が損なわれることになったのである。

小沢の示した政策は，1993年に自らが出版した『日本改造計画』(小沢[1993])をベースに，(1) 所得税・住民税の半減と，消費税の段階的引き上げ (5年間は3％据え置き，その後6％，10年後に10％とする)，(2) 自衛隊とは別に国連警察部隊を創設し，国連の平和活動に提供する，(3) 中央省庁を15に再編，特殊法人の5年後原則廃止，全国の市町村を300の新しい市に再編，といったものであった[135]。多様な政党からの出身者が集う新進党において，経済政策と安保政策は，ひときわセンシティヴな問題といえ，結党時にはこ

---

(133) 一方海部は，再選されれば小沢幹事長を留任させる方向だとされていたが，1994年12月の党首選では海部を支持した旧公明党，旧日本新党が海部には距離を置いていたため(『朝日新聞』1995年11月24日付朝刊)，小沢が党の枢要ポストを維持するには党首選に自ら立候補するしかなくなっていった。
(134) 小沢が112万0012票を獲得したのに対し，羽田は56万6998票にとどまった(『朝日新聞』1995年12月28日付朝刊)。
(135) 平野[2006]，273-274ページ。

れらについてのスタンスが曖昧にされたことは既に述べた通りである。小沢の政策は，この路線闘争に正面切って踏み込み，政策的許容性を減じる方向に作用するのは明らかである。小沢自身，選挙期間中のインタビューで，党首選の結果次第で党分裂の可能性があるという見方について，「政策がどうしても合わないというなら仕方ない。政策を軸に政界が再編されるならいいのではないか」(『読売新聞』1995 年 12 月 21 日付夕刊) と述べるなど，政策的許容性を減じることに躊躇しない姿勢を明確にしている。

それでも新進党は，政権獲得期待に関しては一定の水準で踏みとどまっていた。というよりも，1995 年参院選で威力を見せた組織票への期待から，不満はありつつも凝集力が保たれていたという方が正確だろう。その点では，政権獲得期待というより，前提条件としての再選追求インセンティヴが作用していたと説明する方がより実態に近いかもしれない。

では，この時期に新進党を離党した議員の特徴として，どのようなことがいえるだろうか。この時期の離党者は，1996 年 6 月 11 日の新井将敬，9 月 6 日の船田元，9 月 17 日の井奥貞雄，杉山憲夫，高橋一郎，9 月 27 日の石破茂，9 月 30 日の今津寛の 7 名である。このうち今津は衆院解散後の移動であり，再選インセンティヴで説明される。

新井，船田，石破については，共に無所属で 1996 年総選挙に立候補し，当選した。そのため，一見すると再選追求インセンティヴという前提条件の部分でも説明が困難であるように思われる。小選挙区において無所属で選挙を戦うということは，一般に不利なことだからである。

しかし，船田と石破は選挙区に自民党が公認候補を立てず，実質的に当選を後押しし，総選挙後ほどなくして自民党に復党した。彼らのケースでは，自民党が公認候補の擁立を見送る形を取ったため，移動によって再選に有利に働いたことは確かである[136]。ちなみに，船田の復党は 1997 年 1 月 9 日，石破の復党は同 3 月 21 日のことである。

一方新井も，無所属で総選挙に当選した後の同 7 月 14 日には，自民党に復党している。ただし，新井の選挙区では自民党の公認候補がおり，移動に

---

(136) 総選挙まで間もない期間に離党されれば，元の所属政党は新たに公認候補を立てることは困難で，もう一つの主要政党が候補擁立を見送れば，ライバルとなる候補がいなくなることを意味するからである。

よって再選の主観確率が際立って上昇したわけではない。

そこで，3名の離党について具体的な経緯を確認すると，1996年の通常国会で最大の注目を集めた住専処理問題をめぐる政策対立が浮かび上がる。この3名は同年5月に住専処理法案をめぐる共同修正を視野に，先に新進党を離党した太田誠一や安倍晋三ら自民党議員と金融・財政問題の勉強会を開いたのである。当時新進党執行部は関連法案の審議拒否戦術に出ていたため，この行動は執行部の方針と真っ向から対立するものとなった。「出席者の一人」は，「新進党はまともな対案を用意できていない。政治手法（の問題）は我慢できても，金融・財政，安全保障という基本政策は譲れない」（『読売新聞』1996年5月31日付朝刊）と述べており，ここでの政策対立が離党に至る一つのきっかけとなったことは疑いない。

だが，この3名の移動を政策追求インセンティヴに基づくもの，と断定するのは早計である。第6章でも言及したように，彼らのうち特に石破と新井は，政権追求の結果自民党を離党し，自民党の政権復帰に伴って復党した政権追求型のアクターであると考えられるからである。その点では，ここでのポイントは政策対立の中身よりも，彼らが自民党と接近して政策協議を行おうとしたというところにある。

これは，表7-1と表7-2で予測された純政策追求型の離党とは異なる。与党から転落した政党を離党して加わった議員については，元の所属政党に復党議員を受け入れるインセンティヴが存在する場合，より直接的な政権追求型の移動が引き起こされる可能性を示唆したものといえる。

では，井奥，杉山，高橋についてはどうか。この3名については，第4章でも分析したが，政策インセンティヴに基づく移動というよりは，再選インセンティヴに基づく移動と考えるのが妥当だと思われる。時期的にも，総選挙直前の離党であることに加え，移動先の自民党では井奥は南関東，杉山は東海，高橋は東京の各ブロックの比例区の単独候補者として処遇され，当選圏内の順位で名簿に登載された[137]。これらのことから，再選を確実にするための移動といえ，前提条件としての再選インセンティヴで説明するのが適切である。

---

(137) 井奥は7名当選のところ3位，杉山は8名当選のところ3位，高橋は5名当選のところ3位で処遇されている。

以上のように，小沢党首時代の新進党の前半期は，限定的な分裂にとどまり，この期間の離党は直接的な政権追求型のアクターによるもの，あるいは前提としての再選追求インセンティヴによるものである。したがって，この期間は表7－1と表7－2の③に該当するという予測は概して妥当なものであり，仮説7も支持されているといえる。

■ 小沢党首時代の新進党（後）（1996年10月〜1997年12月）

　1996年総選挙で，新進党は改選の160議席を割り込む156議席を獲得したにとどまり，239議席と復調した自民党の後塵を拝した。これによって政権獲得期待は完全に萎むことになる。総選挙の翌日には，小沢党首に細川護熙と羽田が分党構想を持ち出すなど（『読売新聞』1996年10月25日付朝刊），総選挙後ほとんど時を経ずして分裂騒動が勃発するのである。この分党構想は，23日に細川らが撤回して一旦沈静化するのであるが，分裂の火種は燻ったまま，10月30日に米田建三，11月5日に高市早苗，11月6日に笹川堯が離党したのに続いて，12月26日には羽田ら10名（ほかに参院議員3名）が太陽党を結成した。

　一方で，小沢は政策的純化路線をさらに押し進める道を選択した。例えば，「党幹部会議などで，小沢氏は『自民党との対立軸になるのは安保・外交と行財政問題だ。党内討議を尽くして改革の一点で一致したい』と述べた」（『読売新聞』1996年11月19日付朝刊）と報じられるなど，政策を純化して求心力を働かせようとしたのである。この傾向がさらに具体化したのが，自民党との連携，いわゆる保保連合を模索する動きである。

　保保連合は，1997年の通常国会で焦点の一つとなった沖縄米軍施設用地の継続使用のための駐留軍用地特別措置法改正案をめぐって急浮上した。この法改正をめぐっては，4月2日と3日に橋本龍太郎首相と小沢が二度にわたる党首会談を行い，新進党が賛成することで最終的に合意した（『読売新聞』1997年4月4日付朝刊）。小沢は党首会談の中で，「新進党の主張をのめば，党を挙げて橋本内閣を支援する」（『読売新聞』1997年4月5日付朝刊）と提案したとされ，駐留軍用地特措法を機に一気に連立にまで突き進もうという意思を持っていたようである。

　保保連合には，それまで社民・さきがけ両党との連携を押し進めてきたグループを中心に自民党内での反発が強く，この段階で連立まで話が進展する

ことはなかったが、小沢が政策を軸にした自民党との連携に動き始めたことは明らかであった。ただ、新進党内には、こうした小沢の姿勢を評価する向きもあったものの、「旧公明党、旧民社党などの出身議員には、『非自民結集』を目指すべきだとの主張もあり」（『読売新聞』1997 年 4 月 6 日付朝刊）、新たな路線対立を巻き起こすことは必至であった。現に、6 月 18 日には、保保連合は「好ましいものではない」（『読売新聞』1997 年 6 月 19 日付朝刊）と述べていた細川が離党を表明した。

しかし、小沢はその後も、北朝鮮情勢の急変などに絡める形で、「日米防衛協力のための指針」（ガイドライン）の見直しは自社さ政権の枠組みでは困難であるとして、安保政策での保保連合の必要性に言及するなど（『読売新聞』1997 年 6 月 23 日付朝刊）、保保連合への傾斜を強めていった。また、同時期に党の基本政策を取りまとめる作業を行い、8 月 19 日に「日本再構築宣言」[138]を発表し（東大法・蒲島郁夫ゼミ編 [1998:393]）、政策を純化する路線を一貫して採り続けた。

保保連合は、秋の自民党役員・内閣改造人事で、急先鋒だった梶山静六が官房長官を降り、橋本首相が自社さ路線に舵を切ったことで、最終的にその芽がなくなることになる[139]。このことは、単に一つの路線の終わりを意味したわけではなかった。保保連合は、政権参加と直結するため、結果として政権獲得期待を維持することにもつながっていた側面があったからである。保保連合の終焉は、辛うじて繋ぎ止めていた政権獲得期待がほぼ皆無になることを意味していたのである。

この意味で、第二次橋本改造内閣の発足から 3 ヶ月余りで新進党が解党されるに至ったのは示唆的である。保保連合の頓挫がはっきりして間もなく、小沢周辺からは分党構想が持ち上がっている（『読売新聞』1997 年 9 月 21 日付朝刊）[140]。構想はこの段階では実現しなかったが、12 月の党首選は、保保路線を主張する小沢と、民主党Ｉや太陽党といった野党勢力の結集を主張する鹿野道彦との一騎打ちとなり、分裂含みで戦われることとなった（『読

---

(138) 「日本再構築宣言」の実物は、東大法・蒲島郁夫ゼミ編 [1998]、418-452 ページ参照。
(139) この間の詳しい経緯については、田崎 [2004:478-492] に詳しい。
(140) これは、「小沢氏を中心にした保守系議員たちが、新進党と分かれて保守新党の結成を図ろうとするもの」（『読売新聞』同日付）であったとされる。

売新聞』1997年12月13日付朝刊)。

　党首選では小沢が230票を獲得し，182票の鹿野を破って再選された。再選後，小沢は旧公明党グループの公友会，ならびに旧民社党グループの民友会の解散を求め，さらに参院の一部と地方で独自組織を維持してきた公明に分党を提案した(『読売新聞』1997年12月25日付夕刊)。公明側がこの提案の受け入れを決定すると(『読売新聞』1997年12月26日付朝刊)，12月27日の両院議員総会で，小沢は新進党の解党を宣言(『読売新聞』1997年12月27日付夕刊)，ここに新進党は約3年の歴史に幕を下ろした。

　以上のように，1996年総選挙後の新進党は，党首の小沢が自民党との連携を視野に政策的純化路線を押し進める一方，総選挙で大きく損なわれた政権獲得期待を，自民党との連立の可能性を模索することで辛うじて確保していたが，保保連合が自民党内の路線闘争の決着によってひとまず消滅すると，一気に遠心力が働いて解党にまで至った。この点で，表7-1と表7-2で示した④に該当するという本章の議論は妥当性が高いといえる。

　ただし，注意すべきは保保連合の可能性が残っていた4月から9月までの半年間にも，新進党からの離党者が跡を絶たなかったということである。このタイミングでの離党者は自民党に復党した議員と，細川が結成した新党・フロムファイブに参加した議員に分かれる。これは，保保連合による新進党の政権獲得期待をどの程度高く見積もるかという点に関わるので，個人差が存在することは否めない。それに，9月5日の北村直人の復党で衆院の過半数を確保することになった自民党には，単独政権であったため[141]，一人でも多くの議員を迎え入れるインセンティヴが存在した。こうした点が重なって，少なくない議員が離党を決断したものと考えられる。

■ 民主党ⅡⅢ (1998年4月〜2005年9月)

　新進党の解党によって，衆院では1998年1月に自由党，新党平和，新党友愛，国民の声，改革クラブという五つの新党が誕生した[142]。このうち，国民の声と，羽田の太陽党，細川のフロムファイブが結集して，1月23日に民政

---

(141) 社民党と新党さきがけは閣外協力であった。
(142) 参院において，旧公明党系の議員が作った黎明クラブを合わせれば六つである。

党が結成され、この民政党と新党友愛、それに民主改革連合が民主党Iに合流して4月27日には民主党IIとなった。新進党に代わって最大野党の座につくことになった民主党IIについて、以下では取り扱う。

　本章第1節で述べたように、民主党II（2003年9月からはIII）は、3年で解党することとなった新進党とは対照的に、10年以上にわたって目立った分裂を見せることなく凝集力を保ってきた。この背景として、高い政策的許容性と政権獲得期待が存在することを示すのが、ここでの目的となる。

　民主党IIは、1998年の通常国会で統一会派を組んだ民友連（民主友愛太陽国民連合）を母体として結成された。民主党IIの結成にあたっては、民主党I内の慎重論に配慮して新党名を「民主党」のまま、党首も民主党I代表の菅直人とするという案に対し、吸収合併と受け止められることを嫌気した新党友愛などが反発するといったように、合併のあり方をめぐる形式論が先行した色彩が濃い（『読売新聞』1998年3月11日付朝刊）。さらに、7月には参院選が控えていたこともあり、政策合意は後回しに、容れ物作りが優先されたのである。

　このような見方は、いみじくも自由党党首となっていた小沢が「どういうことをやろうとしているのか、わからない」として「政策目標を欠いているとの見方を示した」（『読売新聞』1998年3月12日付朝刊）ように、広く共有されていたといっても差し支えない。民主党IIで幹事長に座ることになる民政党代表の羽田も、「路線は中道だ。できあがってみればそこに保守的なものがあるとか、多少左の人もいる。お互いに議論していく中で本当の中道をつくることになると思う」（『読売新聞』1998年3月17日付朝刊）と述べ、政策的に明確な軸を立てるわけではないことを明言している。

　以上のように、民主党IIは結党にあたって政策的許容性を高く保つ路線を、たとえ消極的な形であれ主体的に選択したと判断することができる。この傾向は時を経ても変化することはなく、1999年1月に代表に菅が再選された際には、「民主党は周辺事態に対応するための基本計画を国会承認事項とすることは要求しているものの、まだ、党としての最終結論は出していない。憲法調査会の設置問題でも、賛否両論が混在したままだ」（『読売新聞』1999年1月19日付朝刊）と指摘され、依然として政策を明確にしていないことが分かる。

　この後、6月24日には安保基本政策をまとめ、そこではテロやゲリラへ

の積極対応,有事法制の整備,PKFの凍結解除といった政策が盛り込まれたが,「まとめることを最優先」したもので「妥協の産物」だという声が党内からも挙がるものにとどまった(『読売新聞』1999年6月25日付朝刊)。

1999年9月には鳩山由紀夫が菅と横路孝弘を破って代表に選出されたが[143],ここでも経済政策をめぐって党内の意見集約が難航した。小渕政権の積極財政路線に対し,鳩山は構造改革を進めるべきだと批判したが,それでは選挙を戦えないという声も上がった(『読売新聞』1999年11月19日付朝刊)。

2000年10月15日には,鳩山が集団的自衛権について「一切認めないという発想だと国際貢献を十分に行えない。本来,持っていると私は考えるが,憲法の中で,それをしっかりうたったほうが本当はいい」という発言を行い,党内から批判が噴出する結果となった(『読売新聞』2000年11月3日付朝刊)。これも,「民主党の安全保障政策が玉虫色のまま先送りされてきたため」であると指摘されている(『読売新聞』同日付)。

基本政策に関する曖昧さはその後も引き継がれ,2002年7月には鳩山が「安保や憲法などの国の基本政策に対する統一的な見解の確立」を党改革の要点の第一番目に挙げている(『読売新聞』2002年7月28日付朝刊)。これは,逆から見れば結党からその時点に至るまで基本政策が曖昧にされてきたことの何よりの証左といえる。

2002年9月23日には代表選が行われ,鳩山が再選された[144]。だが,鳩山は代表選後の党役員人事で,自らを支持した中野寛成を幹事長に起用して,論功行賞人事との激しい批判を受ける。さらに,10月の補選で苦戦したことで追い詰められた鳩山は,自由党との新党構想を掲げるが,これも党内の批判を受けて撤回に追い込まれ,鳩山は12月3日に代表辞任を余儀なくされた(『読売新聞』2002年12月4日付朝刊)。

鳩山辞任を受けて行われた12月10日の代表選は,菅が岡田克也を破って

---

(143) 第1回の投票で,鳩山154票,菅109票,横路57票となり,鳩山と菅の決選投票の結果,鳩山182票,菅130票で鳩山が代表に選出された。
(144) 党員・サポーター票を含めた第一回投票では,鳩山294ポイント,菅221ポイント,野田佳彦182ポイント,横路119ポイントで,鳩山と菅が党所属国会議員などによる決選投票に進んだ。そこでは,鳩山が254票を獲得し,菅の242票を上回って再選を果たした。

代表に返り咲いた[145]。菅は，鳩山の播いた自由党との合流という種を生かし，紆余曲折はありながらも9月の合併に向かっていくのである。

結局，民主党Ⅱは自由党との合流までの期間，基本政策の一致点を必ずしも見出さなかった。その模索は何度か見られたのであるが，最終的には党内の合意を優先して玉虫色の形でまとめるのが常だったのである。したがって，民主党Ⅱは一貫して高い政策的許容性を保っていたといえる。

こうした傾向は，自由党との合流によってさらに拍車がかかった。自由党との合流にあたっては，党名や党代表はもちろん，規約や政策，マニフェストに至るまで民主党Ⅱのものを継承するとされ（『読売新聞』2003年7月24日付朝刊），自由党は解散することとなった。それまで政策的純化路線を突き進んできた小沢がこの条件を呑んだことで，民主党の政策的許容性が維持されるとともに，その政策路線の曖昧さが際立つことになったといえる。

その後，2004年5月に菅代表が年金未納問題で代表を辞し，岡田克也が後任となったが，2005年総選挙までの期間この傾向が変わることはなかった。

では一方，政権獲得期待についてはどうであったか。民主党Ⅱの結党時，高い政権獲得期待が存在したかという点について，疑問があることは否定できない。例えば，『朝日新聞』の世論調査では，民主党Ⅱの発足時の支持率は9％にとどまり，「新しい民主党（山本注：民主党Ⅱを指す）」に「期待している」と答えた人の割合は33％と，「期待していない」の52％を大きく下回る結果となった（『朝日新聞』1998年4月27日付朝刊）[146]。これは，先に述べた新進党が発足時に21％の支持を集めたことに比べても，低い数字にとどまっている。

しかしながら，民主党Ⅱに結集した四党がそれぞれバラバラのままでは，政権獲得期待がますます小さくなることは明らかであり，あくまで相対的にではあるが，民主党Ⅱの政権獲得期待は低くはなかったといえるだろう。

そして，当初は決して高いとはいえなかった民主党Ⅱの政権獲得期待は，国政選挙のたびに議席数を増大させていくことで次第に上昇していくのであ

---

(145) 菅104票に対し，岡田は79票に終わった。
(146) 自民党の支持率は26％で，民主党Ⅱはそれに次ぐ支持を集めたものの，その差は歴然としていた。

る。結党後初の大型国政選挙となった7月の参院選において、民主党Ⅱは改選18議席から27議席に議席を伸ばした[147]。2000年総選挙でも32議席増の127議席とし[148]、いわゆる小泉ブームで自民党が大勝した2001年参院選でも改選22議席に対し26議席と議席を増やし、踏みとどまった[149]。大型国政選挙で着実に議席を伸ばすにしたがい、政権獲得期待も上昇していったことは疑いないであろう。

　自由党との合併を受けて民主党Ⅲとして臨んだ2003年総選挙では、177議席を獲得し、改選137議席からさらに大きく議席を伸ばした[150]。2004年の参院選でも50議席と、改選議席から12議席上積みし、49議席にとどまった自民党を上回って改選第一党となったのである[151]。

　このように、全体的な傾向として、政権獲得期待も選挙を経るごとに高まっていったと見ることができる。

　政策的許容性が高く、なおかつ政権獲得期待も高かったこの時期の離党者は、仮説通り少ないのであるが、全く存在しないわけではない。仮説からは例外的行動といえるその動きについても確認しておかねばならない。2005年9月までの民主党ⅡⅢからの離党者は、時期の面から二つに分けることができる。

　第一に、2001年3月25日に田中甲が離党している。田中の離党は、千葉県知事選をめぐる党の方針に不満を持ったためであるとされる。3月25日投票の千葉県知事選において、民主党Ⅱは若井康彦を支援したが、ここでの労組依存の選挙のあり方に対し、「民主党が国民から見て既存の政党になっ

---

(147) 自民党は44議席と大敗して橋本首相が退陣に追い込まれた。他に、公明党9議席、自由党6議席、社民党5議席など。共産党が15議席と伸長した。
(148) 自民党は233議席と議席を減らしたが、公明党31議席、保守党7議席と合わせて絶対安定多数を確保し、森政権は続投。他に、自由党22議席、共産党20議席、社民党19議席など。
(149) 自民党は64議席と大勝。他に、公明党13議席、自由党6議席、共産党5議席など。
(150) 自民党は237議席、公明党34議席、保守新党4議席で、連立与党で絶対安定多数を確保した。共産党9議席、社民党4議席と民主党Ⅲ以外の野党は苦戦した。
(151) 他は、公明党11議席、共産党4議席、社民党2議席。

てしまったことを肌で感じ，強く危惧（きぐ）した」として，選挙戦最終盤となる 22 日，離党の意向を表明した（『読売新聞』2001 年 3 月 23 日付朝刊）。田中は民主党Ⅱによる除名処分が出された 27 日，再度会見して「民主党はあまりにも労組依存となっている。無党派の支持を受ける政党になりえない」と離党の理由を述べた（『読売新聞』2001 年 3 月 28 日付朝刊）。このように，田中の離党は知事選という外的な制度の影響によるところが大であり，その点では本書の射程を超える行動であるといわざるを得ない。

次に，2002 年 12 月 17 日に離党した山村健のケースである。山村は，鳩山代表辞任をめぐる党運営のあり方を批判し，「この党に民主主義はない」として離党を表明した（『読売新聞』2002 年 12 月 4 日付朝刊）。山村は田中甲らと連携して新党結成を目指す意向を示し（『読売新聞』2002 年 12 月 16 日付朝刊），実際 2003 年 8 月 8 日に田中と新党尊命を結党した。山村の離党は，本人の言葉を文字通り受け止めれば，党運営のあり方をめぐってのものであり，民主主義という手続き論を持ち出していることから，政策追求インセンティヴより一段上のメタレベルのインセンティヴに基づいていると考えることができる。ただし，本書ではこのようなレベルのインセンティヴは想定していないし，一般的にも非常に例外的な動機付けであるといえるだろう。本書の分析では，この行動に十分な説明を与えることは断念せざるを得ない。

民主党ⅡⅢからの離党で最も規模が大きいものは，2002 年 12 月 27 日に保守党の一部と民主党Ⅱの一部の議員が結集して保守新党を結成した際の離党である。この際には，6 名の議員が保守新党結成に参加するため，民主党Ⅱを離党している。6 名のうち，中心となったのは保守新党の代表に就任した熊谷弘であるが，熊谷は 13 日に鳩山に代わって民主党Ⅱ代表に就任した菅と距離があり，同じく菅に不満を持つ議員とともに新党構想を持ち出したとされる（『読売新聞』2002 年 12 月 14 日付朝刊）。菅への反発が離党を後押ししたことは確かであるだろうが，最も大きかったのは再選追求インセンティヴである。

熊谷自身，「野党有力幹部」と 14 日に会った際，「本音を言えば通常国会での法案対応を見て動いた方がいいかとも思うし，若手にもそういう声が出ている。ただ，来年度予算成立後に衆院解散になれば，選挙に間に合わない」（『読売新聞』2002 年 12 月 17 日付朝刊）と述べたとされ，再選追求インセ

ンティヴに基づく行動であることを認めている。与党入りして自民党との選挙協力を進め，自身の再選可能性を高めたいというところが大きかったのであろう。したがって，これは前提条件としての再選追求インセンティヴで説明できる。

最後にもう1例，明けて2003年1月16日に離党した後藤茂之のケースがある。後藤は離党の理由として，「民主党は外交，安全保障など国家の基本政策についてばらつきがありすぎる。大きな政策課題が生じた時に，的確な対応が出来ない。何でも反対という風に見られてしまう。私は保守改革を実現するという政治信条に従って活動したい」(『読売新聞』2003年1月9日付朝刊)と述べており，政策追求インセンティヴによる移動ということを強調している。実際，後藤は2001年のテロ対策特別措置法案の衆院本会議での採決で，党議に反して党内で一人だけ賛成に回り注意処分を受けた経験を持っており(『読売新聞』2003年1月6日付朝刊)，もともと民主党IIの政策的方向性に不満を持っていたと思われる。政策的許容性が強いということそれ自体に不満を示して離党する後藤のケースは，本章の議論に対して大きな疑問を投げかけるものとも考えうる。しかし，後藤の選挙区である長野4区では，自民党が次期総選挙の候補者を決めずに空白区としており，再選追求の点からも説明可能であるという点を考慮すると，政策追求がどこまで決定的なインセンティヴであったかということには疑問もある。後藤は，結局8月12日に自民党に入党した。

数例の例外は存在するものの，全体として政策的許容性が高く，政権追求期待も高い時期には凝集力が保たれるという仮説7は支持されているといえる。

■ 民主党III（2005年9月〜2009年8月）

2005年9月，いわゆる郵政解散による総選挙で，民主党IIIは113議席と改選議席からマイナス62議席と大敗し，大型国政選挙では結党以来初めて議席を減らす結果になった。これは，政権獲得期待を大幅に損なう結果であることは疑いない。一方，選挙結果を受けて岡田代表は辞任し，後任には前原誠司が選出された[152]が，政策的許容性には大きな変化があったわけではない。

---

(152) 2005年9月17日に行われた代表選で，前原96票，菅94票で前原が選

この後,2006年2月にはいわゆる偽メール事件が起き,前原は代表を辞任,同4月に小沢が民主党代表に就任した。小沢は新進党党首時代に政策的純化路線を押し進めてきたことは既に述べてきた通りであるが,民主党代表就任後はその路線を強く押し出すことはせず,融和を重視する道を選択した[153]ため,政策的許容性は小沢の代表就任をもってしても損なわれなかったのである。小沢が代表を辞任した2009年5月には,鳩山が再度後継の代表についていたが,鳩山は小沢路線を継承して政策的許容性を保ったまま同8月の総選挙に突入し,政権を奪取したのである。

　結果として,この時期に民主党Ⅲからの離党は発生していない。このことは,まずは本書の前提Ⅲによって説明される。前提Ⅲとは,以下の条件である。

前提Ⅲ　政党は,所属議員数増が自らの目的実現に資する場合に限って移動議員を受け入れる：政党は,所属議員数が安定多数に満たない場合に限り,移動議員を受け入れる。

　2005年総選挙で296議席を確保して歴史的大勝を収めた自民党は,単独で安定多数を大幅に上回る議席数を持っていたため,そもそも移動議員を受け入れるインセンティヴがない。第6章で述べたように,それでも自民党は郵政造反組の離党議員たちを2006年12月になって受け入れるのであるが,これは参院選対策に有効であるための例外的措置という側面が色濃い。これ以外に他党の離党議員を受け入れることは難しいと考えられ,民主党Ⅲ内の隠れ政権追求型アクターがたとえ離党を志しても,受け入れてくれる政党が見当たらない以上,再選追求インセンティヴの観点からも民主党Ⅲに所属し続けることになるのである。

　また,政権獲得期待という点でも,1996年総選挙後には民主党Ⅰという一定の勢力を有した政党が存在したため,新たな野党を結成した方が高い政権獲得期待を確保できるようになる可能性があった。しかし,2005年総選

　　ばれた。
(153)　この点について,例えば塩田[2007:241]は,「党の団結と統一に力点を置く小沢の姿勢は党内の小沢支持派,小沢批判派を問わず,一定の評価を得てきた」と述べている。山本[2009]も参照。

挙では民主党Ⅲの他にそのような勢力はなく，より政権獲得を期待させる新党を結成することにリアリティがなかった。

以上より，変則的ではあるが，仮説7の予測する通りの結果といえる。

7-4 おわりに

本章では，日本における「政界再編」過程において現れた二つの最大野党が，なぜ対照的な運命を辿ったのかという点に焦点を当ててきた。本章の実証分析によって，政策的許容性と政権獲得期待という二つの要因が政党の凝集力を規定していることが明らかになった。これらは，見かけ上政策追求インセンティヴを優先して行動していると想定される野党所属議員の中に，文字通りの政策追求の結果野党に所属している純政策追求型のアクターと，近い将来の政権獲得を期待して野党に所属する隠れ政権追求型アクターが存在するということに対応して見出された概念である。いうまでもなく，純政策追求型アクターをつなぎとめるのが政策的許容性であり，隠れ政権追求アクターをつなぎとめるのが政権獲得期待である。本章の議論によって，見かけ上政策追求行動として扱ってきた行動の中に，二種類の行動が紛れ込んでいることも明らかになったといえる。

さらに，日本における「政界再編」における大きなパズルである，新進党と民主党ⅡⅢという二つの最大野党の異なる運命についても，新進党は，党首に就任した小沢一郎の政策的純化路線が解党の原因を作ったのに対して，民主党ⅡⅢは，政策的旗幟を曖昧にすることで凝集力を保つという逆説の中で生き長らえてきたことが判明した。かつて新進党で政策的純化路線を推し進めた当の本人である小沢が，民主党の代表としては必ずしもその点に以前のような強いこだわりを見せず，結果として民主党の凝集力が保たれた点からも，このことは明らかである。

また，本章と第6章と合わせて見ることで，さらに見えてくることがある。それは，「政界再編」によって，特にベテラン議員については，自民党に政権追求アクター，民主党ⅡⅢに政策追求アクターがそれぞれ集ったといえるのではないか，ということである。新進党には隠れ政権追求型のアクターも所属していたが，これは新進党が解党に至る過程において自民党へと集約されていった。結果として，新進党の後を継いで最大野党となった民主党ⅡⅢ

には，政策追求アクターだけが残ったと考えられる。

　このように考えることで，日本における「政界再編」が政党システムにどのような影響を与えたのかを議論することができ，今後起こりうる再編の可能性と方向性についても，一定の示唆を与えることができるようになる。この点について，次章で詳しく説明することで，本書全体の結論としたい。

第8章
結　論

　本書は，1993年以降の日本を対象に，衆院議員の政党間移動に焦点を当てて分析を加えてきた。本章では，その分析の政治学的意義について改めて述べるとともに，日本の「政界再編」とは何であったかという問いに対して，一つの視座を示すことで，本書全体のまとめとしたい。

　本書は，連合理論を政党間移動研究に応用したアプローチに新しい理論的視座を加え，政党間移動の実証分析として，かつてないほどの大規模のデータを包括的に分析したものである。
　選挙の結果をスタート地点として，どのような政党の組み合わせで連立政権が生まれるかを理論的に予測するモデルである連合理論は，「政党」の連合体としての「政権」の凝集力を測定するモデルでもある。このモデルから，「議員」の連合体としての「政党」の凝集力が測定できるのではないか，というコロラリーが導かれる。そして，その先にある「政党」の連合のありようを同じモデルで分析できることで，政党の離合集散が活発に起こった「政界再編」過程を，一つのモデルでつないで説明することが可能になったのである。ここに，本書の理論的な新しさがある。
　また，本書第5章の分析によって，政治学の分析において政治家の行動目的として一般に前提されることが多い「再選追求」だけでは，政党間移動のインセンティヴを明らかにすることは難しいことが判明した。無論，このことは再選追求目的が重要でないということを意味するものではなく，その重要性は依然として大きい。しかし，それだけでは「政界再編」の全体像をとらえることは難しい。本書は，政党間移動の分析によって，その点を実証した。

さらに本書では，1993年以降の日本を分析対象としたことで，極めて大規模で活発な政党の離合集散現象を視野にとらえることとなった。そのことは，連合理論を応用して政党間移動を分析することの妥当性について検証する上で，多数のnを確保することにも直結した。

　その上で本書では，連合理論が，政治家の行動目的として，政権追求と政策追求という二つの目的を仮定してモデルを作成していることに着目した。政権追求モデルと政策追求モデルを組み合わせることで，アクターの多様性をモデルに組み込んで説明することが可能になると仮定したのである。すなわち，この二つの目的をそれぞれ優先するアクターの混在を想定することで，移動先の政党の性格が推察でき，そのことが引いては「政界再編」の意義を説明することにつながると考えたのである。

　そこから得られた知見として，第4章では，議会過程において埋め込まれている政治制度によって，特定の目的を優先する議員の行動が刺激される，ということが示された。第6章では，「政界再編」の主に与党側の主役である自民党に着目して，そこから離党する議員は，離党のタイミングによってその後の行動が変化するということを示すことで，第4章で検討した議論が選挙間のサイクルを超えても成り立つことを明らかにした。第7章では，日本の「政界再編」において，自民党に対抗する野党陣営の再編についての試行錯誤が行われたことに着目して，その要因を探った。具体的には，新進党と民主党という二つの政党の命運がなぜ対照的なものとなったのかという点について，議員をつなぎとめる政党の戦術に差異があったということから説明した。新進党は政策的旗幟を鮮明にすることで求心力を確保しようとしたが，これに反対する政策を掲げる議員の離党を促し，逆効果となったのに比べ，民主党ⅡⅢは，政策を敢えて曖昧にすることで，幅広い政策ウイングを持つ議員を党内につなぎとめることに成功したのである。

　これらにより，前提を一律に仮定したのでは政治家の政党間移動行動を説明することができず，二つの目的をそれぞれ優先する政治家が混在しているという前提で分析することの重要性が示された。また，政党の側が何に配慮すれば議員をつなぎとめられるのかという点についても，一つの方向性が明らかとなった。これらはいずれも，連合理論の知見を分析に応用したことで初めて分かったことであり，ここに本書の理論的な貢献があるといえる。

　次に，日本における「政界再編」の分析として，本書がどのような意義を

持つのであろうか。

　1993年以降の日本政治を考えたとき，いわゆる「政界再編」は世間の耳目を集める政治現象の一つであった。しかしながら，これまでその意味について，連合理論のような一貫した視座から分析が加えられてきたことは稀である。2009年総選挙で民主党Ⅲが大勝を収めたことで，大規模な「政界再編」の芽は萎んだかに見えるが，この先もずっとそうである保証はどこにもなく，現に選挙と選挙の間に新しい政党が作られるケースは依然続いている。2009年総選挙以降も，自民党を離党した議員などが中心となって，たちあがれ日本や新党改革といった新党が相次いで結成されている。ただ，10年以上に及ぶ「政界再編」期を経て政権交代が起こったこの時点で，既に起きた「政界再編」についてその政治学的意味を明らかにしておくことは，意義ある作業であるといえよう。

　本書の分析は，議員の政党間移動に対応する，自民党と最大野党の戦略の相違と，それによってもたらされる両党間の競合関係と政党競争のダイナミズムに焦点をあてたものである。

　1955年以来38年間にわたって政権の座を維持してきた自民党の分裂と下野は，政治改革という特定の政策課題をめぐる対立から引き起こされた。下野した自民党からは，政権追求を優先する議員たちの離党が相次いだが，約10ヶ月で非自民党政権が崩壊し，自民党が政権に復帰したことで，この流れが逆転する。

　すなわち，非自民の政党の側に移動した政権追求型の議員が，所属政党の下野によって自民党への移動を画策するようになったのである。単独では過半数に及ばなかった自民党の側も，こうした潜在的な離党予備軍を勧誘する動きを見せた。しかし，政治改革によって選挙制度が変更され，それに対応する形で自民党に対抗する勢力が結集して新進党が出来たことで，新選挙制度下で新進党が政権を獲得することへの期待も一定程度維持されることになった。これには，新進党が旧公明党勢力の一部を抱えていたため，創価学会の組織票が見込め，選挙において有利に戦えるという期待が共有されていたことも大きいだろう。よって，1996年の総選挙までは，新進党の凝集力も保たれていた。

　しかし，1996年の総選挙の直前に民主党Ⅰが結成され，野党陣営が分裂していたことも影響し，総選挙は自民党の勝利に終わった。これによって当

面政権の座につく期待が失われ，新進党内の政権追求型議員が一気に動きを見せるようになる。それが，総選挙直後から1997年にかけて相次いだ新進党議員の自民党への移動である。新進党党首の小沢一郎は，それに対処するために，政策的な旗印を立てて純化を図ろうとしたが，それは逆に異なる政策志向を持つ所属議員の反発を招く結果となり，かえって離党者を増やし，ついに1997年末には結党から3年余りで解党されることとなった。

　新進党に代わり，最大野党の座についたのは民主党ⅡⅢであった。民主党ⅡⅢは，末期の新進党とは対照的に政策的な旗印を曖昧にすることで，雑多な出身政党の議員を吸収し，また公明党Ⅱの政権参画以降は，小選挙区制の下で唯一自民党に対抗できる勢力となった。さらに，元来小勢力からスタートしたこともあって，国政選挙のたびに議席を増やし続けて，政権を担いうる政党であるという期待を高めていったのである。これは，国民的人気の高い小泉政権の発足や，それまで政策的純化を志向してきた小沢率いる自由党との合併（2003年）によっても変わらず，2005年の総選挙こそ大敗したものの，目立った分裂もなく凝集力を維持し続けている。2006年4月にはかつて新進党の解党を決定した小沢が代表に就任したが，小沢はここでは政策的純化を押し進めることはなく，野党第一党として勢力を保ったまま，2007年参院選に勝利し，代表が鳩山由紀夫に代わった2009年，ついに自民党を破って政権交代を果たしたのである。

　これらの観察から，2009年総選挙の前までに，自民党はますます「与党である」ことが凝集力の源泉になり，一方の民主党は，政策的にバラバラの議員を抱え込めるだけの許容性を備えているがゆえに凝集力を保ってきたという逆説が浮き彫りになる。

　自民党は，政治改革をめぐる対立の中で，政策志向の強い議員を多数離党させることになった。後に，離党議員のうちの少なくない議員が復党したものの，それはもともと与党志向が強い議員に限られていて，まさしく与党であるがゆえに凝集力が保たれてきたのである。2005年総選挙で大勝して，所属議員を大幅に増やしたことも，この傾向に拍車をかけた。

　対する民主党は，はっきりした政策路線を敢えて打ち出さないことで，凝集力を維持してきた。当の執行部にその重要性がどこまで認識されていたかという点は本書の分析から明確に結論づけることはできない。しかしながら，

民主党のリーダーシップのあり方を観察した場合，独自の政策路線に固執し，新進党を解党するきっかけを作った小沢一郎が，民主党ではより柔軟な対応に行うようになったことは明らかである[154]。また，小選挙区制中心の選挙制度の中で，包括政党たる自民党に対抗するためには，幅広い政策ウイングの議員を抱えておいた方が有利ということもあり，事実 2005 年を除く国政選挙で議席増を重ねてきたのである。

このように民主党は，新進党と同様に，移動議員を受け入れることで政党のサイズを拡大する戦略をとってきたが，新進党とは異なり大規模な分裂に見舞われることはなかった。民主党の凝集性が，上に述べたような政策的許容性と政権獲得期待の維持によってもたらされたことは，本書の政党間移動データから見た分析によって明らかである。民主党は，政策がバラバラであるがゆえに，一つの政党であり続けてきたという逆説的な野党であったのである。

本書の分析から明らかとなった「政界再編」とは，包括政党でほぼ一貫して政権政党でもある自民党が，政権志向の強い移動議員を積極的に受け入れて政権基盤を確立・強化しようとしたのに対し，最大野党が，一方では選挙に勝つために出来る限り広範な政党間移動議員を受け入れようとし，他方それに比例して高まる分裂リスクをいかにして回避するかの模索を続けた歴史だったのである。

最後に，本書の限界についても触れておかねばならないだろう。本書が政党間移動という現象を分析してきた以上，移動しなかった議員について何らかの説明を見出すには至っていない。しかし，この点に着目することは，同時に将来起こりうる再編のあり方について，一つの具体的な可能性を指摘することでもある。

確かに，1993 年以降の「政界再編」を潜り抜けた議員がほとんどを占める現在の民主党と自民党の幹部クラスのベテラン議員については，本書の分析からすると，民主党は政策追求，自民党は政権追求というそれぞれの目的に合致したインセンティヴに基づいて現在の所属政党を選択してきた傾向が

---

(154) この点については，稿を改めて詳細に検討した著者の論考がある（山本 [2009]）。

確認できる。しかし，自民党と民主党が対峙するという競争の構図が明確化した後，2000年総選挙以降に当選してきた若手議員については，直近の選挙において有利になるのはどちらかという視点のみで所属政党が選択されている場合が少なくないはずであり，これは，民主党の中にも自民党の中にも，ベテランと若手の間で矛盾した目的を抱えた議員が同じ政党に存在していることを意味する。その極端な例として，2005年総選挙で誕生した「小泉チルドレン」や，2009年総選挙で大量に当選した「小沢ガールズ」を挙げることができるだろう。その時々の政治状況によってその行動が左右される，こうした当選回数の少ない議員が，今後の政党の離合集散の一つのきっかけを与える可能性は否定できないように思われる。

つまり，移動議員の受け入れによって政党のサイズを拡大するという戦略が，与野党双方において経験として蓄積されてきた日本のケースは，ひとたびそれが可能な状況が生まれると，政党システムの不安定化をもたらす可能性がある。

2009年総選挙は，民主党が308議席という大勝を収めたため，民主党の側に自民党からの移動議員を受け入れるインセンティヴは乏しい。そうした状況では，いかに自民党議員の中に政権追求志向の強い議員がいたとしても，政党を移動するのは困難であると予想される。このため，たとえ消極的ではあれ自民党の凝集力は少なくとも一時的には維持されるであろう。だが，自民党の苦境が長期化すれば，政権獲得期待が損なわれ，分裂の火種は高まることになる。既に2010年になって，支持率の低迷が続く中，たちあがれ日本や新党改革といった新党が自民党から分裂する形で結成されたのは，その現れとみることができる。

一方，政権を獲得した民主党にとっても，これまで曖昧にしてきた政策について何らかの旗幟を鮮明にすることが求められることが予想され，それは幅広い政策ウイングの議員を抱え込んできた民主党にとって，分裂リスクに直面することを意味する。

こうした両者の動きが結び付いたとき，新たな「政界再編」へとつながる可能性は否定できない。特に，総選挙の結果が拮抗したとき，このような道が開けやすいだろう。

政権交代可能な二大政党制が一つの理想として喧伝され，結果的に二大勢力化を促しやすい選挙制度へと変更が図られた政治改革から15年あまりが

経ち，日本の政党政治は民主党と自民党という二大勢力が対峙する形となった。しかし，既に述べてきたように，細かな政党間移動は依然として跡を絶たず，民主党と自民党の二大政党も，それぞれ不安定性を内包している。2005年の自民党，2009年の民主党と，総選挙での二大政党の圧勝が続いたことで，ひとたび落ち着いたかに見える「政界再編」それ自体が，新たな再編に向けての不安定性を埋め込むことになった。すなわち，「政界再編」は未だ道半ばなのである。

引用・参考文献

『朝日新聞』
『読売新聞』
『日本経済新聞』
『国会便覧』各号.

朝日新聞政治部 [1991]『小沢一郎探検』朝日新聞社.
朝日新聞政治部 [1993]『政界再編』朝日新聞社.
朝日新聞政治部 [1994]『連立政権回り舞台』朝日新聞社.
五百旗頭真・伊藤元重・薬師寺克行編 [2006a]『90年代の証言　小沢一郎：権力奪取論』朝日新聞社.
五百旗頭真・伊藤元重・薬師寺克行編 [2006b]『90年代の証言　宮澤喜一：保守本流の軌跡』朝日新聞社.
五百旗頭真・伊藤元重・薬師寺克行編 [2007]『90年代の証言　森喜朗：自民党と政権交代』朝日新聞社.
五百旗頭真・伊藤元重・薬師寺克行編 [2008a]『90年代の証言　野中広務：権力の興亡』朝日新聞社.
五百旗頭真・伊藤元重・薬師寺克行編 [2008b]『90年代の証言　菅直人：市民運動から政治闘争へ』朝日新聞社.
石川真澄 [1995]『戦後政治史』岩波書店.
伊藤惇夫 [2003]『政党崩壊：永田町の失われた十年』新潮社.
伊藤光利 [1996]「自民下野の政治過程：多元的イモビリズムによる合理的選択」『年報政治学 1996：55年体制の崩壊』岩波書店.
今井亮佑 [2000]「再選戦略としての自民党入党行動：96年総選挙前後の自民党入党議員を題材に」東大法・蒲島郁夫ゼミ編『現代日本の政治家像　第Ⅰ巻』木鐸社.
岩崎正洋 [1999]『政党システムの理論』東海大学出版会.
ウェーバー，マックス，脇圭平訳 [1919=1980]『職業としての政治』岩波文庫（初版ドイツ語）.
内田健三・早野透・曽根泰教編著 [1994]『大政変』東洋経済新報社.
内山融 [2005]「『熱病』の時代：政治改革・行政改革の論理と帰結」『国際社会科学』54号.
大嶽秀夫 [1995a]「自民党若手改革派と小沢グループ：『政治改革』を目指した二つの政治勢力」『レヴァイアサン』17号.
大嶽秀夫 [1995b]「政界再編と政策対立：新党による政策対立軸再構築の模索」『レヴァイアサン』臨時増刊.
大嶽秀夫編 [1997]『政界再編の研究：新選挙制度による総選挙』有斐閣.

大山礼子 [1997]『国会学入門』三省堂.
岡沢憲芙 [1988]『現代政治学叢書 13　政党』東京大学出版会.
岡田克也 [2008]『政権交代：この国を変える』講談社.
小沢一郎 [1993]『日本改造計画』講談社.
小沢一郎，小林泰一郎構成 [1996]『語る』文藝春秋.
小沢一郎 [1999]「日本国憲法改正試案」『文藝春秋』9 月特別号.
小沢一郎・菅直人 [2003]『政権交代のシナリオ：「新しい日本」をつくるために』PHP 研究所.
小沢一郎・横路孝弘 [2004]「日本の安全保障，国際協力の基本原則」横路孝弘ホームページ.
　URL：http://www.yokomichi.com/monthly_message/2004.03.19.htm
小沢一郎 [2006a]『小沢主義：志を持て，日本人』集英社インターナショナル.
小沢一郎 [2006b]『剛腕維新』角川書店.
海江田万里 [1996]『僕が小沢政治を嫌いなほんとの理由』二期出版.
鹿毛利枝子 [1997]「制度認識と政党システム再編」大嶽秀夫編『政界再編の研究：新選挙制度による総選挙』有斐閣，303-338 ページ.
加藤淳子・マイケル，レイヴァー，福島啓之訳 [1998]「政権形成の理論と 96 年日本の総選挙」『レヴァイアサン』22 号.
蒲島郁夫 [1994]「新党の登場と自民党一党優位体制の崩壊」『レヴァイアサン』15 号.
川人貞史 [1996]「シニョリティ・ルールと派閥」『レヴァイアサン』臨時増刊.
川人貞史 [2005]『日本の国会制度と政党政治』東京大学出版会.
川人貞史・吉野孝・平野浩・加藤淳子 [2001]『現代の政党と選挙』有斐閣.
木村敬 [1998]「93 年総選挙前後における「離党行動」の合理性についての一考察：選挙戦略と支持基盤の特性に基づいて」東大法・蒲島郁夫ゼミ編『「新党」全記録　第Ⅲ巻』木鐸社.
河野勝 [1995]「93 年の政治変動：もう一つの解釈」『レヴァイアサン』17 号.
佐々木毅編著 [1999]『政治改革 1800 日の真実』講談社.
佐藤誠三郎・松崎哲久 [1986]『自民党政権』中央公論社.
塩田潮 [1996]『一龍の歯軋り：連立政権・一〇〇〇日の攻防』KK ベストセラーズ.
塩田潮 [2007]『民主党の研究』平凡社.
品田裕 [2002]「政党配置：候補者公約による析出」樋渡展洋・三浦まり編『流動期の日本政治』東京大学出版会.
島田裕巳 [2007]『公明党 vs. 創価学会』朝日新聞社.
鈴木棟一 [1994]『永田町大乱：政権の簒奪』講談社.
鈴木棟一 [1995]『永田町大乱 2：政治権力の崩壊』講談社.
鈴木棟一 [1997]『永田町大乱 3：甦る自民党政治』講談社.
鈴木棟一 [1998]『永田町，実力者たちの興亡：①強者なき抗争』講談社.

鈴木棟一 [2001]『永田町の暗闘　小泉は日本を変えられるか』ダイヤモンド社.
鈴木棟一 [2003]『永田町の暗闘　日本を裏切った政治家たち』ダイヤモンド社.
竹中治堅 [2006]『首相支配：日本政治の変貌』中央公論新社.
武村正義 [2006]『私はニッポンを洗濯したかった』毎日新聞社.
田崎史郎 [2000]『竹下派死闘の七十日』文藝春秋社（初出：大家清二『経世会死闘の七十日』講談社，1995 年）.
田崎史郎 [2004]『梶山静六　死に顔に笑みをたたえて』講談社.
建林正彦 [2002]「自民党分裂の研究：93 年の自民党分裂と 90 年代の政党間対立」『社会科学研究』第 53 巻 2・3.
建林正彦 [2004]『議員行動の政治経済学：自民党支配の制度分析』有斐閣.
建林正彦・増山幹高 [2002]「自民党分裂の生存分析」2002 年度現代日本政治研究会報告書.
田原総一朗 [2000]『頭のない鯨：平成政治劇の真実』朝日新聞社.
デュヴェルジェ, モーリス, 岡野加穂留訳 [1954=1970]『政党：現代政党の組織と活動』潮出版社（初版フランス語）.
東大法・蒲島郁夫ゼミ編 [1998]『「新党」全記録：第 I 巻　政治状況と政党』木鐸社.
東大法・蒲島郁夫ゼミ編 [2000]『現代日本の政治家像　第 II 巻』木鐸社.
成田憲彦 [1997]「「政治改革の過程」論の試み：デッサンと証言」『レヴァイアサン』20 号.
野中尚人 [2008]『自民党政治の終わり』筑摩書房.
パーネビアンコ, アンジェロ, 村上信一郎訳 [1982=2005]『政党：組織と権力』ミネルヴァ書房（初版イタリア語）.
パク, チョルヒー [2000]『代議士のつくられ方：小選挙区の選挙戦略』文藝春秋社.
馬場康雄・岡沢憲芙編 [1999]『イタリアの政治：「普通でない民主主義国」の終り？』早稲田大学出版部.
平野貞夫 [1996]『小沢一郎との二十年：「政界再編」舞台裏』プレジデント社.
平野貞夫 [1998]『自由党の挑戦：このままの日本でよいと思いますか』プレジデント社.
平野貞夫 [2006]『虚像に囚われた政治家　小沢一郎の真実』講談社.
樋渡展洋・三浦まり編 [2002]『流動期の日本政治』東京大学出版会.
待鳥聡史 [2000]「緑風会の消滅過程：合理的選択制度論からの考察」水口憲人・北原鉄也・久米郁男編著『変化をどう説明するか：政治編』木鐸社.
待鳥聡史 [2002]「参議院自民党と政党再編」『レヴァイアサン』30 号.
ミヘルス, ロベルト, 森博・樋口晟子訳 [1911=1990]『現代民主主義における政党の社会学：集団活動の寡頭制的傾向についての研究』木鐸社（初版ドイツ語）.
三宅一郎 [1989]『現代政治学叢書 5　投票行動』東京大学出版会.
三宅一郎 [2001]『選挙制度改革と投票行動』木鐸社.

向大野新治 [2002]『衆議院：そのシステムとメカニズム』東信堂.
メア・ピーター，阪野智一 [1998]「日本における政界再編の方向：一党優位政党システムの変容それとも再生？」『レヴァイアサン』22 号.
山岸章 [1995]『「連立」仕掛人』講談社.
山口二郎・生活経済政策研究所編 [1997]『連立政治・同時代の検証』朝日新聞社.
山本健太郎 [2004]『合理的選択としての政党移動：旧羽田派・新生党グループの実証分析を通じて』東京大学大学院総合文化研究科国際社会科学専攻修士論文.
山本健太郎 [2009]「小沢一郎と政界再編：『政策』と『政局』のはざまで」御厨貴編『日本政治の変貌』勁草書房.
読売新聞政治部 [2008]『真空国会：福田「漂流政権」の深層』新潮社.
龍崎孝 [1993]『小沢一郎の逆襲』サンドケー出版局.
レイヴァー，マイケル・加藤淳子，林光訳 [2001]「政権の形成と政党交渉力決定構造：1990 年代の日本の事例をめぐって」『レヴァイアサン』29 号.

Aldrich, J., 1995. *Why Parties?: The Origin and Transformation of Political Parties in America*, Chicago, University of Chicago Press.
Axelrod, R., 1970. *Conflict of Interest*, Chicago: Markham Publisher.
Banzhaf, J. F. Ⅲ., 1965. "Weighted Voting Doesn't Work: a Mathematical Analysis," *Rutgers Law Review*, 19: 317-43.
Cox, G. W., and F. M. Rosenbluth, 1995. "Anatomy of a Split: the Liberal Democrats of Japan," *Electoral Studies*, Vol. 14, 355-376.
Cox, G., F. Rosenbluth and M. Thies, 1999. "Electoral Reform and the Fate of Factions: The Case of Japan's Liberal Democratic Party," *British Journal of Political Science*, Vol. 29, 33-56.
Cowhey, P. F., and M. D. McCubbins (eds.), 1995. *Structure and Policy in Japan and United States*, Cambridge: Cambridge University Press.
Curtis, G. L., 1999. *The Logic of Japanese Politics: Leaders, Institutions, and the Limits of Change*, New York: Columbia University Press.（野中ともよ訳『永田町政治の興亡』新潮社，2001 年.）
Desposato, S. W., 2006. "Parties for Rent?: Ambition, Ideology, and Party Switching in Brazil's Chamber of Deputies," *American Journal of Political Science*, Vol. 50, No. 1, 62-80.
De Swaan, A., 1973. *Coalition Theories and Cabinet Formations*, Amsterdam: Elsevier Scientific Pub. Co.
Downs, A., 1957. *An Economic Theory of Democracy*, New York: Harper and Row.（古田精司監訳『民主主義の経済理論』成文堂.）
Fenno, R., 1973. *Congressmen in Committees*, University of California Institute of

Technology.

Heller, W. and C. Mershon (eds.), 2009. *Political Parties and Legislative Party Switching*, Palgrave Macmillan.

Karvonen, L. and S. Kuhnle, 2000. *Party Systems and Voter Alignments Revisited*, Routledge.

Kato, J., 1998. "When the Party Breaks Up: Exit and Voice among Japanese Legislators," *American Political Science Review*, Vol. 92, 857-870.

Kato, J. and M. Laver, 2003. "Policy and Party Competition in Japan after the Election of 2000," *Japanese Journal of Political Science*, Vol. 4, 121-133.

Kato, J. and K. Yamamoto, 2009. "Competition for Power: Party Switching and Paty System Change in Japan," Heller, W. and C. Mershon (eds.), *Political Parties and Legislative Party Switching*, Palgrave Macmillan, 233-263.

Kohno, M., 1997, *Japan's Postwar Party Politics*, Princeton: Princeton University Press.

Kohno, M., 2001. "Why Didn't the Japanese Socialists Moderate Their Policies Much Earlier to Become a Viable Alternative to the Liberal Democratic Party?," in B. Grofman (eds.), *Political Science as Puzzle Solving*, Ann Arbor: The University of Michigan Press, 65-84.

Krauss, E. S., and Robert Pekkanen, 2004. "Explaining Party Adaptation to Electoral Reform: The Discreet Charm of the LDP?" *Journal of Japanese Studies*, Vol. 30. 1-34.

Laver, M. and K. A. Shepsle, 1996. *Making and Breaking Governments*, New York: Cambridge University Press.

Laver, M., K. Benoit and J. Garry, 2003. "Extracting Policy Positions from Political Texts Using Words as Date," *American Political Science Review*, Vol. 97, 3111-331.

Laver, M. and N. Schofield, 1990. *Multiparty Government*, Ann Arbor: University of Michigan Press, first published by Oxford University Press.

Leiserson, M., 1968. "Factions and Coalitions in One-Party Japan: An Interpretation Based on the Theory of Games," *American Political Science Review*, Vol. 62, 770-787.

Lipset, S., and S. Rokkan (eds.), 1967. *Party Systems and Voter Alignments: Cross-National Perspectives*, New York: Free Press.

Mair, P. (eds.), 1990. *The West European Party System*, Oxford: Oxford University Press.

Mair, P., 1997. *Party System Change: Approaches and Interpretations*, Oxford: Oxford University Press.

Mayhew, David, 1974. *Congress: The Electoral Connection*, New Haven: Yale University Press.

Mershon, C., and W. B. Heller, 2004. "Theoretical and Empirical Models of Party Switching," Memo Prepared for the Dublin Meeting of the Research Work Group on Legislative Party Switching, Trinity College, 4-8 July 2004.

Mershon, C., and O. Shvestova, 2005. "Electoral Cycles and Party Switching: Opportunistic Partisan Realignment in Legislatures," Party Switching Research Group Workshop; Charlottesville, VA. July 10-14 2005.

Mershon, C., and O. Shvestova, 2009. "Timing Matters: Incentives for Parety Switching and Stages of Parliamentary Cycles," Heller, W. and C. Mershon (eds.), *Political Parties and Legislative Party Switching*, Palgrave Macmillan, 201-229.

Park, C. H., 2001. "Factional Dynamics in Japan's LDP since Political Reform - Continuity and Change," *Asian Survey*, Vol. 41, 428-461.

Pedersen, M., 1979. "The Dynamics of European Party Systems: Changing Patterns of Electoral Volatility," *European Journal of Political Research*, Vol. 7, No.1, 1-26.

Ramseyer, M., and F. M. Rosenbluth, 1993, *Japan's Political Marketplace*, Cambridge: Harvard University Press. (加藤寛監訳『日本政治の経済学：政権政党の合理的選択』弘文堂, 1995 年.)

Reed, S., 2002. "Evaluating Political Reform in Japan: A Midterm Report," *Japanese Journal of Political Science*, Vol. 3, 243-263.

Reed, S. and E. Scheiner, 2003. "Electoral Incentives and Policy Preferences: Mixed Motives Behind Party Defection in Japan," *British Journal of Political Science*, Vol. 33, 469-490.

Riker, W., 1962. *The Theory of Political Coalitions*, New Heaven: Yale University Press.

Sartori, G., 1976. *Parties and Party System: A Framework for Analysis*, Cambridge: Cambridge University Press. (岡沢憲芙・川野秀之訳 [2000]『現代政党学：政党システム論の分析枠組み』早稲田大学出版部.)

Shamir, M., 1984. "Are Western Party Systems "Frozen"?: A Comparative Dynamic Analysis," *Comparative Political Studies*, Vol. 17, No.1, 35-79.

Shapley, L.S., and M. Shubik, 1954. "A Method for Evaluating the Distribution of Power in a Committee System," *American Political Science Review*, Vol. 48, 787-92.

Strøm, K., 1990a. "A Behavioral Theory of Competitive Political Parties," *American Journal of Political Science*, Vol. 34, No.2, 565-598.

Strøm, K., 1990b. *Minority Government and Majority Rule*, Cambridge: Cambridge University Press.

巻末資料1　本書で取り扱う「政党」一覧

* 項目ごとに五十音順。
* 分類基準は以下の通り。
   (基準1) 期間中の衆参両院の選挙（補選含む）において公認候補を立てた政党
   (基準2) 政党助成金を受けた政党
   (基準3) 「新党」であることを内外に向けて表明し，マスメディアによって政党として取り扱われている政党

・(基準1) もしくは (基準2) に該当（特に明記しない場合を除き，両方の基準を満たしている）

改革クラブ（1998年1月から2002年）
改革クラブ（新）（2008年9月から）
共産党：(基準1) のみ
公明党[155]（Ⅰ期：1994年12月まで）
公明党（Ⅱ期：1998年11月から）
国民新党（2005年8月から）
参議院クラブ：(基準2) のみ
市民リーグ（1995年12月から1996年9月まで）：(基準2) のみ
社会党（1996年1月から社会民主党に党名変更）
社会民主連合（1994年5月まで）：(基準1) のみ
自由党[156]（1998年1月から2003年9月まで）
自由民主党
自由連合（「自由の会」と改称期間あり）
新社会党（1996年1月から）
新進党（1994年12月から1997年12月まで）
新生党（1993年6月から1994年12月まで）：(基準1) のみ
新党さきがけ（1993年6月から2002年1月まで）
新党尊命（2001年6月から2003年11月まで）：(基準1) のみ

---

[155] 公明党は，1994年12月に新進党に合流するまでと，1998年11月に再結成されて以降の二度登場する。本書では，1994年12月までを公明党Ⅰ，1998年11月以降を公明党Ⅱと表記し，両者を区別する。

[156] 自由党については，1994年4月から12月までの期間に柿沢弘治を代表とする全く同名の政党が存在していた。これと区別するため本書では，柿沢代表の自由党を「自由党（旧）」，小沢一郎を党首とする自由党を「自由党」と表記する。

新党日本（2005年8月から）
新党平和（1998年1月から1998年11月まで）：（基準2）のみ
新党友愛（1998年1月から1998年4月まで）：（基準2）のみ
スポーツ平和党：（基準1）のみ
第二院クラブ
太陽党（1996年12月から1998年1月まで）：（基準2）のみ
日本新党（1994年12月まで）：（基準1）のみ
平和・市民：（基準2）のみ
フロムファイブ（1997年12月から1998年1月まで）：（基準2）のみ
保守新党（2002年12月から2003年11月まで）
保守党（2000年4月から2002年12月まで）
民社党（1994年12月まで）：（基準1）のみ
民主改革連合（1999年4月まで）
民主党[157]（Ⅰ・Ⅱ期共。Ⅱ期は1998年4月から）
みんなの党（2009年8月から）
無所属の会（1999年12月から2004年6月まで）

・（基準3）に該当
（参院）公明[158]（1994年12月から1998年11月まで）
公明新党（1994年12月）
国民の声（1998年1月）
自由党（旧）（1994年4月から1994年12月まで）
新党みらい（1994年4月から1994年12月まで）
民政党（1998年1月から1998年4月まで）
黎明クラブ（1998年1月）

・本書において「政党」とはみなさない主な会派（複数の政党が合併した「統一会派」を除く）[159]

---

(157) 民主党は，1996年9月の結党以来，二度にわたる大規模な吸収合併を行っている。一度目は1998年4月に民政党，新党友愛と行った合併であり，二度目は2003年9月に自由党と行った合併である。本書ではこれらを区別するため，1996年9月から1998年4月までを民主党Ⅰ，1998年4月から2003年9月までを民主党Ⅱ，2003年9月以降を民主党Ⅲと表記する。
(158) 公明党ⅠおよびⅡと区別するため，参院公明と表記する。
(159) 本書の分析期間において，統一会派で（基準1）から（基準3）を満たすものはもとより存在しないため，ここでは敢えて列挙することはせず，一律政

改革の会（1994 年 1 月から 1994 年 7 月まで）
グループ青雲（1994 年 4 月から 1994 年 7 月まで）
護憲リベラル（1994 年 9 月から 1995 年 6 月まで）
参議院フォーラム（1995 年 9 月から 1996 年 12 月まで）
自由改革連合（1994 年 7 月から 1994 年 12 月まで）
高志会（1994 年 7 月から 1994 年 7 月まで）
21 世紀（1996 年 10 月から 1997 年 8 月まで）
21 世紀クラブ（2000 年 7 月から 2001 年 12 月まで）
民主の風（1994 年 5 月から 1994 年 7 月まで）

党としては扱わないという意である。将来的に，統一会派が比例区選挙において統一した名簿を作成するようなケースも考えられるが，その場合は議員が比例区選出か選挙区選出かを区別して「政党」を定義しなおす必要が生じる可能性はある。

巻末資料2　全政党間移動記録

■　期間 I

期間	日時	氏名	移動前	移動後	パターン		
R-1	1993/6/18	鳩山邦夫	自民	無所属	G	I	
	1993/6/18	井出正一	自民	さきがけ	G	0	n
	1993/6/18	岩屋毅	自民	さきがけ	G	0	n
	1993/6/18	佐藤謙一郎	自民	さきがけ	G	0	n
	1993/6/18	園田博之	自民	さきがけ	G	0	n
	1993/6/18	武村正義	自民	さきがけ	G	0	n
	1993/6/18	田中秀征	自民	さきがけ	G	0	n
	1993/6/18	渡海紀三朗	自民	さきがけ	G	0	n
	1993/6/18	鳩山由紀夫	自民	さきがけ	G	0	n
	1993/6/18	三原朝彦	自民	さきがけ	G	0	n
	1993/6/18	簗瀬進	自民	さきがけ	G	0	n
	1993/6/22	羽田孜	自民	新生	G	0	n
	1993/6/22	小沢辰男	自民	新生	G	0	n
	1993/6/22	小沢一郎	自民	新生	G	0	n
	1993/6/22	奥田敬和	自民	新生	G	0	n
	1993/6/22	左藤恵	自民	新生	G	0	n
	1993/6/22	佐藤守良	自民	新生	G	0	n
	1993/6/22	渡部恒三	自民	新生	G	0	n
	1993/6/22	愛野興一郎	自民	新生	G	0	n
	1993/6/22	石井一	自民	新生	G	0	n
	1993/6/22	愛知和男	自民	新生	G	0	n
	1993/6/22	中島衛	自民	新生	G	0	n
	1993/6/22	中西啓介	自民	新生	G	0	n
	1993/6/22	畑英次郎	自民	新生	G	0	n
	1993/6/22	船田元	自民	新生	G	0	n
	1993/6/22	熊谷弘	自民	新生	G	0	n
	1993/6/22	木村守男	自民	新生	G	0	n
	1993/6/22	二階俊博	自民	新生	G	0	n
	1993/6/22	粟屋敏信	自民	新生	G	0	n
	1993/6/22	井上喜一	自民	新生	G	0	n
	1993/6/22	魚住汎英	自民	新生	G	0	n
	1993/6/22	岡島正之	自民	新生	G	0	n
	1993/6/22	北村直人	自民	新生	G	0	n
	1993/6/22	古賀正浩	自民	新生	G	0	n
	1993/6/22	杉山憲夫	自民	新生	G	0	n
	1993/6/22	高橋一郎	自民	新生	G	0	n

202

期間	日時	氏名	移動前	移動後	パターン		
	1993/6/22	仲村正治	自民	新生	G	0	n
	1993/6/22	前田武志	自民	新生	G	0	n
	1993/6/22	松田岩男	自民	新生	G	0	n
	1993/6/22	村井仁	自民	新生	G	0	n
	1993/6/22	藤井裕久	自民	新生	G	0	n
	1993/6/22	井奥貞雄	自民	新生	G	0	n
	1993/6/22	岡田克也	自民	新生	G	0	n
	1993/6/22	金子徳之介	自民	新生	G	0	n
	1993/6/22	星野行男	自民	新生	G	0	n
	1993/6/22	増田敏男	自民	新生	G	0	n
	1993/6/22	松浦昭	自民	新生	G	0	n
	1993/6/28	沢田広	社会	無所属	0	I	

■ 期間 II

期間	日時	氏名	移動前	移動後	パターン			無所属期間前後の所属	
O-2	1993/7/28	加藤六月	自民	無所属	-	I			
	1993/7/28	古賀一成	自民	無所属	-	I			
	1993/7/28	吹田愰	自民	無所属	-	I			
	1993/8/4	田名部匡省	自民	無所属	-	I			
P-3	1993/10/12	栗本慎一郎	無所属	新生	I	G			
	1993/12/3	玄葉光一郎	無所属	さき	I	G			
	1993/12/22	石破茂	自民	無所属	0	I	G	1994/4/19	新生
	1993/12/22	大石正光	自民	無所属	0	I	0n	1994/12/10	新進
	1993/12/22	笹川堯	自民	無所属	0	I	0n	1994/12/10	新進
	1993/12/22	西岡武夫	自民	無所属	0	I	0n	1994/12/10	新進
P-4	1994/1/31	菅直人	社民連	さき	G	G			
	1994/2/1	*大谷忠雄*	*新生*	*無所属*					
	1994/2/16	*近藤元次*	*自民*	*死去*					
	1994/3/9	*中村喜四郎*	*自民*	*無所属*					
	1994/3/11	*山下元利*	*自民*	*死去*					
A-2	1994/4/11	加藤六月	無所属	新生	I	G			
	1994/4/11	古賀一成	無所属	新生	I	G			
	1994/4/11	田名部匡省	無所属	新生	I	G			
	1994/4/11	吹田愰	無所属	新生	I	G			
	1994/4/11	山岡賢次	無所属	新生	I	G			
	1994/4/15	鹿野道彦	自民	みらい	0	G	n		
	1994/4/15	北川正恭	自民	みらい	0	G	n		
	1994/4/15	坂本剛二	自民	みらい	0	G	n		

巻末資料2　全政党間移動記録　203

期間	日時	氏名	移動前	移動後	パターン			無所属期間前後の所属	
	1994/4/15	佐藤敬夫	自民	みらい	0	G	n		
	1994/4/15	増子輝彦	自民	みらい	0	G	n		
	1994/4/18	新井将敬	自民	自由旧	0	G	n		
	1994/4/18	太田誠一	自民	自由旧	0	G	n		
	1994/4/18	柿沢弘治	自民	自由旧	0	G	n		
	1994/4/18	佐藤静雄	自民	自由旧	0	G	n		
	1994/4/18	山本拓	自民	自由旧	0	G	n		
	1994/4/18	小坂憲次	自民	無所属	0	I	G	1994/4/21	新生
	1994/4/18	五十嵐文彦	日本新	無所属	G	I	G	1994/7/4	さき
	1994/4/18	小沢鋭仁	日本新	無所属	G	I	G	1994/7/4	さき
	1994/4/18	中島章夫	日本新	無所属	G	I	G	1994/7/4	さき
	1994/4/19	米田建三	自民	自由旧	0	G	n		
	1994/4/19	石破茂	無所属	新生	I	G	0	1993/12/22	自民
	1994/4/20	高市早苗	無所属	自由旧	I	G	n		
	1994/4/21	小坂憲次	無所属	新生	I	G	0	1994/4/18	自民
P-5	1994/5/20	荒井聰	日本新	無所属	G	I	G	1994/7/4	さき
	1994/5/20	枝野幸男	日本新	無所属	G	I	G	1994/7/4	さき
	1994/5/20	高見裕一	日本新	無所属	G	I	G	1994/7/4	さき
	1994/5/20	前原誠司	日本新	無所属	G	I	G	1994/7/4	さき
	1994/5/22	阿部昭吾	社民連	日本新	G	d	G		
	1994/5/22	江田五月	社民連	日本新	G	d	G		
	1994/5/22	楢崎弥之助	社民連	無所属	G	d	I	0	1994/12/21	自連
A-3	1994/6/30	今津寛	自民	無所属	0	I	0n	1994/12/10	新進
	1994/6/30	海部俊樹	自民	無所属	0	I	0n	1994/12/10	新進
	1994/6/30	野呂昭彦	自民	無所属	0	I	0n	1994/12/10	新進
Q-4	1994/7/4	荒井聰	無所属	さき	I	G	G	1994/5/20	日本新
	1994/7/4	五十嵐文彦	無所属	さき	I	G	G	1994/4/18	日本新
	1994/7/4	枝野幸男	無所属	さき	I	G	G	1994/5/20	日本新
	1994/7/4	小沢鋭仁	無所属	さき	I	G	G	1994/4/18	日本新
	1994/7/4	高見裕一	無所属	さき	I	G	G	1994/5/20	日本新
	1994/7/4	中島章夫	無所属	さき	I	G	G	1994/4/18	日本新
	1994/7/4	前原誠司	無所属	さき	I	G	G	1994/5/20	日本新
	1994/7/6	津島雄二	自民	無所属	G	I	G	1995/3/2	自民
	1994/7/6	野田毅	自民	無所属	G	I	0n	1994/12/10	新進
	1994/7/6	川島實	社会	無所属	G	I	0n	1994/12/10	新進
	1994/7/11	石田勝之	さき	無所属	G	I	0n	1994/12/10	新進
	1994/7/13	保岡興治	自民	無所属	G	I	0n	1994/12/10	新進
Q-5	1994/9/28	竹下登	無所属	自民					
P-7	1994/11/10	小森龍邦	社会	無所属	G	I	0n	1995/1/8	新社会

期間	日時	氏名	移動前	移動後	パターン			無所属期間前後の所属	
	1994/11/21	小宮山重四郎	*自民*	*死去*					
	1994/12/1	石井紘基	日本新	無所属	0 d I	0	1994/12/21	自連
	1994/12/8	後藤茂	社会	無所属	G I	0n	1995/12/22	市民
	1994/12/8	土肥隆一	社会	無所属	G I	0	1995/12/27	民改連
	1994/12/8	永井孝信	社会	無所属	G I			
	1994/12/8	吉岡賢治	社会	無所属	G I	0	1995/12/27	民改連
	1994/12/8	近藤豊	*日本新*	*無所属*					
	1994/12/9	柿沢弘治	自由旧	自連	0 d 0 n			
	1994/12/9	佐藤静雄	自由旧	自連	0 d 0 n			
	1994/12/9	栗本慎一郎	新生	自連	0 d 0 n			
	1994/12/9	小泉晨一	日本新	自連	0 d 0 n			
	1994/12/9	大内啓伍	民社	自連	0 d 0 n			
	1994/12/9	遠藤利明	日本新	無所属	0 d I	G	1995/12/15	自民
	1994/12/9	海江田万里	日本新	無所属	0 d I	0n	1995/12/22	市民
	1994/12/9	牧野聖修	日本新	無所属	0 d I	0n	1995/12/22	市民
	1994/12/9	茂木敏光	日本新	無所属	0 d I	G	1995/3/1	自民
	1994/12/9	大矢卓史	民社	無所属	0 d I			
F-1	1994/12/10	青山二三	公明	新進	0 d 0 n			
	1994/12/10	赤羽一嘉	公明	新進	0 d 0 n			
	1994/12/10	赤松正雄	公明	新進	0 d 0 n			
	1994/12/10	東順治	公明	新進	0 d 0 n			
	1994/12/10	東祥三	公明	新進	0 d 0 n			
	1994/12/10	石井啓一	公明	新進	0 d 0 n			
	1994/12/10	石田幸四郎	公明	新進	0 d 0 n			
	1994/12/10	石田祝稔	公明	新進	0 d 0 n			
	1994/12/10	市川雄一	公明	新進	0 d 0 n			
	1994/12/10	上田晃弘	公明	新進	0 d 0 n			
	1994/12/10	上田勇	公明	新進	0 d 0 n			
	1994/12/10	遠藤乙彦	公明	新進	0 d 0 n			
	1994/12/10	遠藤和良	公明	新進	0 d 0 n			
	1994/12/10	近江巳記夫	公明	新進	0 d 0 n			
	1994/12/10	大口善徳	公明	新進	0 d 0 n			
	1994/12/10	太田昭宏	公明	新進	0 d 0 n			
	1994/12/10	大野由利子	公明	新進	0 d 0 n			
	1994/12/10	長内順一	公明	新進	0 d 0 n			
	1994/12/10	貝沼次郎	公明	新進	0 d 0 n			
	1994/12/10	河合正智	公明	新進	0 d 0 n			
	1994/12/10	河上覃雄	公明	新進	0 d 0 n			
	1994/12/10	神崎武法	公明	新進	0 d 0 n			

期間	日時	氏名	移動前	移動後	パターン	無所属期間前後の所属
	1994/12/10	北側一雄	公明	新進	0 d 0 n	
	1994/12/10	草川昭三	公明	新進	0 d 0 n	
	1994/12/10	久保哲司	公明	新進	0 d 0 n	
	1994/12/10	倉田栄喜	公明	新進	0 d 0 n	
	1994/12/10	権藤恒夫	公明	新進	0 d 0 n	
	1994/12/10	斉藤鉄夫	公明	新進	0 d 0 n	
	1994/12/10	坂口力	公明	新進	0 d 0 n	
	1994/12/10	佐藤茂樹	公明	新進	0 d 0 n	
	1994/12/10	高木陽介	公明	新進	0 d 0 n	
	1994/12/10	竹内譲	公明	新進	0 d 0 n	
	1994/12/10	谷口隆義	公明	新進	0 d 0 n	
	1994/12/10	田端正広	公明	新進	0 d 0 n	
	1994/12/10	千葉国男	公明	新進	0 d 0 n	
	1994/12/10	富田茂之	公明	新進	0 d 0 n	
	1994/12/10	鳥居一雄	公明	新進	0 d 0 n	
	1994/12/10	西博義	公明	新進	0 d 0 n	
	1994/12/10	日笠勝之	公明	新進	0 d 0 n	
	1994/12/10	平田米男	公明	新進	0 d 0 n	
	1994/12/10	弘友和夫	公明	新進	0 d 0 n	
	1994/12/10	福島豊	公明	新進	0 d 0 n	
	1994/12/10	福留泰蔵	公明	新進	0 d 0 n	
	1994/12/10	二見伸明	公明	新進	0 d 0 n	
	1994/12/10	冬柴鉄三	公明	新進	0 d 0 n	
	1994/12/10	桝屋敬悟	公明	新進	0 d 0 n	
	1994/12/10	宮地正介	公明	新進	0 d 0 n	
	1994/12/10	森本晃司	公明	新進	0 d 0 n	
	1994/12/10	山口那津男	公明	新進	0 d 0 n	
	1994/12/10	山田英介	公明	新進	0 d 0 n	
	1994/12/10	山名靖英	公明	新進	0 d 0 n	
	1994/12/10	若松謙維	公明	新進	0 d 0 n	
	1994/12/10	新井将敬	自由旧	新進	0 d 0 n	
	1994/12/10	太田誠一	自由旧	新進	0 d 0 n	
	1994/12/10	高市早苗	自由旧	新進	0 d 0 n	
	1994/12/10	山本拓	自由旧	新進	0 d 0 n	
	1994/12/10	米田建三	自由旧	新進	0 d 0 n	
	1994/12/10	愛知和男	新生	新進	0 d 0 n	
	1994/12/10	愛野興一郎	新生	新進	0 d 0 n	
	1994/12/10	青木宏之	新生	新進	0 d 0 n	
	1994/12/10	粟屋敏信	新生	新進	0 d 0 n	

期間	日時	氏名	移動前	移動後	パターン	無所属期間前後の所属	
	1994/12/10	井奥貞雄	新生	新進	0 d 0 n		
	1994/12/10	石井一二	新生	新進	0 d 0 n		
	1994/12/10	石破茂	新生	新進	0 d 0 n		
	1994/12/10	井上喜一	新生	新進	0 d 0 n		
	1994/12/10	岩浅嘉仁	新生	新進	0 d 0 n		
	1994/12/10	上田清司	新生	新進	0 d 0 n		
	1994/12/10	江崎鉄磨	新生	新進	0 d 0 n		
	1994/12/10	岡島正之	新生	新進	0 d 0 n		
	1994/12/10	岡田克也	新生	新進	0 d 0 n		
	1994/12/10	奥田敬和	新生	新進	0 d 0 n		
	1994/12/10	小沢一郎	新生	新進	0 d 0 n		
	1994/12/10	小沢辰男	新生	新進	0 d 0 n		
	1994/12/10	加藤六月	新生	新進	0 d 0 n		
	1994/12/10	金子徳之介	新生	新進	0 d 0 n		
	1994/12/10	北村直人	新生	新進	0 d 0 n		
	1994/12/10	木村守男	新生	新進	0 d 0 n		
	1994/12/10	工藤堅太郎	新生	新進	0 d 0 n		
	1994/12/10	熊谷弘	新生	新進	0 d 0 n		
	1994/12/10	古賀一成	新生	新進	0 d 0 n		
	1994/12/10	古賀敬章	新生	新進	0 d 0 n		
	1994/12/10	古賀正浩	新生	新進	0 d 0 n		
	1994/12/10	小坂憲次	新生	新進	0 d 0 n		
	1994/12/10	笹山登生	新生	新進	0 d 0 n		
	1994/12/10	左藤恵	新生	新進	0 d 0 n		
	1994/12/10	佐藤守良	新生	新進	0 d 0 n		
	1994/12/10	実川幸夫	新生	新進	0 d 0 n		
	1994/12/10	柴野たいぞう	新生	新進	0 d 0 n		
	1994/12/10	白沢三郎	新生	新進	0 d 0 n		
	1994/12/10	杉山憲夫	新生	新進	0 d 0 n		
	1994/12/10	高橋一郎	新生	新進	0 d 0 n		
	1994/12/10	田名部匡省	新生	新進	0 d 0 n		
	1994/12/10	月原茂晧	新生	新進	0 d 0 n		
	1994/12/10	土田龍司	新生	新進	0 d 0 n		
	1994/12/10	豊田潤多郎	新生	新進	0 d 0 n		
	1994/12/10	中島衛	新生	新進	0 d 0 n		
	1994/12/10	中西啓介	新生	新進	0 d 0 n		
	1994/12/10	仲村正治	新生	新進	0 d 0 n		
	1994/12/10	二階俊博	新生	新進	0 d 0 n		
	1994/12/10	西川太一郎	新生	新進	0 d 0 n		

期間	日時	氏名	移動前	移動後	パターン	無所属期間前後の所属
	1994/12/10	畑英次郎	新生	新進	0 d 0 n	
	1994/12/10	羽田孜	新生	新進	0 d 0 n	
	1994/12/10	広野允士	新生	新進	0 d 0 n	
	1994/12/10	藤井裕久	新生	新進	0 d 0 n	
	1994/12/10	吹田愰	新生	新進	0 d 0 n	
	1994/12/10	船田元	新生	新進	0 d 0 n	
	1994/12/10	星野行男	新生	新進	0 d 0 n	
	1994/12/10	前田武志	新生	新進	0 d 0 n	
	1994/12/10	増田敏男	新生	新進	0 d 0 n	
	1994/12/10	松沢成文	新生	新進	0 d 0 n	
	1994/12/10	松田岩夫	新生	新進	0 d 0 n	
	1994/12/10	宮本一三	新生	新進	0 d 0 n	
	1994/12/10	村井仁	新生	新進	0 d 0 n	
	1994/12/10	山岡賢次	新生	新進	0 d 0 n	
	1994/12/10	山田正彦	新生	新進	0 d 0 n	
	1994/12/10	山本幸三	新生	新進	0 d 0 n	
	1994/12/10	吉田公一	新生	新進	0 d 0 n	
	1994/12/10	渡部恒三	新生	新進	0 d 0 n	
	1994/12/10	阿部昭吾	日本新	新進	0 d 0 n	
	1994/12/10	伊藤達也	日本新	新進	0 d 0 n	
	1994/12/10	今井宏	日本新	新進	0 d 0 n	
	1994/12/10	江田五月	日本新	新進	0 d 0 n	
	1994/12/10	鴨下一郎	日本新	新進	0 d 0 n	
	1994/12/10	河村たかし	日本新	新進	0 d 0 n	
	1994/12/10	小池百合子	日本新	新進	0 d 0 n	
	1994/12/10	木幡弘道	日本新	新進	0 d 0 n	
	1994/12/10	鮫島宗明	日本新	新進	0 d 0 n	
	1994/12/10	須藤浩	日本新	新進	0 d 0 n	
	1994/12/10	武山百合子	日本新	新進	0 d 0 n	
	1994/12/10	樽床伸二	日本新	新進	0 d 0 n	
	1994/12/10	永井英慈	日本新	新進	0 d 0 n	
	1994/12/10	中田宏	日本新	新進	0 d 0 n	
	1994/12/10	長浜博行	日本新	新進	0 d 0 n	
	1994/12/10	中村時広	日本新	新進	0 d 0 n	
	1994/12/10	野田佳彦	日本新	新進	0 d 0 n	
	1994/12/10	初村謙一郎	日本新	新進	0 d 0 n	
	1994/12/10	藤村修	日本新	新進	0 d 0 n	
	1994/12/10	細川護熙	日本新	新進	0 d 0 n	
	1994/12/10	松岡満寿男	日本新	新進	0 d 0 n	

期間	日時	氏名	移動前	移動後	パターン				無所属期間前後の所属	
	1994/12/10	矢上雅義	日本新	新進	O	d	O	n		
	1994/12/10	山崎広太郎	日本新	新進	O	d	O	n		
	1994/12/10	山田宏	日本新	新進	O	d	O	n		
	1994/12/10	山本孝史	日本新	新進	O	d	O	n		
	1994/12/10	渡辺浩一郎	日本新	新進	O	d	O	n		
	1994/12/10	鹿野道彦	みらい	新進	O	d	O	n		
	1994/12/10	北川正恭	みらい	新進	O	d	O	n		
	1994/12/10	坂本剛二	みらい	新進	O	d	O	n		
	1994/12/10	佐藤敬夫	みらい	新進	O	d	O	n		
	1994/12/10	増子輝彦	みらい	新進	O	d	O	n		
	1994/12/10	青山丘	民社	新進	O	d	O	n		
	1994/12/10	安倍基雄	民社	新進	O	d	O	n		
	1994/12/10	石田美栄	民社	新進	O	d	O	n		
	1994/12/10	伊藤英成	民社	新進	O	d	O	n		
	1994/12/10	川端達夫	民社	新進	O	d	O	n		
	1994/12/10	神田厚	民社	新進	O	d	O	n		
	1994/12/10	北橋健治	民社	新進	O	d	O	n		
	1994/12/10	小平忠正	民社	新進	O	d	O	n		
	1994/12/10	笹木竜三	民社	新進	O	d	O	n		
	1994/12/10	高木義明	民社	新進	O	d	O	n		
	1994/12/10	塚田延充	民社	新進	O	d	O	n		
	1994/12/10	中井洽	民社	新進	O	d	O	n		
	1994/12/10	中野寛成	民社	新進	O	d	O	n		
	1994/12/10	西村眞吾	民社	新進	O	d	O	n		
	1994/12/10	柳田稔	民社	新進	O	d	O	n		
	1994/12/10	吉田治	民社	新進	O	d	O	n		
	1994/12/10	米沢隆	民社	新進	O	d	O	n		
	1994/12/10	石田勝之	無所属	新進	I		O	n	G	1994/7/11	さき
	1994/12/10	今津寛	無所属	新進	I		O	n	O	1994/6/30	自民
	1994/12/10	大石正光	無所属	新進	I		O	n	O	1993/12/22	自民
	1994/12/10	海部俊樹	無所属	新進	I		O	n	O	1994/6/30	自民
	1994/12/10	川島實	無所属	新進	I		O	n	G	1994/7/6	社会
	1994/12/10	笹川堯	無所属	新進	I		O	n	O	1993/12/22	自民
	1994/12/10	西岡武夫	無所属	新進	I		O	n	O	1993/12/22	自民
	1994/12/10	野田毅	無所属	新進	I		O	n	G	1994/7/6	自民
	1994/12/10	野呂昭彦	無所属	新進	I		O	n	O	1994/6/30	自民
	1994/12/10	鳩山邦夫	無所属	新進	I		O	n			
	1994/12/10	保岡興治	無所属	新進	I		O	n	G	1994/7/13	自民
	1994/12/10	山口敏夫	無所属	新進	I		O	n			

期間	日時	氏名	移動前	移動後	パターン			無所属期間前後の所属	
	1994/12/21	石井紘基	無所属	自連	I	0	0	1994/12/1	日本新
	1994/12/21	徳田虎雄	無所属	自連	I	0			
	1994/12/21	楢崎弥之助	無所属	自連	I	0	Gd	1994/5/22	社民連
	1994/12/25	楢崎弥之助	自連	無所属	0	I			
Q-6	1995/1/17	川端達夫	新進	無所属	0	I	0	1995/10/16	新進
	1995/1/19	木村守男	新進	無所属					
P-8	1995/1/26	伊東秀子	社会	無所属					
	1995/1/31	横光克彦	無所属	社会	I	G			
	1995/2/23	金田誠一	社会	無所属	G	I	G	1995/10/25	さき
	1995/2/28	佐藤敬夫	新進	無所属					
	1995/3/1	茂木敏充	無所属	自民	I	G	0d	1994/12/9	日本新
	1995/3/2	津島雄二	無所属	自民	I	G		1994/7/6	自民
	1995/3/22	伊東秀子	無所属	辞職					
	1995/3/22	山口敏夫	新進	無所属					
	1995/3/23	北川正恭	新進	辞職					
	1995/3/23	佐藤敬夫	無所属	辞職					
	1995/4/19	石原慎太郎	自民	辞職					
	1995/5/9	太田誠一	新進	無所属	0	I	G	1995/8/29	自民
	1995/5/10	山花貞夫	社会	無所属	G	I	On	1995/12/22	市民
	1995/5/12	中西啓介	新進	辞職					
	1995/5/12	堀込征雄	社会	無所属	G	I		1995/11/1	新進
	1995/5/15	石田美栄	新進	無所属					
Q-7	1995/7/6	塩崎恭久	自民	辞職					
	1995/7/6	石田美栄	無所属	辞職					
	1995/7/24	松前仰	社会	無所属	G	I			
	1995/7/24	保岡興治	新進	無所属	0	I	G	1995/8/21	自民
	1995/8/1	佐藤謙一郎	さき	無所属	G	I	On	1996/9/28	民主I
Q-8	1995/8/21	保岡興治	無所属	自民	I	G	0	1995/7/24	新進
	1995/8/29	太田誠一	無所属	自民	I	G	0	1995/5/9	新進
	1995/9/8	糸山英太郎	無所属	自民	I	G			
	1995/9/12	小平忠正	新進	無所属	0	I	G	1995/9/28	さき
	1995/9/15	渡辺美智雄	自民	死去					
	1995/9/18	近藤豊	無所属	辞職					
	1995/9/28	小平忠正	無所属	さき	I	G	0	1995/9/12	新進
	1995/9/28	嶋崎譲	社会	無所属	G	I	On	1995/12/22	市民
P-10	1995/10/16	川端達夫	無所属	新進	I	0	0	1995/1/17	新進
	1995/10/25	金田誠一	無所属	さき	I	G	G	1995/2/23	社会
	1995/11/1	堀込征雄	無所属	新進	I	0	G	1995/5/12	社会
	1995/11/20	大内啓伍	自連	自民	G	G			

期間	日時	氏名	移動前	移動後	パターン			無所属期間前後の所属	
	1995/11/20	柿沢弘治	自連	自民	G	G			
	1995/11/20	栗本慎一郎	自連	自民	G	G			
	1995/11/20	佐藤静雄	自連	自民	G	G			
	1995/12/5	*大谷忠雄*	*無所属*	*辞職*					
	1995/12/15	遠藤利明	無所属	自民	I	G	O	1994/12/9	日本新
F-2	1995/12/22	海江田万里	無所属	市民	I	O n	O	1994/12/9	日本新
	1995/12/22	後藤茂	無所属	市民	I	O n	G	1994/12/8	社会
	1995/12/22	嶋崎譲	無所属	市民	I	O n	G	1995/9/28	社会
	1995/12/22	牧野聖修	無所属	市民	I	O n	O	1994/12/9	日本新
	1995/12/22	山花貞夫	無所属	市民	I	O n	G	1995/5/10	社会
	1995/12/27	土肥隆一	無所属	民改連	I	O	G	1994/12/8	社会
	1995/12/27	吉岡賢次	無所属	民改連	I	O	G	1994/12/8	社会
	1995/12/31	岡崎宏美	社会	無所属	G	I	On	1996/1/8	新社会
A-4	1996/1/8	岡崎宏美	無所属	新社会	I	O n		1995/12/31	社会
	1996/1/8	小森龍邦	無所属	新社会	I	O n	G	1994/11/10	社会
Q-10	1996/1/19	石井紘基	自連	さき	G	G			
P-12	*1996/2/7*	*大矢卓史*	*無所属*	*死去*					
	1996/3/7	*佐藤守良*	*新進*	*死去*					
	1996/3/27	*糸山英太郎*	*自民*	*辞職*					
	1996/6/11	新井将敬	新進	無所属	O	I			
Q-11	1996/6/25	吹田愰	新進	無所属	O	I			
	1996/7/23	*江田五月*	*新進*	*無所属*					
	1996/9/6	船田元	新進	無所属	O	I			
	1996/9/17	井奥貞雄	新進	自民	O	G			
	1996/9/17	杉山憲夫	新進	自民	O	G			
	1996/9/17	高橋一郎	新進	自民	O	G			
	1996/9/26	左近正男	社民	新進	G	O			
	1996/9/26	関山信之	社民	無所属	G	I			
R-2	1996/9/27	石破茂	新進	無所属	O	I			
	1996/9/28	荒井聰	さき	民主I	G	O n			
	1996/9/28	五十嵐文彦	さき	民主I	G	O n			
	1996/9/28	石井紘基	さき	民主I	G	O n			
	1996/9/28	枝野幸男	さき	民主I	G	O n			
	1996/9/28	小沢鋭仁	さき	民主I	G	O n			
	1996/9/28	金田誠一	さき	民主I	G	O n			
	1996/9/28	菅直人	さき	民主I	G	O n			
	1996/9/28	玄葉光一郎	さき	民主I	G	O n			
	1996/9/28	小平忠正	さき	民主I	G	O n			
	1996/9/28	田中甲	さき	民主I	G	O n			

期間	日時	氏名	移動前	移動後	パターン			無所属期間前後の所属
	1996/9/28	中島章夫	さき	民主I	G	0	n	
	1996/9/28	鳩山由紀夫	さき	民主I	G	0	n	
	1996/9/28	前原誠司	さき	民主I	G	0	n	
	1996/9/28	簗瀬進	さき	民主I	G	0	n	
	1996/9/28	海江田万里	市民	民主I	0 d 0		n	
	1996/9/28	後藤茂	市民	民主I	0 d 0		n	
	1996/9/28	嶋崎譲	市民	民主I	0 d 0		n	
	1996/9/28	牧野聖修	市民	民主I	0 d 0		n	
	1996/9/28	山花貞夫	市民	民主I	0 d 0		n	
	1996/9/28	赤松広隆	社民	民主I	G	0	n	
	1996/9/28	網岡雄	社民	民主I	G	0	n	
	1996/9/28	池田順介	社民	民主I	G	0	n	
	1996/9/28	池田隆一	社民	民主I	G	0	n	
	1996/9/28	池端清一	社民	民主I	G	0	n	
	1996/9/28	石橋大吉	社民	民主I	G	0	n	
	1996/9/28	井上一成	社民	民主I	G	0	n	
	1996/9/28	大畠昭宏	社民	民主I	G	0	n	
	1996/9/28	岡崎トミ子	社民	民主I	G	0	n	
	1996/9/28	輿石東	社民	民主I	G	0	n	
	1996/9/28	五島正規	社民	民主I	G	0	n	
	1996/9/28	小林守	社民	民主I	G	0	n	
	1996/9/28	坂上富男	社民	民主I	G	0	n	
	1996/9/28	佐々木秀典	社民	民主I	G	0	n	
	1996/9/28	佐藤観樹	社民	民主I	G	0	n	
	1996/9/28	佐藤泰介	社民	民主I	G	0	n	
	1996/9/28	田口健二	社民	民主I	G	0	n	
	1996/9/28	田中昭一	社民	民主I	G	0	n	
	1996/9/28	辻一彦	社民	民主I	G	0	n	
	1996/9/28	永井哲男	社民	民主I	G	0	n	
	1996/9/28	中村正男	社民	民主I	G	0	n	
	1996/9/28	鉢呂吉雄	社民	民主I	G	0	n	
	1996/9/28	早川勝	社民	民主I	G	0	n	
	1996/9/28	日野市朗	社民	民主I	G	0	n	
	1996/9/28	細川律夫	社民	民主I	G	0	n	
	1996/9/28	細谷治通	社民	民主I	G	0	n	
	1996/9/28	松本龍	社民	民主I	G	0	n	
	1996/9/28	森井忠良	社民	民主I	G	0	n	
	1996/9/28	山崎泉	社民	民主I	G	0	n	
	1996/9/28	山元勉	社民	民主I	G	0	n	

期間	日時	氏名	移動前	移動後	パターン			無所属期間前後の所属	
	1996/9/28	渡邊嘉蔵	社民	民主I	G	0	n		
	1996/9/28	鳩山邦夫	新進	民主I	0	0	n		
	1996/9/28	佐藤謙一郎	無所属	民主I	I	0	n	G	1995/8/1	さき
	1996/9/30	今津寛	新進	自民	0	G			
	1996/10/1	山下八洲夫	社民	無所属	G	I			

■ 期間Ⅲ

期間	日時	氏名	移動前	移動後	パターン			無所属期間前後の所属	
O-3	1996/10/30	米田建三	新進	無所属	0	I	G	1997/5/28	自民
	1996/11/5	高市早苗	新進	無所属	0	I	G	1996/12/27	自民
	1996/11/6	笹川尭	新進	無所属	0	I	G	1997/3/21	自民
F-3	1996/12/25	遠藤武彦	無所属	自連	I	0			
	1996/12/26	粟屋敏信	新進	太陽	0	0	n		
	1996/12/26	岩国哲人	新進	太陽	0	0	n		
	1996/12/26	奥田敬和	新進	太陽	0	0	n		
	1996/12/26	熊谷弘	新進	太陽	0	0	n		
	1996/12/26	小坂憲次	新進	太陽	0	0	n		
	1996/12/26	畑英次郎	新進	太陽	0	0	n		
	1996/12/26	羽田孜	新進	太陽	0	0	n		
	1996/12/26	堀込征雄	新進	太陽	0	0	n		
	1996/12/26	前田武志	新進	太陽	0	0	n		
	1996/12/26	吉田公一	新進	太陽	0	0	n		
	1996/12/27	高市早苗	無所属	自民	I	G	0	1996/11/5	新進
Q-13	1997/1/9	船田元	無所属	自民	I	G			
P-15	1997/1/28	実川幸夫	新進	無所属	0	I	G	1997/2/4	自民
	1997/2/4	実川幸夫	無所属	自民	I	G	0	1997/1/28	新進
	1997/3/5	萩野浩基	新進	無所属	0	I	G	1997/12/29	自民
	1997/3/21	石破茂	無所属	自民	I	G			
	1997/3/21	笹川尭	無所属	自民	I	G	0	1996/11/6	新進
	1997/3/24	岩永峯一	無所属	自民	I	G			
	1997/5/19	北村直人	新進	無所属	0	I	G	1997/9/5	自民
	1997/5/28	米田建三	無所属	自民	I	G	0	1996/10/30	新進
	1997/6/18	細川護熙	新進	無所属	0	I	0n	1997/12/26	ファイブ
Q-14	1997/6/24	樽床伸二	新進	無所属	0	I	0n	1997/12/26	ファイブ
	1997/7/7	望月義夫	無所属	自民	I	G			
	1997/7/7	愛知和男	新進	無所属	0	I	G	1997/7/26	自民
	1997/7/8	遠藤武彦	自連	自民	0	G			
	1997/7/8	井上一成	民主I	無所属	0	I	G	1998/12/17	自由

期間	日時	氏名	移動前	移動後	パターン			無所属期間前後の所属	
	1997/7/10	北橋健治	新進	無所属	O	I	O	1998/1/1	民改連
	1997/7/14	新井将敬	無所属	自民	I	G			
	1997/7/15	伊藤達也	新進	無所属	O	I	On	1998/1/23	民政
	1997/7/15	上田清司	新進	無所属	O	I	On	1997/12/26	ファイブ
	1997/7/15	鴨下一郎	新進	無所属	O	I	G	1997/12/25	自民
	1997/7/26	愛知和男	無所属	自民	I	G	O	1997/7/7	新進
	1997/8/26	今井宏	新進	無所属	O	I	G	1997/12/10	自民
	1997/8/26	増田敏男	新進	無所属	O	I	G	1997/10/3	自民
	1997/9/5	北村直人	無所属	自民	I	G	O	1997/5/19	新進
	1997/9/24	仲村正治	新進	無所属	O	I	G	1997/10/3	自民
	1997/9/28	山本幸三	新進	無所属	O	I	G	1997/12/30	自民
P-16	1997/10/3	仲村正治	無所属	自民	I	G	O	1997/9/24	新進
	1997/10/3	増田敏男	無所属	自民	I	G	O	1997/8/26	新進
	1997/10/30	*菊地福治郎*	*自民*	*無所属*					
	1997/10/31	*菊地福治郎*	*無所属*	*辞職*					
	1997/11/6	*正森成二*	*共産*	*辞職*					
	1997/11/14	*中林よし子*	*共産*	*繰上げ*					
	1997/12/10	今井宏	無所属	自民	I	G	O	1997/8/26	新進
F-4	*1997/12/14*	*小野寺五典*	*自民*	*補選*					
	1997/12/19	*塚原俊平*	*自民*	*死去*					
	1997/12/19	村井仁	新進	無所属	O	I	G	1997/12/19	自民
	1997/12/19	矢上雅義	新進	無所属	O	I	G	1997/12/26	自民
	1997/12/24	古賀正浩	新進	無所属	O	I	G	1997/12/30	自民
	1997/12/25	鴨下一郎	無所属	自民	I	G	O	1997/7/15	新進
	1997/12/26	矢上雅義	無所属	自民	I	G	O	1997/12/19	新進
	1997/12/26	上田清司	無所属	ファイブ	I	O n	O	1997/7/15	新進
	1997/12/26	樽床伸二	無所属	ファイブ	I	O n	O	1997/6/24	新進
	1997/12/26	細川護熙	無所属	ファイブ	I	O n	O	1997/6/18	新進
	1997/12/27	岩浅嘉仁	新進	無所属	O d I		G	1998/12/17	自由
	1997/12/27	海部俊樹	新進	無所属	O d I		G	1999/1/18	自由
	1997/12/27	木幡弘道	新進	無所属	O d I		On	1998/1/23	民政
	1997/12/27	坂本剛二	新進	無所属	O d I		G	1998/12/24	自民
	1997/12/27	笹木竜三	新進	無所属	O d I		G	1999/12/16	無会
	1997/12/27	笹山登生	新進	無所属	O d I		G	1998/12/17	自由
	1997/12/27	中田宏	新進	無所属	O d I		G	1999/12/16	無会
	1997/12/27	渡部恒三	新進	無所属	O d I				
	1997/12/29	萩野浩基	無所属	自民	I	G	O	1997/3/5	新進
	1997/12/30	宮本一三	新進	自民	O d G				
	1997/12/30	古賀正浩	無所属	自民	I	G	O	1997/12/24	新進

期間	日時	氏名	移動前	移動後	パターン			無所属期間前後の所属	
	1997/12/30	村井仁	無所属	自民	I	G	0	1997/12/19	新進
	1997/12/30	山本幸三	無所属	自民	I	G	0	1997/9/28	新進
	1998/1/1	北橋健治	無所属	民改連	I	0	0	1997/7/10	新進
Q-15	1998/1/5	石田勝之	新進	改革	0	d	0	n	
	1998/1/5	小沢辰男	新進	改革	0	d	0	n	
	1998/1/5	木村太郎	新進	改革	0	d	0	n	
	1998/1/5	富沢篤紘	新進	改革	0	d	0	n	
	1998/1/5	中野清	新進	改革	0	d	0	n	
	1998/1/5	並木正芳	新進	改革	0	d	0	n	
	1998/1/5	西川知雄	新進	改革	0	d	0	n	
	1998/1/5	前田正	新進	改革	0	d	0	n	
	1998/1/5	山中燁子	新進	改革	0	d	0	n	
	1998/1/5	愛野興一郎	新進	国民	0	d	0	n	
	1998/1/5	石井一	新進	国民	0	d	0	n	
	1998/1/5	岡田克也	新進	国民	0	d	0	n	
	1998/1/5	鹿野道彦	新進	国民	0	d	0	n	
	1998/1/5	北脇保之	新進	国民	0	d	0	n	
	1998/1/5	古賀一成	新進	国民	0	d	0	n	
	1998/1/5	佐藤敬夫	新進	国民	0	d	0	n	
	1998/1/5	左藤恵	新進	国民	0	d	0	n	
	1998/1/5	永井英慈	新進	国民	0	d	0	n	
	1998/1/5	中川正春	新進	国民	0	d	0	n	
	1998/1/5	原口一博	新進	国民	0	d	0	n	
	1998/1/5	藤村修	新進	国民	0	d	0	n	
	1998/1/5	松崎公昭	新進	国民	0	d	0	n	
	1998/1/5	松沢成文	新進	国民	0	d	0	n	
	1998/1/5	山本孝史	新進	国民	0	d	0	n	
	1998/1/5	青木宏之	新進	自由	0	d	0	n	
	1998/1/5	青山丘	新進	自由	0	d	0	n	
	1998/1/5	東祥三	新進	自由	0	d	0	n	
	1998/1/5	安部基雄	新進	自由	0	d	0	n	
	1998/1/5	石垣一夫	新進	自由	0	d	0	n	
	1998/1/5	一川保夫	新進	自由	0	d	0	n	
	1998/1/5	井上喜一	新進	自由	0	d	0	n	
	1998/1/5	江崎鉄磨	新進	自由	0	d	0	n	
	1998/1/5	岡島正之	新進	自由	0	d	0	n	
	1998/1/5	小沢一郎	新進	自由	0	d	0	n	
	1998/1/5	加藤六月	新進	自由	0	d	0	n	
	1998/1/5	河村たかし	新進	自由	0	d	0	n	

期間	日時	氏名	移動前	移動後	パターン	無所属期間前後の所属
	1998/1/5	久保哲司	新進	自由	0 d 0 n	
	1998/1/5	小池百合子	新進	自由	0 d 0 n	
	1998/1/5	権藤恒夫	新進	自由	0 d 0 n	
	1998/1/5	佐々木洋平	新進	自由	0 d 0 n	
	1998/1/5	佐藤茂樹	新進	自由	0 d 0 n	
	1998/1/5	塩田晋	新進	自由	0 d 0 n	
	1998/1/5	菅原喜重郎	新進	自由	0 d 0 n	
	1998/1/5	鈴木淑夫	新進	自由	0 d 0 n	
	1998/1/5	武山百合子	新進	自由	0 d 0 n	
	1998/1/5	達増拓也	新進	自由	0 d 0 n	
	1998/1/5	谷口隆義	新進	自由	0 d 0 n	
	1998/1/5	中井洽	新進	自由	0 d 0 n	
	1998/1/5	中西啓介	新進	自由	0 d 0 n	
	1998/1/5	中村鋭一	新進	自由	0 d 0 n	
	1998/1/5	二階俊博	新進	自由	0 d 0 n	
	1998/1/5	西岡武夫	新進	自由	0 d 0 n	
	1998/1/5	西川太一郎	新進	自由	0 d 0 n	
	1998/1/5	西田猛	新進	自由	0 d 0 n	
	1998/1/5	西野陽	新進	自由	0 d 0 n	
	1998/1/5	西博義	新進	自由	0 d 0 n	
	1998/1/5	西村章三	新進	自由	0 d 0 n	
	1998/1/5	西村眞悟	新進	自由	0 d 0 n	
	1998/1/5	野田毅	新進	自由	0 d 0 n	
	1998/1/5	藤井裕久	新進	自由	0 d 0 n	
	1998/1/5	二見伸明	新進	自由	0 d 0 n	
	1998/1/5	松浪健四郎	新進	自由	0 d 0 n	
	1998/1/5	三沢淳	新進	自由	0 d 0 n	
	1998/1/5	吉田幸弘	新進	自由	0 d 0 n	
	1998/1/5	米津等史	新進	自由	0 d 0 n	
	1998/1/5	鰐淵俊之	新進	自由	0 d 0 n	
	1998/1/5	青山二三	新進	平和	0 d 0 n	
	1998/1/5	赤羽一嘉	新進	平和	0 d 0 n	
	1998/1/5	赤松正雄	新進	平和	0 d 0 n	
	1998/1/5	池坊保子	新進	平和	0 d 0 n	
	1998/1/5	石井啓一	新進	平和	0 d 0 n	
	1998/1/5	石田幸四郎	新進	平和	0 d 0 n	
	1998/1/5	市川雄一	新進	平和	0 d 0 n	
	1998/1/5	井上義久	新進	平和	0 d 0 n	
	1998/1/5	上田勇	新進	平和	0 d 0 n	

期間	日時	氏名	移動前	移動後	パターン	無所属期間前後の所属
	1998/1/5	漆原良夫	新進	平和	0 d 0 n	
	1998/1/5	遠藤乙彦	新進	平和	0 d 0 n	
	1998/1/5	遠藤和良	新進	平和	0 d 0 n	
	1998/1/5	近江巳記夫	新進	平和	0 d 0 n	
	1998/1/5	大口善徳	新進	平和	0 d 0 n	
	1998/1/5	太田昭宏	新進	平和	0 d 0 n	
	1998/1/5	大野由利子	新進	平和	0 d 0 n	
	1998/1/5	長内順一	新進	平和	0 d 0 n	
	1998/1/5	河合正智	新進	平和	0 d 0 n	
	1998/1/5	河上覃雄	新進	平和	0 d 0 n	
	1998/1/5	神崎武法	新進	平和	0 d 0 n	
	1998/1/5	北側一雄	新進	平和	0 d 0 n	
	1998/1/5	旭道山和泰	新進	平和	0 d 0 n	
	1998/1/5	草川昭三	新進	平和	0 d 0 n	
	1998/1/5	倉田栄喜	新進	平和	0 d 0 n	
	1998/1/5	斉藤鉄夫	新進	平和	0 d 0 n	
	1998/1/5	坂口力	新進	平和	0 d 0 n	
	1998/1/5	白保台一	新進	平和	0 d 0 n	
	1998/1/5	田端正広	新進	平和	0 d 0 n	
	1998/1/5	富田茂之	新進	平和	0 d 0 n	
	1998/1/5	平田米男	新進	平和	0 d 0 n	
	1998/1/5	福島豊	新進	平和	0 d 0 n	
	1998/1/5	福留泰蔵	新進	平和	0 d 0 n	
	1998/1/5	冬柴鉄三	新進	平和	0 d 0 n	
	1998/1/5	枡屋敬悟	新進	平和	0 d 0 n	
	1998/1/5	丸谷佳織	新進	平和	0 d 0 n	
	1998/1/5	宮地正介	新進	平和	0 d 0 n	
	1998/1/5	若松謙惟	新進	平和	0 d 0 n	
	1998/1/5	伊藤英成	新進	友愛	0 d 0 n	
	1998/1/5	鍵田節哉	新進	友愛	0 d 0 n	
	1998/1/5	川端達夫	新進	友愛	0 d 0 n	
	1998/1/5	神田厚	新進	友愛	0 d 0 n	
	1998/1/5	今田保典	新進	友愛	0 d 0 n	
	1998/1/5	島聡	新進	友愛	0 d 0 n	
	1998/1/5	島津尚純	新進	友愛	0 d 0 n	
	1998/1/5	城島正光	新進	友愛	0 d 0 n	
	1998/1/5	髙木義明	新進	友愛	0 d 0 n	
	1998/1/5	田中慶秋	新進	友愛	0 d 0 n	
	1998/1/5	玉置一弥	新進	友愛	0 d 0 n	

期間	日時	氏名	移動前	移動後	パターン			無所属期間前後の所属	
	1998/1/5	中野寛成	新進	友愛	0 d 0 n				
	1998/1/5	福岡宗也	新進	友愛	0 d 0 n				
	1998/1/5	吉田治	新進	友愛	0 d 0 n				
	1998/1/5	新進党解党							
P-17	1998/1/16	金子原二郎	自民	無所属					
	1998/1/23	愛野興一郎	国民	民政	0 d 0 n				
	1998/1/23	石井一	国民	民政	0 d 0 n				
	1998/1/23	岡田克也	国民	民政	0 d 0 n				
	1998/1/23	鹿野道彦	国民	民政	0 d 0 n				
	1998/1/23	北脇保之	国民	民政	0 d 0 n				
	1998/1/23	古賀一成	国民	民政	0 d 0 n				
	1998/1/23	佐藤敬夫	国民	民政	0 d 0 n				
	1998/1/23	左藤恵	国民	民政	0 d 0 n				
	1998/1/23	永井英慈	国民	民政	0 d 0 n				
	1998/1/23	中川正春	国民	民政	0 d 0 n				
	1998/1/23	原口一博	国民	民政	0 d 0 n				
	1998/1/23	藤村修	国民	民政	0 d 0 n				
	1998/1/23	松崎公昭	国民	民政	0 d 0 n				
	1998/1/23	松沢成文	国民	民政	0 d 0 n				
	1998/1/23	山本孝史	国民	民政	0 d 0 n				
	1998/1/23	粟屋敏信	太陽	民政	0 d 0 n				
	1998/1/23	岩国哲人	太陽	民政	0 d 0 n				
	1998/1/23	奥田敬和	太陽	民政	0 d 0 n				
	1998/1/23	熊谷弘	太陽	民政	0 d 0 n				
	1998/1/23	小坂憲次	太陽	民政	0 d 0 n				
	1998/1/23	畑英次郎	太陽	民政	0 d 0 n				
	1998/1/23	羽田孜	太陽	民政	0 d 0 n				
	1998/1/23	堀込征雄	太陽	民政	0 d 0 n				
	1998/1/23	前田武志	太陽	民政	0 d 0 n				
	1998/1/23	吉田公一	太陽	民政	0 d 0 n				
	1998/1/23	上田清司	ファイブ	民政	0 d 0 n				
	1998/1/23	樽床伸二	ファイブ	民政	0 d 0 n				
	1998/1/23	細川護熙	ファイブ	民政	0 d 0 n				
	1998/1/23	伊藤達也	無所属	民政	I	0 n	0	1997/7/15	新進
	1998/1/23	木幡弘道	無所属	民政	I	0 n	0d	1997/12/27	新進
	1998/1/23	民政党結成							
	1998/2/4	岡部英男	自民	補選					
	1998/2/4	平野博文	無所属	民主I	I	0			
	1998/2/5	西岡武夫	自由	辞職					

期間	日時	氏名	移動前	移動後	パターン		無所属期間前後の所属	
	1998/2/5	金子原二郎	無所属	辞職				
	1998/2/19	新井将敬	自民	死去				
	1998/2/25	宮島大典	自民	補選				
	1998/3/17	倉成正和	自民	補選				
	1998/3/20	愛野興一郎	民政	死去				
	1998/3/29	森田健作	自民	補選				
	1998/3/31	東順治	平和	繰上げ				
	1998/4/22	伊藤達也	民政	無所属	0 d I	G	1998/7/8	自民
	1998/4/23	河村たかし	自由	無所属	0 I	0	1998/12/15	民主Ⅱ
	1998/4/27	粟屋敏信	民政	無所属	0 d I	0	1999/12/16	無会
	1998/4/27	小坂憲次	民政	無所属	0 d I	G	1998/6/23	自民
	1998/4/27	左藤恵	民政	無所属	0 d I	G	1998/12/24	自民
	1998/4/27	伊藤英成	友愛	民主Ⅱ	0 d 0 n			
	1998/4/27	鍵田節哉	友愛	民主Ⅱ	0 d 0 n			
	1998/4/27	川端達夫	友愛	民主Ⅱ	0 d 0 n			
	1998/4/27	神田厚	友愛	民主Ⅱ	0 d 0 n			
	1998/4/27	今田保典	友愛	民主Ⅱ	0 d 0 n			
	1998/4/27	島聡	友愛	民主Ⅱ	0 d 0 n			
	1998/4/27	島津尚純	友愛	民主Ⅱ	0 d 0 n			
	1998/4/27	城島正光	友愛	民主Ⅱ	0 d 0 n			
	1998/4/27	高木義明	友愛	民主Ⅱ	0 d 0 n			
	1998/4/27	田中慶秋	友愛	民主Ⅱ	0 d 0 n			
	1998/4/27	玉置一弥	友愛	民主Ⅱ	0 d 0 n			
	1998/4/27	中野寛成	友愛	民主Ⅱ	0 d 0 n			
	1998/4/27	福岡宗也	友愛	民主Ⅱ	0 d 0 n			
	1998/4/27	吉田治	友愛	民主Ⅱ	0 d 0 n			
	1998/4/27	北橋健治	民改連	民主Ⅱ	0 d 0 n			
	1998/4/27	土肥隆一	民改連	民主Ⅱ	0 d 0 n			
	1998/4/27	石井一	民政	民主Ⅱ	0 d 0 n			
	1998/4/27	岩国哲人	民政	民主Ⅱ	0 d 0 n			
	1998/4/27	上田清司	民政	民主Ⅱ	0 d 0 n			
	1998/4/27	岡田克也	民政	民主Ⅱ	0 d 0 n			
	1998/4/27	奥田敬和	民政	民主Ⅱ	0 d 0 n			
	1998/4/27	鹿野道彦	民政	民主Ⅱ	0 d 0 n			
	1998/4/27	北脇保之	民政	民主Ⅱ	0 d 0 n			
	1998/4/27	熊谷弘	民政	民主Ⅱ	0 d 0 n			
	1998/4/27	古賀一成	民政	民主Ⅱ	0 d 0 n			
	1998/4/27	木幡弘道	民政	民主Ⅱ	0 d 0 n			
	1998/4/27	佐藤敬夫	民政	民主Ⅱ	0 d 0 n			

期間	日時	氏名	移動前	移動後	パターン	無所属期間前後の所属
	1998/4/27	樽床伸二	民政	民主Ⅱ	0 d 0 n	
	1998/4/27	永井英慈	民政	民主Ⅱ	0 d 0 n	
	1998/4/27	中川正春	民政	民主Ⅱ	0 d 0 n	
	1998/4/27	畑英次郎	民政	民主Ⅱ	0 d 0 n	
	1998/4/27	羽田孜	民政	民主Ⅱ	0 d 0 n	
	1998/4/27	原口一博	民政	民主Ⅱ	0 d 0 n	
	1998/4/27	藤村修	民政	民主Ⅱ	0 d 0 n	
	1998/4/27	細川護熙	民政	民主Ⅱ	0 d 0 n	
	1998/4/27	堀込征雄	民政	民主Ⅱ	0 d 0 n	
	1998/4/27	前田武志	民政	民主Ⅱ	0 d 0 n	
	1998/4/27	松崎公昭	民政	民主Ⅱ	0 d 0 n	
	1998/4/27	松沢成文	民政	民主Ⅱ	0 d 0 n	
	1998/4/27	山本孝史	民政	民主Ⅱ	0 d 0 n	
	1998/4/27	吉田公一	民政	民主Ⅱ	0 d 0 n	
	1998/4/27	赤松広隆	民主Ⅰ	民主Ⅱ	0 d 0 n	
	1998/4/27	安住淳	民主Ⅰ	民主Ⅱ	0 d 0 n	
	1998/4/27	家西悟	民主Ⅰ	民主Ⅱ	0 d 0 n	
	1998/4/27	池田元久	民主Ⅰ	民主Ⅱ	0 d 0 n	
	1998/4/27	池端清一	民主Ⅰ	民主Ⅱ	0 d 0 n	
	1998/4/27	石井紘基	民主Ⅰ	民主Ⅱ	0 d 0 n	
	1998/4/27	石毛瑛子	民主Ⅰ	民主Ⅱ	0 d 0 n	
	1998/4/27	石橋大吉	民主Ⅰ	民主Ⅱ	0 d 0 n	
	1998/4/27	伊藤忠治	民主Ⅰ	民主Ⅱ	0 d 0 n	
	1998/4/27	岩田順介	民主Ⅰ	民主Ⅱ	0 d 0 n	
	1998/4/27	生方幸夫	民主Ⅰ	民主Ⅱ	0 d 0 n	
	1998/4/27	枝野幸男	民主Ⅰ	民主Ⅱ	0 d 0 n	
	1998/4/27	大畠昭宏	民主Ⅰ	民主Ⅱ	0 d 0 n	
	1998/4/27	小沢鋭仁	民主Ⅰ	民主Ⅱ	0 d 0 n	
	1998/4/27	海江田万里	民主Ⅰ	民主Ⅱ	0 d 0 n	
	1998/4/27	金田誠一	民主Ⅰ	民主Ⅱ	0 d 0 n	
	1998/4/27	川内博史	民主Ⅰ	民主Ⅱ	0 d 0 n	
	1998/4/27	菅直人	民主Ⅰ	民主Ⅱ	0 d 0 n	
	1998/4/27	北村哲男	民主Ⅰ	民主Ⅱ	0 d 0 n	
	1998/4/27	桑原豊	民主Ⅰ	民主Ⅱ	0 d 0 n	
	1998/4/27	玄葉光一郎	民主Ⅰ	民主Ⅱ	0 d 0 n	
	1998/4/27	小平忠正	民主Ⅰ	民主Ⅱ	0 d 0 n	
	1998/4/27	五島正規	民主Ⅰ	民主Ⅱ	0 d 0 n	
	1998/4/27	小林守	民主Ⅰ	民主Ⅱ	0 d 0 n	
	1998/4/27	近藤昭一	民主Ⅰ	民主Ⅱ	0 d 0 n	

期間	日時	氏名	移動前	移動後	パターン			無所属期間前後の所属	
	1998/4/27	坂上富男	民主Ⅰ	民主Ⅱ	0	d	0	n	
	1998/4/27	佐々木秀典	民主Ⅰ	民主Ⅱ	0	d	0	n	
	1998/4/27	佐藤謙一郎	民主Ⅰ	民主Ⅱ	0	d	0	n	
	1998/4/27	末松義規	民主Ⅰ	民主Ⅱ	0	d	0	n	
	1998/4/27	田中甲	民主Ⅰ	民主Ⅱ	0	d	0	n	
	1998/4/27	辻一彦	民主Ⅰ	民主Ⅱ	0	d	0	n	
	1998/4/27	中桐伸五	民主Ⅰ	民主Ⅱ	0	d	0	n	
	1998/4/27	中沢健次	民主Ⅰ	民主Ⅱ	0	d	0	n	
	1998/4/27	鉢呂吉雄	民主Ⅰ	民主Ⅱ	0	d	0	n	
	1998/4/27	鳩山邦夫	民主Ⅰ	民主Ⅱ	0	d	0	n	
	1998/4/27	鳩山由紀夫	民主Ⅰ	民主Ⅱ	0	d	0	n	
	1998/4/27	葉山峻	民主Ⅰ	民主Ⅱ	0	d	0	n	
	1998/4/27	仙谷由人	民主Ⅰ	民主Ⅱ	0	d	0	n	
	1998/4/27	肥田美代子	民主Ⅰ	民主Ⅱ	0	d	0	n	
	1998/4/27	日野市朗	民主Ⅰ	民主Ⅱ	0	d	0	n	
	1998/4/27	平野博文	民主Ⅰ	民主Ⅱ	0	d	0	n	
	1998/4/27	藤田幸久	民主Ⅰ	民主Ⅱ	0	d	0	n	
	1998/4/27	古川元久	民主Ⅰ	民主Ⅱ	0	d	0	n	
	1998/4/27	細川律夫	民主Ⅰ	民主Ⅱ	0	d	0	n	
	1998/4/27	前原誠司	民主Ⅰ	民主Ⅱ	0	d	0	n	
	1998/4/27	松本惟子	民主Ⅰ	民主Ⅱ	0	d	0	n	
	1998/4/27	松本龍	民主Ⅰ	民主Ⅱ	0	d	0	n	
	1998/4/27	山花貞夫	民主Ⅰ	民主Ⅱ	0	d	0	n	
	1998/4/27	山本譲司	民主Ⅰ	民主Ⅱ	0	d	0	n	
	1998/4/27	山元勉	民主Ⅰ	民主Ⅱ	0	d	0	n	
	1998/4/27	横路孝弘	民主Ⅰ	民主Ⅱ	0	d	0	n	
	1998/4/27	渡辺周	民主Ⅰ	民主Ⅱ	0	d	0	n	
	1998/5/1	*細川護熙*	*民主Ⅱ*	*辞職*					
	1998/6/16	岩下栄一	自民	補選					
Q-16	1998/6/19	上原康助	社民	無所属	0	I	0		1998/7/23 民主Ⅱ
	1998/6/23	小坂憲次	無所属	自民	I	G	0d		1998/4/27 民政
	1998/7/8	伊藤達也	無所属	自民	I	G	0d		1998/4/27 民政
	1998/7/11	*住博司*	*自民*	*死去*					
	1998/7/12	参院選							
A-6	*1998/7/16*	*奥田敬和*	*民主Ⅱ*	*死去*					
	1998/7/23	上原康助	無所属	民主Ⅱ	I	0	0		1998/6/19 社民
P-18	*1998/8/25*	*宮腰光寛*	*自民*	*補選*					
	1998/8/25	*奥田建*	*民主Ⅱ*	*補選*					
Q-17	1998/10/16	園田博之	さき	無所属	0	I	G		1999/12/28 自民

期間	日時	氏名	移動前	移動後	パターン			無所属期間前後の所属	
	1998/10/16	石垣一夫	自由	無所属	0	I	0n	1998/11/7	公明
	1998/10/16	久保哲司	自由	無所属	0	I	0n	1998/11/7	公明
	1998/10/16	佐藤茂樹	自由	無所属	0	I	0n	1998/11/7	公明
	1998/10/16	谷口隆義	自由	無所属	0	I	0n	1998/11/7	公明
	1998/10/16	西博義	自由	無所属	0	I	0n	1998/11/7	公明
	1998/10/29	*中島洋次郎*	*自民*	*無所属*					
	1998/11/7	青山二三	平和	公明	0	d	0 n		
	1998/11/7	赤羽一嘉	平和	公明	0	d	0 n		
	1998/11/7	赤松正雄	平和	公明	0	d	0 n		
	1998/11/7	東順治	平和	公明	0	d	0 n		
	1998/11/7	池坊保子	平和	公明	0	d	0 n		
	1998/11/7	石井啓一	平和	公明	0	d	0 n		
	1998/11/7	石田幸四郎	平和	公明	0	d	0 n		
	1998/11/7	市川雄一	平和	公明	0	d	0 n		
	1998/11/7	井上義久	平和	公明	0	d	0 n		
	1998/11/7	上田勇	平和	公明	0	d	0 n		
	1998/11/7	漆原良夫	平和	公明	0	d	0 n		
	1998/11/7	遠藤乙彦	平和	公明	0	d	0 n		
	1998/11/7	遠藤和良	平和	公明	0	d	0 n		
	1998/11/7	近江巳記夫	平和	公明	0	d	0 n		
	1998/11/7	大口善徳	平和	公明	0	d	0 n		
	1998/11/7	太田昭宏	平和	公明	0	d	0 n		
	1998/11/7	大野由利子	平和	公明	0	d	0 n		
	1998/11/7	長内順一	平和	公明	0	d	0 n		
	1998/11/7	河合正智	平和	公明	0	d	0 n		
	1998/11/7	河上覃雄	平和	公明	0	d	0 n		
	1998/11/7	神崎武法	平和	公明	0	d	0 n		
	1998/11/7	北側一雄	平和	公明	0	d	0 n		
	1998/11/7	草川昭三	平和	公明	0	d	0 n		
	1998/11/7	倉田栄喜	平和	公明	0	d	0 n		
	1998/11/7	斉藤鉄夫	平和	公明	0	d	0 n		
	1998/11/7	坂口力	平和	公明	0	d	0 n		
	1998/11/7	白保台一	平和	公明	0	d	0 n		
	1998/11/7	田端正広	平和	公明	0	d	0 n		
	1998/11/7	富田茂之	平和	公明	0	d	0 n		
	1998/11/7	平田米男	平和	公明	0	d	0 n		
	1998/11/7	福島豊	平和	公明	0	d	0 n		
	1998/11/7	福留泰蔵	平和	公明	0	d	0 n		
	1998/11/7	冬柴鉄三	平和	公明	0	d	0 n		

期間	日時	氏名	移動前	移動後	パターン			無所属期間前後の所属	
	1998/11/7	枡屋敬悟	平和	公明	0	d	0 n		
	1998/11/7	丸谷佳織	平和	公明	0	d	0 n		
	1998/11/7	宮地正介	平和	公明	0	d	0 n		
	1998/11/7	若松謙惟	平和	公明	0	d	0 n		
	1998/11/7	石垣一夫	無所属	公明	I	0 n	0	1998/10/16	自由
	1998/11/7	久保哲司	無所属	公明	I	0 n	0	1998/10/16	自由
	1998/11/7	佐藤茂樹	無所属	公明	I	0 n	0	1998/10/16	自由
	1998/11/7	谷口隆義	無所属	公明	I	0 n	0	1998/10/16	自由
	1998/11/7	西博義	無所属	公明	I	0 n	0	1998/10/16	自由
	1998/11/7	旭道山和泰	平和	無所属	0	d	I		
	1998/11/7	公明党結成							
	1998/11/17	野田実	自民	失職					
	1998/11/24	奥谷通	自民	繰上げ					
F-5	1998/12/15	河村たかし	無所属	民主II	I	0	0	1998/4/23	自由
	1998/12/17	井上一成	無所属	自由	I	G	0	1997/7/8	新進
	1998/12/17	岩浅嘉仁	無所属	自由	I	G	0d	1997/12/27	新進
	1998/12/17	笹山登生	無所属	自由	I	G	0d	1997/12/27	新進
	1998/12/24	坂本剛二	無所属	自民	I	G	0d	1997/12/27	新進
	1998/12/24	左藤恵	無所属	自民	I	G	0d	1998/4/27	民政
Q-18	1999/1/11	秋葉忠利	社民	辞職					
	1999/1/12	中島洋二郎	無所属	辞職					
	1999/1/18	海部俊樹	無所属	自由	I	G	0d	1997/12/27	新進
P-20	1999/1/20	小島敏男	自民	繰上げ					
	1999/1/20	知久馬二三子	社民	繰上げ					
	1999/3/4	北脇保之	民主	辞職					
	1999/3/4	鳩山邦夫	民主	辞職					
	1999/3/5	石橋一弥	自民	死去					
	1999/3/8	柿沢弘治	自民	無所属					
	1999/3/15	水野賢一	自民	繰上げ					
	1999/3/25	柿沢弘治	無所属	辞職					
	1999/4/11	木村勉	自民	補選					
	1999/4/11	塩谷立	自民	補選					
	1999/4/11	中山義活	民主	補選					
	1999/6/11	栗本慎一郎	自民	無所属	G	I	0	1999/12/31	自連
	1999/6/17	東家嘉幸	自民	辞職					
	1999/7/5	林田彪	自民	繰上げ					
	1999/7/14	渋谷修	民主II	繰上げ					
	1999/7/14	山花貞夫	民主II	死去					
Q-19	1999/10/22	藤波孝生	自民	無所属					

期間	日時	氏名	移動前	移動後	パターン			無所属期間前後の所属	
F-6	1999/12/15	木村太郎	改革	無所属	0	I	G	1999/12/28	自民
	1999/12/15	富沢篤紘	改革	無所属	0	I	0	1999/12/28	民主II
	1999/12/15	中野清	改革	無所属	0	I	G	1999/12/16	自民
	1999/12/16	中野清	無所属	自民	I	G	0	1999/12/15	改革
	1999/12/16	粟屋敏信	無所属	無会	I	0	0d	1998/4/27	民政
	1999/12/16	笹木竜三	無所属	無会	I	0	0d	1997/12/27	新進
	1999/12/16	土屋品子	無所属	無会	I	0			
	1999/12/16	中田宏	無所属	無会	I	0	0d	1997/12/27	新進
	1999/12/17	山中燁子	改革	自民	0	G			
	1999/12/28	木村太郎	無所属	自民	I	G	0	1999/12/15	改革
	1999/12/28	園田博之	無所属	自民	I	G	0	1998/10/6	さき
	1999/12/28	富沢篤紘	無所属	民主II	I	0	0	1999/12/15	改革
	1999/12/31	栗本慎一郎	無所属	自連	I	0	G	1999/6/11	自民
P-22	2000/1/20	小野寺五典	自民	辞職					
	2000/1/20	中田宏	無会	民主II	0	0			
	2000/1/20	笹木竜三	無会	無所属	0	I			
	2000/2/10	菊池薫	社民	繰上げ					
	2000/2/10	前島秀行	社民	死去					
	2000/2/27	大石正光	民主	補選					
A-7	2000/4/5	安倍基雄	自由	保守	0	G	n		
	2000/4/5	井上一成	自由	保守	0	G	n		
	2000/4/5	井上喜一	自由	保守	0	G	n		
	2000/4/5	岡島正之	自由	保守	0	G	n		
	2000/4/5	加藤六月	自由	保守	0	G	n		
	2000/4/5	海部俊樹	自由	保守	0	G	n		
	2000/4/5	吉田幸弘	自由	保守	0	G	n		
	2000/4/5	江崎鉄磨	自由	保守	0	G	n		
	2000/4/5	三沢淳	自由	保守	0	G	n		
	2000/4/5	小池百合子	自由	保守	0	G	n		
	2000/4/5	松浪健四郎	自由	保守	0	G	n		
	2000/4/5	西川太一郎	自由	保守	0	G	n		
	2000/4/5	西田猛	自由	保守	0	G	n		
	2000/4/5	西野陽	自由	保守	0	G	n		
	2000/4/5	青山丘	自由	保守	0	G	n		
	2000/4/5	青木宏之	自由	保守	0	G	n		
	2000/4/5	中西啓介	自由	保守	0	G	n		
	2000/4/5	中村鋭一	自由	保守	0	G	n		
	2000/4/5	二階俊博	自由	保守	0	G	n		
	2000/4/5	野田毅	自由	保守	0	G	n		

期間	日時	氏名	移動前	移動後	パターン		無所属期間前後の所属	
P-23	2000/4/7	七条明	自民	繰上げ				
	2000/4/7	越智伊平	自民	死去				
	2000/4/25	半田善三	民主	繰上げ				
	2000/4/25	福岡宗也	民主	死去				
	2000/5/14	小渕恵三	自民	死去				
	2000/5/24	吉田幸弘	保守	自民	G	G		
	2000/5/26	佐々木洋平	自由	保守	0	G		
R-3	2000/6/7	梶山静六	自民	死去				

■ 期間IV

期間	日時	氏名	移動前	移動後	パターン		無所属期間前後の所属	
Q-21	2000/7/19	山口壯	無所属	民主	I	0		
Q-22	2000/9/8	山本譲司	民主	辞職				
P-26	2000/10/22	川田悦子	無所属	補選				
	2000/11/8	増原義剛	無所属	自民	I	G		
	2000/11/8	小泉龍司	無所属	自民	I	G		
F-7	2000/12/22	上川陽子	無所属	自民	I	G		
	2000/12/22	北村誠吾	無所属	自民	I	G		
	2000/12/22	谷本龍哉	無所属	自民	I	G		
	2000/12/22	平井卓也	無所属	自民	I	G		
	2000/12/22	山本幸三	無所属	自民	I	G		
P-27	2001/3/25	田中甲	民主II	無所属	0	I	0n	2001/6/1 尊命
P-28	2001/4/26	中田宏	民主II	無所属	0	I		
	2001/4/26	三村申吾	民主II	無所属	0	I		
	2001/6/1	田中甲	無所属	尊命	I	0 n 0	2001/3/25 民主II	
Q-24	2001/7/23	小西哲	自民	死去				
	2001/8/10	菅原喜重郎	自由	辞職				
Q-25	2001/8/22	石原健太郎	自由	繰上げ				
	2001/9/4	伊藤宗一郎	自民	死去				
	2001/9/26	森田健作	無所属	自民	I	G		
	2001/9/26	土屋品子	無会	自民	0	G		
P-30	2001/10/28	伊藤信太郎	自民	補選				
	2001/10/28	小西理	自民	補選				
	2001/11/29	金子恭之	無所属	自民	I	G		
	2001/12/5	近藤基彦	無所属	自民	I	G		
P-31	2002/1/23	岸本光造	自民	死去				
	2002/2/7	鹿野道彦	民主II	無所属				
	2002/3/18	中田宏	無所属	辞職				

期間	日時	氏名	移動前	移動後	パターン			無所属期間前後の所属	
	2002/3/18	加藤紘一	自民	無所属					
	2002/3/18	鈴木宗男	自民	無所属					
	2002/3/28	辻元清美	社民	辞職					
	2002/4/9	加藤紘一	無所属	辞職					
	2002/4/28	石田真敏	自民	補選					
Q-27	2002/8/9	田中真紀子	自民	辞職					
	2002/9/7	古賀正浩	自民	死去					
P-32	2002/10/25	石井紘基	民主Ⅱ	死去					
	2002/10/27	古賀一成	民主Ⅱ	辞職					
	2002/10/27	荒巻隆三	自民	補選					
	2002/10/27	松浪健太	自民	補選					
	2002/10/27	斉藤淳	民主Ⅱ	補選					
	2002/10/27	江田憲司	無所属	補選					
	2002/10/27	星野行男	無所属	補選					
	2002/10/31	米沢隆	民主Ⅱ	繰上げ					
F-9	2002/12/16	横内正明	自民	辞職					
	2002/12/17	山村健	民主Ⅱ	無所属	O	I	On	2003/8/8	尊命
	2002/12/27	小池百合子	保守	自民	G	d	G		
	2002/12/27	野田毅	保守	自民	G	d	G		
	2002/12/27	星野行男	無所属	自民	I	G			
	2002/12/27	井上喜一	保守	保守新	G	d	G n		
	2002/12/27	海部俊樹	保守	保守新	G	d	G n		
	2002/12/27	二階俊博	保守	保守新	G	d	G n		
	2002/12/27	西川太一郎	保守	保守新	G	d	G n		
	2002/12/27	松浪健四郎	保守	保守新	G	d	G n		
	2002/12/27	江崎洋一郎	民主Ⅱ	保守新	O	G	n		
	2002/12/27	金子善次郎	民主Ⅱ	保守新	O	G	n		
	2002/12/27	熊谷弘	民主Ⅱ	保守新	O	G	n		
	2002/12/27	佐藤敬夫	民主Ⅱ	保守新	O	G	n		
	2002/12/27	山谷えり子	民主Ⅱ	保守新	O	G	n		
Q-28	2003/1/16	後藤茂之	民主Ⅱ	無所属	O	I	G	2003/8/12	自民
P-33	2003/1/29	中村喜四郎	無所属	失職					
	2003/3/7	坂井隆憲	自民	辞職					
	2003/3/27	鉢呂義雄	民主Ⅱ	辞職					
	2003/3/27	松沢成文	民主Ⅱ	辞職					
	2003/4/10	釘宮磐	民主Ⅱ	辞職					
	2003/4/24	津島恭一	自民	繰上げ					
	2003/4/24	御法川英文	自民	死去					
	2003/4/27	永岡洋治	自民	補選					

期間	日時	氏名	移動前	移動後	パターン			無所属期間前後の所属	
	2003/1/27	小宮山洋子	民主Ⅱ	補選					
	2003/1/27	保坂武	無所属	補選					
	2003/6/12	三村申吾	無所属	失職					
	2003/6/20	佐藤茂樹	公明	繰上げ					
	2003/6/20	久保哲司	公明	死去					
	2003/7/2	山田敏雅	民主Ⅱ	無所属					
	2003/7/6	田名部匡代	民主Ⅱ	繰上げ					
	2003/7/6	日野市朗	民主Ⅱ	死去					
	2003/7/15	北川知克	自民	繰上げ					
	2003/7/15	奥谷通	自民	死去					
Q-29	2003/8/4	上田清司	民主Ⅱ	辞職					
	2003/8/5	中桐伸五	民主Ⅱ	繰上げ					
	2003/8/8	山村健	無所属	尊命	I	0 n	0	2002/12/17	民主Ⅱ
	2003/8/12	後藤茂之	無所属	自民	I	G	0	2003/1/16	民主Ⅱ
	2003/9/25	東祥三	自由	民主Ⅲ	0 d 0				
	2003/9/25	石原健太郎	自由	民主Ⅲ	0 d 0				
	2003/9/25	一川保夫	自由	民主Ⅲ	0 d 0				
	2003/9/25	小沢一郎	自由	民主Ⅲ	0 d 0				
	2003/9/25	黄川田徹	自由	民主Ⅲ	0 d 0				
	2003/9/25	工藤堅太郎	自由	民主Ⅲ	0 d 0				
	2003/9/25	佐藤公治	自由	民主Ⅲ	0 d 0				
	2003/9/25	塩田晋	自由	民主Ⅲ	0 d 0				
	2003/9/25	鈴木淑夫	自由	民主Ⅲ	0 d 0				
	2003/9/25	高橋嘉信	自由	民主Ⅲ	0 d 0				
	2003/9/25	武山百合子	自由	民主Ⅲ	0 d 0				
	2003/9/25	達増拓也	自由	民主Ⅲ	0 d 0				
	2003/9/25	土田龍司	自由	民主Ⅲ	0 d 0				
	2003/9/25	都築譲	自由	民主Ⅲ	0 d 0				
	2003/9/25	中井洽	自由	民主Ⅲ	0 d 0				
	2003/9/25	中塚一宏	自由	民主Ⅲ	0 d 0				
	2003/9/25	西村眞悟	自由	民主Ⅲ	0 d 0				
	2003/9/25	樋高剛	自由	民主Ⅲ	0 d 0				
	2003/9/25	藤井裕久	自由	民主Ⅲ	0 d 0				
	2003/9/25	藤島正之	自由	民主Ⅲ	0 d 0				
	2003/9/25	山岡賢次	自由	民主Ⅲ	0 d 0				
	2003/9/25	山田正彦	自由	民主Ⅲ	0 d 0				
	2003/9/25	鹿野道彦	無所属	民主Ⅲ	I	0			
R-4	2003/10/10	江崎洋一郎	保守新	自民	G	G			

巻末資料2　全政党間移動記録

■　期間Ⅴ

期間	日時	氏名	移動前	移動後	パターン			無所属期間前後の所属	
O-5	2003/11/10	江藤拓	無所属	自民	I	G			
	2003/11/10	加藤紘一	無所属	自民	I	G			
	2003/11/10	古川禎久	無所属	自民	I	G			
	2003/11/17	井上喜一	保守新	自民	G	d	G		
	2003/11/17	江崎鉄磨	保守新	自民	G	d	G		
	2003/11/17	海部俊樹	保守新	自民	G	d	G		
	2003/11/17	二階俊博	保守新	自民	G	d	G		
F-10	2003/12/9	木村隆秀	自民	繰上げ					
	2003/12/9	近藤浩	自民	辞職					
	2004/1/1	西村康稔	無所属	自民	I	G			
P-36	2004/1/19	新井正則	自民	辞職					
	2004/1/27	古賀純一郎	民主Ⅲ	無所属					
	2004/1/28	池田行彦	自民	死去					
	2004/2/20	山中貞則	自民	死去					
	2004/3/2	津川祥吾	民主Ⅲ	繰上げ					
	2004/3/2	佐藤観樹	民主Ⅲ	辞職					
	2004/4/13	本多正直	民主Ⅲ	繰上げ					
	2004/4/13	木下厚	民主Ⅲ	辞職					
	2004/4/25	寺田稔	自民	補選					
	2004/4/25	森山裕	自民	補選					
	2004/4/25	柴山昌彦	自民	補選					
	2004/6/3	川上義博	無所属	自民	I	G			
	2004/6/3	御法川信英	無所属	自民	I	G			
	2004/6/3	坂本哲志	無所属	自民	I	G			
	2004/6/3	武田良太	無所属	自民	I	G			
Q-33	2004/9/27	古賀純一郎	無所属	辞職					
P-38	2004/11/2	田村謙治	民主Ⅲ	繰上げ					
	2004/11/2	都築譲	民主Ⅲ	辞職					
	2004/11/2	吉良州司	無所属	民主Ⅲ	I	0			
F-11	2004/12/24	鎌田さゆり	民主Ⅲ	辞職					
P-39	2005/3/10	中西一善	自民	辞職					
	2005/4/24	秋葉賢也	自民	補選					
	2005/4/24	山崎拓	自民	補選					
	2005/4/28	今野東	民主Ⅲ	辞職					
	2005/8/1	永岡洋治	自民	死去					
R-5	2005/8/9	横光克彦	社民	無所属	O	I			
	2005/8/12	津島恭一	自民	無所属	G	I		0n	2005/8/24 日本

期間	日時	氏名	移動前	移動後	パターン			無所属期間前後の所属	
	2005/8/17	亀井静香	自民	国民新	G	0	n		
	2005/8/17	亀井久興	自民	国民新	G	0	n		
	2005/8/17	綿貫民輔	自民	国民新	G	0	n		
	2005/8/20	青山丘	自民	無所属	G	I	0n	2005/8/24	日本
	2005/8/24	小林興起	自民	日本	G	0	n		
	2005/8/24	滝実	自民	日本	G	0	n		
	2005/8/24	津島恭一	無所属	日本	I	0	n G	2005/8/12	自民
	2005/8/24	青山丘	無所属	日本	I	0	n G	2005/8/20	自民
	2005/8/24	小西理	自民	無所属	G	I			
	2005/8/29	八代英太	自民	無所属	G	I			

■ 期間VI

期間	日時	氏名	移動前	移動後	パターン	無所属期間前後の所属
Q-35	2005/11/28	西村眞悟	民主	無所属		
F-12	2005/12/13	五島正規	民主	辞職		
	2005/12/21	高井美穂	民主	繰上げ		
Q-36	2006/1/18	松本和巳	自民	辞職		
P-41	2006/4/4	永田寿康	民主	辞職		
	2006/4/18	池田元久	民主	繰上げ		
	2006/4/24	太田和美	民主	補選		
	2006/5/12	亀井善之	自民	死去		
	2006/6/8	西田猛	自民	死去		
P-42	2006/10/23	亀井善太郎	自民	補選		
	2006/10/23	原田憲治	自民	補選		
	2006/12/4	堀内光男	無所属	自民	I G	
	2006/12/4	保坂武	無所属	自民	I G	
	2006/12/4	野田聖子	無所属	自民	I G	
	2006/12/4	古屋圭司	無所属	自民	I G	
	2006/12/4	山口俊一	無所属	自民	I G	
	2006/12/4	武田良太	無所属	自民	I G	
	2006/12/4	今村雅弘	無所属	自民	I G	
	2006/12/4	保利耕輔	無所属	自民	I G	
	2006/12/4	江藤拓	無所属	自民	I G	
	2006/12/4	古川禎久	無所属	自民	I G	
	2006/12/4	森山裕	無所属	自民	I G	
	2006/12/18	北橋健治	民主	辞職		
F-13	2006/12/20	徳田毅	無所属	自民	I G	
	2006/12/27	楠田大蔵	民主	繰上げ		

巻末資料2　全政党間移動記録　229

期間	日時	氏名	移動前	移動後	パターン	無所属期間前後の所属
P-43	2007/3/15	荒井聰	民主	辞職		
	2007/3/22	達増拓也	民主	辞職		
	2007/3/27	石川知裕	民主	繰上げ		
	2007/5/28	松岡利勝	自民	死去		
Q-39	2007/7/12	長浜博行	民主	辞職		
	2007/7/20	藤井裕久	民主	繰上げ		
	2007/7/29	坂本哲志	自民	補選		
	2007/7/29	階猛	民主	補選		
P-45	2007/9/11	玉澤徳一郎	自民	無所属		
P-47	2008/1/22	福田良彦	自民	辞職		
	2008/4/15	平岡秀夫	民主	辞職		
	2008/4/23	和田隆志	民主	繰上げ		
	2008/4/27	平岡秀夫	民主	補選		
A-14	2008/9/21	保坂武	自民	辞職		
P-48	2008/9/24	玉澤徳一郎	無所属	自民		
	2008/9/24	西村眞吾	無所属	改ク	I 0	
P-49	2009/1/13	渡辺喜美	自民	無所属	G I 0 n	2009/8/8 みんな
R-6	2009/7/21	糸川正晃	国民新	民主	0 0	
	2009/8/8	山内康一	自民	みんな	G 0 n	
	2009/8/8	広津素子	自民	みんな	G 0 n	
	2009/8/8	江田憲司	無所属	みんな	I 0 n	

* 巻末資料2の作成には，東大法・蒲島郁夫ゼミ［2000］，『朝日新聞』，『読売新聞』，『国会便覧』を参考にした。

** 政党の略称は以下の通り。
・さき：新党さきがけ
・自連：自由連合
・市民：市民リーグ
・ファイブ：フロムファイブ
・国民：国民の声
・改革：改革クラブ
・無会：無所属の会
・国民新：国民新党
・日本：新党日本
・みんな：みんなの党

あとがき

　1993年6月18日，宮澤内閣不信任決議案が可決された衆院本会議の熱気を，著者は忘れることができない。
　当時，中学生であった著者は，その様子をテレビで見た。不信任案に賛成票を投じる自民党議員が出るたびに，議場は大きなどよめきに包まれ，賛成の白票を投じる議員たちの高揚した表情がひときわ印象的であった。そこで起きていることの意味を十分に理解するにはまだ幼かったが，議会における一票で世の中を動かす政治家の影響力の大きさに，強い驚きと密かな憧れを覚えたことを，いまも鮮やかに思い出す。
　著者にとって，あの日の光景は政治学者を志す原点である。
　思えば，日本における「政界再編」は，あの日を境に始まった。議会政治家が所属政党を融通無碍に変え，新しい政党が次々と結成されては，そのほとんどが消えていった。なぜこのような激しい動きが起こっているのか。その渦中にある政治家は，何を考えて行動しているのか。あの日以来，一層政治に強い関心を持つようになり，同時代で激動の「政界再編」を観察することとなった著者にとって，これは大きなクエスチョンであり続けた。
　その意味で，政治学徒としての道を歩み始めた大学院において，著者が「政界再編」を研究対象としようと思ったのは，自然な成り行きであった。本書によって，あの日以来抱き続けてきた疑問のすべてに答えることができたとはいえないかもしれない。しかし，自分に課した長年の宿題を，ようやくひとまず片づけることができたという安堵の念を覚えるのも，また事実である。

　このように，解きたい問いこそあったものの，畑違いの経済学部から政治学については何も知らず大学院の門を叩いた著者を，文字どおりゼロから鍛えてくださったのが加藤淳子先生である。今でもよく覚えているが，

指導教員をお願いしたとき，先生から「将来は研究者志望ですか」と問われ，「そのつもりです」とお答えすると，「では，こちらもそのつもりで指導しますから」とおっしゃった。その瞬間から，先生との面談は，読むべき本や論文，データの収集方法，分析視角のヒントに至るまで，一言も聞き洩らせない実践的なアドバイスを頂戴する場となった。一方で，遅々として進まない論文の執筆に，適切なタイミングで叱咤激励しながら辛抱強く完成に導いていただいた。いま改めて振り返ると，政治学の基礎的な素養が全くない著者を研究者として養成するのは，並大抵のご苦労ではなかったと思う。そのご苦労には，今後の著者の研究においてこそ報いていかねばならないと強く感じている。

そして，著者にとって，もう一人の恩師と呼べる存在が，御厨貴先生である。御厨先生には，縁あって研究室に誘っていただき，博士論文の執筆に最適な素晴らしい研究環境を与えてくださった。のみならず，本書の内容についても，歴史的な観点から見る自民党の特殊性など，多岐にわたる貴重なご示唆を賜った。それは，ともすれば政界再編期のみに注目して政党像，政治家像を描きがちだった著者にとって，居住まいを正さずにはいられない有益なアドバイスであった。著者は日ごろ，先生の現代政治に対するオリジナルな「言葉」の数々を研究室で伺っているが，これは単なる役得にとどまらず，研究上の重要なヒントにもなっている。お二人の優れた師を持てたことは，著者にとっての最高の財産である。

内山融先生は，右も左も分からぬ著者に，政治学の世界での航海図を与えてくださった。先生のゼミで輪読した書籍・論文は，政治学の最先端の研究潮流を踏まえ，かつ実証分析の見本となるような優れたものばかりで，著者の研究の骨肉となった。博士論文の審査においても，中間審査のたびごとに丁寧にお読みいただいて，有益なコメントを多数頂戴した。若気の至りの一言で許されるものでもないが，ゼミなどでは生意気で失礼な発言も数多く，さぞ不愉快な思いもされたに違いない。この場をお借りしてお礼とお詫びを申し上げる次第である。

増山幹高先生には，博士論文執筆の最終段階から審査に加わっていただいた。論文を書き進めるうち，細かい政党間移動のケースにのめり込んで視野狭窄に陥りかけていた著者は，論文といえども読み物であり，読者にとって魅力的なものに仕上げることの重要性を先生から教わった。本書が

いくばくかでも読者の興味を引くものになっているとすれば，それは先生の力によるところが大である。

　論文審査における清水剛先生のコメントは，政治学徒の著者には思いもつかない視点からのものが多く，目を開かされることも少なくなかった。先生のような専門の異なる方に審査委員として参加していただけることは，著者が駒場で研究生活を送った大きなメリットの一つであった。

　倉田博史先生には，修士論文の審査や授業を通して，学問に対する向上心や，真摯な姿勢とは何たるかを学んだ。統計学がご専門の先生に，専門の異なる学生を指導するご無理をお願いすることになったが，先生との出会いも，まぎれもなく本書完成の一助となった。

　著者の現在の勤務先である，東京大学先端科学技術研究センター・御厨貴研究室では，オーラル・ヒストリープロジェクトへの参加を中心に，多くの先生方，実務家，研究者の方々との貴重な出会いがあった。なかでも牧原出先生には，研究者，あるいは人生の先輩として，含蓄のあるアドバイスを日々頂戴している。また，過去・現在において研究室でご一緒した黒須卓，清水唯一朗，菅原琢，高橋洋，手塚洋輔の各氏には，研究上はもちろんのこと，私生活においてもしばしばお世話になってきた。優れた先輩方との出会いによって，著者の公私両面にわたる人生が豊かなものになったことは疑いない。また，本書の構想段階から，二度にわたって報告の機会をいただき，多くのコメントを頂戴した先端公共政策研究会の皆様，ならびに研究室の事務スタッフにも，御礼申し上げる。

　さらに，著者が政治学徒としてのスタートを切った東京大学大学院総合文化研究科においても，尊敬すべき先生や，同世代の研究者に出会うことができた。客員教授として教鞭を取られ，後に麻生太郎元首相の事務秘書官も務められた現自治大学校校長の岡本全勝先生は，官僚としての激務の傍ら，様々な媒体に論考を発表され，そのバイタリティには感嘆するほかない。先生の発信力には及ばないまでも，著者も社会に開かれた学者であらねばならないと思っている。

　砂原庸介氏には，3度にわたる博士論文の中間審査のたびごとに本書の原稿を読んでいただき，貴重なコメントを頂戴した。また，木寺元氏は，

同期の研究者として切磋琢磨できる存在でもあり，得難い友人でもある。お二人との出会いによって，著者の大学院生活は孤独から免れ，むしろ刺激的なものとなりえた。合わせて，論文の輪読などを通して活発に議論を交わした，駒場政治経済学研究会のメンバー諸氏にも謝意を表したい。

　こうして振り返ってみると，著者がいかに多くの人々に支えられ，本書を完成させることができたかを改めて実感する。他にも数え切れない方々のお世話になってきたが，全ての方のお名前を挙げることは難しい。ご寛恕をお願いするとともに，深く感謝申し上げたい。

　本書の出版をご快諾いただき，なおかつ実務的に支えてくださったのは，木鐸社の坂口節子氏である。初めての著作で何もかも不慣れな著者にとって，坂口氏の適切な導きなしには到底刊行まで辿り着かなかった。なお，研究の遂行にあたり，公益財団法人・サントリー文化財団から研究助成を受けるとともに，本書の出版にあたっては，独立行政法人日本学術振興会平成22年度科学研究費補助金（研究成果公開促進費，課題番号225141）の交付を受けた。

　最後に，父・安正と母・美和子は，まともに就職もせず，学究の徒とは名ばかりの生活を送る息子を，黙って見守ってくれた。著者にとって，両親の「沈黙」ほどありがたく，心強い「声援」はほかになかった。そして，ちょうど著者の博士号取得と相前後して，人生を共にする決断をしてくれたパートナーの雅子は，博士論文と本書の完成段階での，陰の，そして実は最大の功労者であった。彼女との新しい家庭をスタートさせるというインセンティヴが，本書の完成を早めてくれたからである。その意味で，最後を飾るのが彼女の名であるのは，名実ともに本書にふさわしい。

2010年7月　山本　健太郎

Abstract

This book explores legislative party switching and changes in the party system of Japan.

The Liberal Democratic Party (LDP) was able to maintain its hegemonic position in the Japanese government for many years, from 1955 to 1993. During this period, the Japanese party system was characterized by stable one-party dominance. However, the Japanese party system changed dramatically after the LDP suddenly divided and left office in 1993. The LDP regained its governing position one year after these events, but the situation did not return to what it had been before the 1993 division, and LDP dominance was replaced by an LDP-centered governing coalition.

At this time, many new opposition parties emerged but most disappeared soon after their inception. More specifically, several opposition legislators attempted to form a "large" party that could oppose the LDP under the new election system.

The new system, introduced in the Japanese House of Representatives (HoR) in 1994, is a mixed system comprised of 300 single-member (SMD) and 200 proportional representation (PR; 180 after the 2001 general election) districts. According to the latter system, the country is divided into 11 districts, each of which is allotted 6–29 representatives. For this reason, in addition to the characteristics of SMDs, one large party has an advantage over smaller ones.

The first attempt to form a large opposition party was the New Frontier Party (NFP), which was established in 1994. The NFP was defeated by the LDP in the 1996 general election, and this defeat caused the party to divide and finally, at the end of 1997, to dissolve.

Soon after this NFP setback, opposition legislators initiated an alternative attempt to organize a large party. As a result, the Democratic Party of Japan (DPJ) was formed in April 1998 and became the largest opposition party.

In contrast to the performance of the NFP, the DPJ increased its number of seats in both the HoR and the House of Councilors (HoC). Although the DPJ was soundly defeated in the 2005 general election, it experienced a landslide victory in the election for the HoC and captured the majority of seats in the HoC in 2007. Finally, the DPJ achieved another significant victory in the 2009 general election and organized a DPJ-centered governing coalition. At this point, the LDP lost power again and became the second largest party in the HoR for the first time in history.

Why did such a drastic change occur? To answer this question, we must focus on legislative party switching. In the Japanese case described above, change in the party system was led by party reorganization at the level of the Diet rather than at the level of the electorate, which is why this book focuses on legislative party switching.

This book deals with all legislative party switching in the Japanese HoR from 1990 to 2009. During this period, a total of 820 instances of party switching occurred, rendering it a very large-scale phenomenon compared with its incidence in other parliamentary democracies characterized by legislative party switching, such as in Italy.

In terms of theoretical perspective, this book applies coalition theory to analyze legislative party switching so that we can explain individual party switching and changes in the party system more generally using the same framework. This represents a theoretical contribution to knowledge about political parties and changes in the party system itself.

The content of the book will be described in what follows. The first chapter serves as the introduction to the book.

The second chapter contains reviews of earlier studies about party politics, the party system, and legislative party switching. In addition, it also includes an explanation of why and how this book applies coalition theory to legislative party switching.

Why apply coalition theory to legislative party switching? A governing coalition is a combination of individual parties that rationally seeks goals. Individual parties are comprised of individual legislators who pursue their interests in a reasonable way. In this way, legislative party switching reflects rational decisions about party membership made by legislators who switch. Thus, we can apply coalition theory to analyze legislative party switching, to understand an individual legislator who switches parties, and to explain changes in the party system in general.

Next, we address how coalition theory is used for these purposes. Coalition theory includes two models: one that addresses office-seeking and a second that addresses policy-seeking. The office-seeking model assumes that the sole goal of actors (i.e., legislators and political parties) involves securing government positions. By contrast, the policy-seeking model assumes that actors pursue not only government office but also policy goals. However, the notion that office-seeking and policy-seeking in a single domain are mutually exclusive is unrealistic. Indeed, both kinds of actors may coexist in actual situations.

This book establishes the criteria for distinguishing between these two kinds of actors. All parties can be defined as part of the government or part of the opposition. Thus, switching to a government-affiliated party can be considered office-seeking behavior, and switching to an opposition party can be considered policy-seeking behavior. Using these criteria, every instance of party switching can be categorized into one of these two types of actions. In addition, switching accompanied by formation of a new party and/or dissolution of an existing party can be distinguished from other kinds of switching.

In the third chapter, all instances of party switching occurring in Japan from 1990 to 2009 will categorized according to the criteria outlined in the previous chapter. Legislative party switching was observed on 820 occasions during this period; office-seeking switching accounted for 644 and policy-seeking switching accounted for 152 of these instances.

On the other hand, switching to new parties occurred on 638 occasions;

office-seeking accounted for 41 and policy-seeking accounted for 597 of these instances. In addition, switching accompanied by party dissolution occurred on 505 occasions.

This chapter will then describe the circumstances in which such party switching occurred. From 1990 to 2009, seven general elections were held in Japan: in 1990, 1993, 1996, 2000, 2003, 2005, and 2009. This book addresses the so-called electoral cycle and refers to the 1990–1993 term as Term 1 (T1), the 1993–1996 term as T2, and so on. T1 included 46 instances of party switching, T2 included 313, T3 included 366, T4 included 54, T5 included 20, and T6 included 18. Switching occurred more frequently during T2 and T3 because two major opposition parties were organized during these terms; the NFP was established during T2 and the DPJ was established during T3.

Furthermore, more switching occurred in December than in other months during all terms because the annual official funding for political parties is calculated on January 1 on the basis of the number of seats held by each party. Thus, legislators have an incentive to establish a new party immediately before the new year.

The fourth chapter analyzes the relationship between the category and the timing of party switching. During every electoral cycle, routine political practices such as the timing of the calculation of official funding affect party switching. This chapter draws on the model developed by Mershon and Shvestova [2009] and divides the electoral cycle into six stages.

The first stage, Stage O starts at the general election and continues until the Diet seats are allocated to each party. The second, Stage A, begins at the end of Stage O and continues until the new government takes office. The third, Stage P, occurs when the Diet is in session. The fourth, Stage F, includes the month of December with the exception of days included in Stage P. The fifth, Stage R, begins when the Diet is dissolved, and the sixth stage, Stage Q encompasses the time not included by the other five stages.

This chapter proposes three hypotheses. First, each stage involves a different kind of party switching. Switching in Stage O involves the results of an election. Stages A and P trigger office-seeking switching, and Stages F and the Q precipitate policy-seeking switching. Because bargaining to form a government occurs during Stage A, those who switch during this stage can directly pursue government positions and this motivates office-seeking party switching. During Stage P, legislators switch parties to actualize policy preferences. To this end, they occupy decisive positions in the Diet, signifying that their party is in office and that they switch in pursuit of office-seeking rather than policy-seeking. During Stage R, legislators pursue electoral favor because they cannot predict election results. The remaining stages, Stages F and the Q, involve policy-seeking party switching.

The second hypothesis concerns formation of a new party. New parties are organized at specific stages and differ according to the stage at which they emerge. According to the relevant formal regulations, new parties are organized during Stages A, F, and R. According to the first hypothesis, a new party organized during Stage A will be a government party and that organized during Stage F will be an opposition party. A new party emerging during Stage R will be devoted exclusively to winning an election. On the other hand, parties are not necessarily formed during Stage P, and those who switch during this stage may decide which party accounts for a majority. Thus, if these legislators leave their original party, it may fall below majority status and the Diet may dissolve. If the Diet dissolves, a new party will be formed during Stage R.

The third hypothesis concerns the dissolution of a party, which occurs when a new party is formed or immediately after an election. The former is obvious, and the latter represents a response to an electoral defeat.

These hypotheses are correct in general with respect to the cases in Japan.

The fifth chapter describes the electoral conditions under which legislators do and do not switch parties. It is unrealistic to suppose that legislators do not consider electoral factors in decisions about whether to switch parties. However, it is also not realistic to suppose that legislators think only about elections. To what extent do legislators consider electoral conditions during periods of party realignment?

Additionally, which switchers are granted membership in a party? During periods of party realignment, parties seeking government positions must accept switchers to increase their seats in the Diet. However, if a party accepts all switchers, incumbent legislators who are already party members will be dissatisfied, which may cause divisions in the party. This chapter will focus on these two aspects of the issue.

In Japan, the LDP utilized PR districts to include switchers by awarding high ranks in each PR district to switchers, while preferring incumbents in elections in SMDs. On the other hand, the DPJ did not permit legislators to run only in PR districts; instead, DPJ legislators were required to run in both SMD and PR districts.

How did legislators evaluate these contrasting approaches? In general, a legislator with a high rank in a PR district has a higher probability of winning than does a candidate in a SMD. However, as the third chapter shows, more legislators have switched to the DPJ than to the LDP, demonstrating that legislators do not consider electoral conditions exclusively but, rather, seek other goals such as office-seeking and policy-seeking.

The next two chapters focus on changes in the Japanese party system. The sixth chapter focuses on the government party, the LDP, and the seventh chapter focuses on the opposition parties, the NFP and DPJ.

The sixth chapter pays special attention to the legislators who left the LDP, some of whom rejoined the LDP. In general, legislators rarely return to a party after leaving, and this chapter offers two hypotheses to explain these exceptions.

The first hypothesis proposes that those who switched parties when the LDP controlled the government were motivated by policy-seeking goals. In this instance, "policy" refers to two phenomena: a specific policy (e.g., approval or disapproval of a particular bill) or the overall position of a party. When defection was caused by the former motivation, it is hypothesized that the defector rejoined the LDP when the specific policy was removed from the party's current agenda. However, when the defection was triggered by the latter motivation, it is hypothesized that the defector did not rejoin the LDP. The second hypothesis proposes that those who defected from the LDP when it was the opposition party rejoined the LDP when it returned to power.

Analysis of the cases involving the LDP generally supports these hypotheses.

The seventh chapter compares the two major opposition parties operating in Japan during this period, the NFP and the DPJ. These two parties have many common features. For example, both parties attempted to defeat the governing LDP and control the government. To that end, the parties attempted to grow in size, resulting in diverse memberships including legislators from different parties with varying policy preferences. Additionally, most mass media criticized the substantive heterogeneity of these parties. Despite these common characteristics, the courses of these parties have clearly differed. The NFP dissolved only three years after its inception, but the DPJ maintained its identity for 10 additional years and finally formed the government in 2009. This chapter discusses the roots of these differences.

Two key concepts are addressed in this chapter. The first concerns the substantive criteria for membership in a party, and the second concerns the expectation that a party will come to power. This chapter examines the hypothesis that an opposition party that satisfies these two conditions maintains its cohesion. If a party pursues internal agreement with respect to policy positions, legislators with different policy preferences will become dissatisfied. For this reason, large opposition parties must maintain highly flexible substantive standards for membership, irrespective of the style of the party leadership. In addition, if a party does not maintain the expectation of winning a general election in the near future, legislators may try to switch to a government-affiliated party.

The NFP initially satisfied both conditions. However, its second leader, Ichiro Ozawa attempted to homogenize the party with respect to policy positions, especially those related to national security. He aimed to enable overseas deployment of the Japan Self-Defense Forces and Japanese participation in international peace keeping operations. However, some legislators in the NFP were strongly opposed to such initiatives. Furthermore, the NFP lost in the 1996 general election. As a result, the NFP dissolved only one year after the 1996 election.

The dissolution of the NFP elevated the DPJ to the status of the largest opposition party. The DPJ learned from the failure of the NFP and attempted to meet the two conditions. In 2006, Ozawa, the previous leader of the NFP, was elected as the leader of the DPJ. This time, however, he did not attempt to achieve internal agreement with respect to policy positions and instead maintained the DPJ's heterogeneous positions on issues such as national security. In addition, the DPJ increased its number of the seats in the Diet in all national elections except those in 2005, thereby justifying expectations that it will assume government positions in the near future. Indeed, the DPJ won a landslide victory in the 2009 general election and finally was able to form a government.

The eighth chapter is the conclusion of this book, which applied coalition theory to analyze legislative party switching. This approach enabled the use of a single framework to examine both individual party switching and changes in the party system in general.

In addition, this book clarified the meaning behind the realignment of Japanese parties. In summary, the party realignment in Japan reflects the LDP's increasing appeal to legislators who pursue office-seeking goals and the DPJ's ambiguity with respect to policy goals. As a result, the LDP maintained overall cohesion and the first DPJ government, Yukio Hatoyama's cabinet, collapsed eight months after the change in government following the 2009 general election. These phenomena indicate that party realignment in Japan continues and that the Japanese party system has not yet stabilized.

事項索引

あ行

安倍派 148
安全保障 167, 172, 177, 181
安定多数 61, 75, 78, 86, 89, 92, 94, 96-97, 101-104, 140, 155, 179, 182
閾値 78, 97, 101, 104-105
イタリア 19, 66-69, 73-74, 97
一次元的な政策追求モデル 25
一党優位体制 9, 17, 66, 133
院内会派 37-39

か行

改革クラブ 56, 90-91, 95, 117-118, 145, 176
改革クラブ（新） 56, 62, 129
解党 11-12, 14, 46-52, 54-60, 62-63, 77-79, 88, 90-91, 95-97, 106, 116, 126, 147, 150, 153, 161, 164-166, 174-176, 183, 188-189
会派 38-41, 56, 60, 94-95, 102, 104, 116, 176
隠れ政権追求（型） 14, 162-164, 166, 182-183
過大規模連立 24
過半数 23-24, 59, 61, 78, 94, 97, 101-103, 121, 160, 163, 175, 187
議会レベル 9, 18-19, 31-32, 35, 67
既存政党 23, 40, 47-51, 53, 55, 58, 60-63, 74-75, 84, 97, 107
共産党 94, 112, 116, 160, 168, 179
凝集性 14, 19, 161, 189
現職議員 21, 36, 107, 112-113, 116-118, 120, 122-123, 125
現職優先 106, 136
憲法 69-71, 167, 176-177
公職選挙法（公選法） 37-39, 61, 94, 107
公務員制度改革 63, 156
公明（党）ⅠⅡ（参院公明、公明新党） 10, 55-56, 58-59, 89-92, 95-96, 113, 116-120, 123, 127, 144, 146, 166, 170, 174-175, 179, 187-188
国民新党 10, 60, 63, 91, 93-94, 126-129, 154
国民の声 56, 88, 90-91, 95, 144, 147, 150, 175
55年体制 27, 166

個人投票 101, 105-107
コスタリカ方式 107, 119, 124, 130, 153

さ行

サイクル 12, 35, 45, 65, 67, 70-72, 77, 97, 135, 186
最小勝利連合 23-25, 93
再選可能性 79, 89, 116, 130, 181
再選志向 28-30, 148
再選追求 13, 20-21, 29, 31-34, 51, 61, 68, 70, 73, 76, 78-79, 88, 90, 93-94, 99-100, 105, 108-109, 114, 119, 123, 125, 136, 169, 171, 173, 180-182, 185
最大野党 12-14, 56, 96, 112, 133, 156, 159-161, 163-165, 176, 183, 187-189
最大与党 112
参院選 37, 60, 62, 80-84, 91, 129, 143-144, 147, 150, 155, 165, 168, 171, 176, 179, 182, 188
自自公（連立） 92, 144
自社さ（連立） 92, 95, 115, 140, 142, 174
執行部 46, 59, 85, 94, 106, 115, 127, 155, 164, 172, 188
自民党（自由民主党） 9-13, 23-24, 27-30, 35, 48-52, 54, 56-62, 66, 84-85, 87, 89, 91-95, 102-103, 106, 111, 113-117, 119-124, 126-130, 133-134, 136-137, 139-156, 159-161, 164, 166-169, 171-175, 178-183, 186-191
市民リーグ 53, 91-92, 115
社会的亀裂 18
社会党 27, 30, 51-53, 92-94, 106, 167-168
社民党（社会民主党） 30, 54, 93, 113, 115-116, 121, 123, 126, 142, 152, 160, 175, 179
自由党（旧） 92, 94, 149-150, 166
自由党 49, 56-58, 60, 88, 90, 92, 94-96, 118-119, 125, 144-145, 147, 149-150, 153, 161, 165-166, 175-179, 188
自由連合 54, 90, 94, 112, 122-123, 150
純化路線 165, 173, 175, 178, 182-183
純政策追求（型） 14, 162-164, 166, 172, 183
昇進 21, 29-31, 36, 134

事項索引　243

少数政権　24
少数与党　120
小選挙区（制）　37, 69, 79, 88, 106-110, 112-118, 120-123, 125-126, 128-130, 141, 164, 171, 188
小選挙区比例代表並立制　105, 112, 147, 159-160, 162
勝利連合　24-26, 34, 76-77, 137
新社会党　92, 95, 116
新自由クラブ　9, 134
新進党　12-14, 48-50, 52-58, 87-88, 90-92, 95-97, 112-119, 121-122, 130, 133, 140-141, 143-144, 146-147, 150-153, 156, 159, 161-162, 164-176, 178, 182-183, 186-189
新生党　50-51, 54-56, 91, 93, 111-113, 141-144, 149-150, 152, 166
新党改革　10, 62, 187, 190
新党さきがけ　28, 46, 51-52, 54-55, 85, 91, 93-94, 111-112, 115, 119, 141-142, 145-146, 149, 167-169, 173, 175
新党尊命　59, 90-92, 96, 123, 180
新党日本　10, 91, 93-94, 126-127, 154
新党平和　56, 58, 90-91, 95-96, 116, 175
新党みらい　91-92, 94, 149-150, 166
新党友愛　56, 88, 90-91, 95, 175-176
スキャンダル　36, 53, 60, 62, 128
ステージ　68-70, 72, 74-76, 79, 84-86, 88, 90, 92, 112
政界再編　9-14, 23, 28-30, 32-33, 36, 43, 63, 70, 99, 109, 130, 133-134, 159, 161, 183-187, 189-191
政権獲得期待　14, 163-169, 171, 173-176, 178-179, 181-183, 189-190
政権追求　11-14, 21-22, 26-27, 31-34, 43-44, 46-51, 53-60, 62-63, 68, 70, 74-79, 85-90, 99-100, 105, 108-109, 135, 139, 147-148, 151, 156, 159-160, 163, 169, 172-173, 181, 183, 186-190
政権追求モデル　23-26, 186
政策ウイング　186, 189-190
政策次元　25-26
政策志向　28, 30-31, 136, 163-164, 168, 188
政策追求　12-14, 21-22, 26-27, 31-34, 43-53, 55, 57-58, 60, 62-63, 68, 70, 74-76, 78-79, 85-90, 99-100, 105, 108-109, 112, 134-140, 151, 154-155, 157, 159-164, 166, 172, 180-181, 183-184, 186, 189

政策追求モデル　24-26, 186
政策的許容性　14, 163-171, 176, 178-179, 181-183, 189
政治改革　28-29, 85, 111-112, 141, 145, 148, 155, 187-188, 190
政治改革関連法　85, 93, 112, 141-142, 145, 148
政党システム　9-10, 12, 17-19, 184
政党助成金　39, 54-55, 57, 60, 62, 65, 72, 89-90, 94, 97, 128
政党助成法　37, 73
政党投票　101
絶対安定多数　61, 103-104, 179
選挙基盤　28-29
選挙区（間）移動　108-109, 111, 116, 119, 122, 124-125
選挙事情　12-13, 34, 99-100, 111-114, 120, 124, 126, 130, 136, 140, 169
創価学会　168, 187

た行

タイミング　12-13, 37, 45, 51, 53, 55, 63, 65, 67, 154, 169, 175, 186
太陽党　56, 88, 91-92, 95, 143-144, 150, 173-176
竹下派　28, 50, 148
多次元的な政策追求モデル　25
たちあがれ日本　10, 187, 190
多党制　17
中選挙区制　105-106, 108, 112
重複立候補　107, 109, 113-115, 117, 120-122, 125, 129-130
追加公認　59-61, 74-75, 84, 86-87, 89
通常国会　79-85, 95, 172-173, 176, 180
同一選挙区　106, 108, 116-130
党議拘束　41, 62, 94, 136
凍結仮説　18
当選回数　28-30, 145, 190
当選圏　108-110, 113, 117-122, 124, 126, 129-131
特定の政策課題　13, 70, 136-142, 145, 151, 154-156, 160, 187
特別国会　71, 80-83
閉じた最小距離連合　25

な行

日本新党　53, 91, 96, 113, 166, 170
入党　38, 40-41, 45-46, 49, 53, 59-62, 87-88, 120-121, 140, 147, 150, 169, 181

は行

敗北連合　24, 76-77
羽田派　27-28, 30, 50, 85, 112
パッケージとしての政策　136-139, 145, 151
派閥　23-24, 29-30, 148
pivotal　24, 44, 51, 69, 76-78, 85-86, 90-93, 95-96, 137, 168
比例区　37, 41, 61, 107, 109-110, 113, 115, 117-131, 143-144, 147-148, 153, 168, 172
比例区単独　108, 113-114, 117-125, 127-130, 147
比例区復活　108, 116, 118-123, 125-130
頻度　10, 48, 50-53, 55, 57-60, 62, 65, 67-69, 74, 85-89, 97, 134
復党　13, 27, 49, 61, 114, 126, 128, 133-135, 137-156, 168, 171-172, 175, 188
復党議員　13, 134, 140, 156, 172
ブラジル　19, 66-67
プロパー　120-121, 124, 129, 134
フロムファイブ　56, 88, 91-92, 95, 144, 165, 175
分裂　9-12, 22-23, 27-30, 32, 35, 46, 48, 50-51, 56-58, 66, 78, 95-97, 133, 144-145, 147, 161, 163-166, 169, 171, 173-174, 176, 187-190
平和改革　95
ポートフォリオ・アロケーションモデル　26
保守党　55-57, 59, 89, 92, 96, 119, 120, 122-124, 143-144, 147, 153, 179-180
保守新党　57, 60-61, 89, 92-93, 96, 124-125, 127, 144-145, 151, 153, 174, 179-180
ポスト配分　65, 102
保保連合　173-175

ま行

宮澤内閣不信任案　28, 51, 73, 85, 93-94, 111, 141-142, 148
民社党　54, 56, 91, 113, 166, 168, 174-175
民主改革連合　168, 176
民主党ⅠⅡⅢ　9-10, 12-14, 46-50, 52, 54, 56-63, 88-93, 95-96, 102-103, 112, 115-116, 118-119, 121-130, 141-145, 147, 150-152, 159-162, 164-166, 168, 174-183, 186-191
民主友愛太陽国民連合　95, 176
民政党　52, 56, 88, 90-91, 95, 143, 144, 147, 150-151, 165, 175-176
みんなの党　10, 62, 91, 93, 128-129, 154-155
無所属　36, 38, 41, 45-51, 53-55, 57-62, 74-75, 84, 86-88, 92-93, 106-107, 113-115, 119, 121, 126-129, 141, 143, 146-147, 150-155, 166, 171
無所属の会　58, 122-123, 143
名望家政党　16-17
名簿登載順位　122
メディアン　25-26, 75-79, 87-88, 90, 94-96

や行

野党　11, 13-14, 34, 43-45, 47, 49-52, 54, 56, 63, 76-78, 85, 88, 90-92, 95-97, 102-104, 119, 134-135, 137-140, 146-147, 149, 151, 156-157, 159-162, 168, 174, 179-180, 182-183, 186-189
有権者　9, 18-19, 26, 35, 106, 133
有効政党数　17
郵政解散　60, 73, 136, 154, 181
郵政民営化　60, 93, 126, 136, 154-155
与党　10-13, 19, 26, 31, 34, 43-45, 47, 49-50, 52, 54, 56, 69, 75-79, 85, 90-92, 96-97, 102-104, 112, 133-139, 141, 143, 146, 149-151, 154-156, 159-160, 163, 166, 172, 181, 186, 188

ら行

落選　36, 59, 107, 112-113, 116-119, 122-128, 131, 141-144, 146-147, 150-153
離党　12-13, 22, 27-30, 36, 38, 40-41, 45-46, 49, 51-54, 56-60, 62-63, 85-87, 92-93, 111-112, 114, 116, 126-128, 134-152, 154-156, 160, 163-166, 168-169, 171-175, 179-182, 186-188
離党議員　13, 133, 138-139, 141, 145, 149, 154, 182, 188
臨時国会　72-73, 80-84
隣接最小勝利連合　25, 93
類型化　16, 41, 43, 47-48
ルーティーンな制度　12, 65, 70, 75
連合理論　11-12, 19, 22-23, 25, 27, 30-32, 34, 44, 70, 75, 93, 99, 185-187
連立政権　9-10, 22, 27, 32, 43-44, 56, 59-60,

65, 75-76, 78, 88, 97, 101, 116, 144, 149, 185
連立与党　50, 52, 92, 94, 96, 116, 118-119,
　　123-124, 143, 149, 153, 166, 168, 179

連立離脱　52, 57-58, 94, 96, 119, 144
ロシア　19, 66-67, 69, 97

人名索引

あ行

愛知和男　143
愛野興一郎　144
青木幹雄　155
青山丘　121, 127
アクセルロッド, R.　25, 26, 93
東祥三　117-118
麻生太郎　62-63, 73, 156
安倍晋三　84, 155, 172
安倍基雄　118-119
新井将敬　54, 58, 114, 149-151, 171-172
粟屋敏信　143
井奥貞雄　113-114, 143, 171-172
石井一　144
石破茂　54, 58, 114-116, 146-147, 171-172
井出正一　142
伊藤達也　124
糸川正晃　63, 128-129
糸山英太郎　55
稲垣実男　120
井上一成　118-119
井上喜一　143
今津寛　151-152, 171
今村雅弘　128
岩永峯一　58
岩屋毅　141
魚住汎英　143
江崎洋一郎　124
江田憲司　93, 129
江藤拓　126, 128
遠藤武彦　58
大石正光　146
扇千景　56
太田誠一　149-151, 168-169, 172
大矢卓史　54
オールドリッチ, J.　21
岡崎宏美　92
岡島正之　144
岡田克也　144, 177-178, 181

奥田敬和　143
小沢一郎　28-29, 50, 52, 56, 62, 144-145, 148, 165-167, 169-171, 173-176, 182-183, 188-189
小沢辰男　56, 116, 144
小渕恵三　32, 55, 58, 81-82, 116, 177

か行

海江田万里　53
貝沼次郎　113
海部俊樹　52, 151-153, 166-170
柿沢弘治　149-151
鹿毛利枝子　167
梶山静六　174
加藤淳子　30
加藤六月　54-55, 146-148
金子善次郎　123
金丸信　148
鹿野道彦　56, 60, 149-151, 174-175
亀井静香　127
亀井久興　127
川上義博　126
川端達夫　168
神崎武法　56
菅直人　52, 56, 176-178, 180-181
北川正恭　149-151
北村直人　120, 143, 152, 175
木村守男　152
旭堂山和泰　58
吉良州司　61
熊谷弘　59, 123, 143-144, 153, 180
栗本慎一郎　54
玄葉光一郎　54
小池百合子　124
小泉純一郎　59-60, 73, 82-83, 155, 179, 188, 190
河野勝　28
河野洋平　134
古賀一成　54, 146-148
古賀正浩　143
小坂憲次　149, 151
小平忠正　168-169

人名索引

コックス, G. 29-30
後藤茂之 181
後藤田正晴 85
小西理 61, 126-127
小林興起 127
小森龍邦 92
近藤基彦 59

さ行

坂本剛二 149-151
坂本哲志 126
左近正男 113
笹川堯 146-147, 173
笹木竜三 58
佐藤謙一郎 142
佐藤茂樹 117
佐藤静雄 149-151
佐藤敬夫 123, 149-151
左藤恵 144
サルトーリ, G. 17, 43
沢田広 51
七条明 124
シュヴェストヴァ, O. 67, 70
城島正光 122
白川勝彦 114
杉山憲夫 113, 143, 171-172
鈴木宗男 120
鈴木盛夫 125
鈴木淑夫 125
ストロム, K. 21-22
関山信之 54
園田博之 142

た行

ダウンズ, A. 20
高市早苗 55, 124, 173
高橋一郎 113, 143, 171-172
滝実 127
武田良太 126
武村正義 50, 141-142, 146
田中甲 59, 179-180
田中康夫 60, 127
田名部匡省 54, 146
谷田武彦 124

玉置一弥 125
津島恭一 127
津島雄二 151-152
土田龍司 125
土屋品子 58-59
都築譲 125
デ・スワン, A. 25-26
デスポセイト, S. 67, 100-101, 104
デュヴェルジェ, M. 16-17
渡海紀三朗 142
徳田毅 62, 128

な行

永井孝信 54
中川秀直 155
中田宏 59
中西啓介 144
中野寛成 56, 167, 177
長浜博行 125
中村鋭一 118-119
仲村正治 143
楢崎弥之助 54
二階俊博 144
西岡武夫 146-148
西田猛 119
西野陽 124
西村眞吾 62, 128
野田毅 124, 151-153
野田佳彦 177
野呂昭彦 151-152

は行

橋本龍太郎 52, 54-55, 80-81, 86-87, 173-174, 179
長谷川憲正 94
畑栄次郎 143
羽田孜 28, 50, 52-53, 56, 80, 86, 111, 143, 145, 149, 166, 170, 173, 175-176
鉢呂義雄 125
鳩山邦夫 51, 55, 124, 141
鳩山由紀夫 52, 141-142, 169, 177-178, 180, 182, 188
林田彪 153
樋高剛 125
平沼赳夫 62, 155

平野貞夫　85
平野博文　58
広津素子　128-129
フェノ, R.　21-22
吹田愰　54, 146
福田康夫　84
藤井裕久　144
二見伸明　117-118
船田元　54, 58, 114, 143, 171
古川禎久　126, 128
古屋圭司　128
ペデルセン, M.　18
保坂武　128
星野行男　59
細川護熙　28, 50, 52-56, 80, 145-146, 149, 161, 169, 173-175

ま行

マーション, C.　66-75, 97
前原誠司　181-182
前田武志　143
増子輝彦　149-151
舛添要一　62
増田敏男　143
増原義剛　59
松浦昭　143
松田岩夫　143
松前仰　54
三沢淳　119
三塚博　148
三原朝彦　142
ミヘルス, R.　16
三村申吾　59
宮澤喜一　51, 85
村井仁　143
村山富市　50, 52, 53, 80, 86, 92, 140, 145-146, 149, 151, 167
望月義夫　58

森山裕　128
森山真弓　124
森喜朗　55, 59, 82, 155, 179

や行

八代英太　61, 126-127
保岡興治　168-169
簗瀬進　142
山内康一　128-129
山岡賢次　54-55
山口壮　60
山口敏夫　55
山下八洲夫　54, 115
山谷えり子　123
山中燁子　120
山花貞夫　53, 168
山村健　180
山本拓　149-151
横光克彦　55, 61, 126
横路孝弘　177
吉田幸弘　121, 124
米田建三　124, 149-151, 173

ら行

ライカー, W.　23-24
ライサーソン, M.　24
リプセット, S.　18
ローゼンブルース, F.　30
ロッカン, S.　18

わ行

若井康彦　179
渡部恒三　58
渡辺秀央　62
渡辺美智雄　149
渡辺喜美　62-63, 93, 129, 155-156
綿貫民輔　60, 127, 129

著者略歴
山本 健太郎（やまもと けんたろう）
1978年 神戸市生まれ
2002年 東京大学経済学部経済学科 卒業
2007年 東京大学大学院総合文化研究科博士課程 単位取得退学
2009年 同修了 博士（学術）
2007年より現在 東京大学先端科学技術研究センター 特任研究員

主要論文
"Competition for Power: Party Switching and Party System Change in Japan," Heller, W. and C. Mershon eds. *Political Parties and Legislative Party Switching*, Palgrave Macmillan（共著），2009年
「小沢一郎と政界再編：『政局』と『政策』のはざまで」御厨貴編『変貌する日本政治』勁草書房，2009年

Legislative Party Switching and Changes in the Party System of Japan

政党間移動と政党システム ―日本における「政界再編」の研究―

2010年9月25日第1版第1刷 印刷発行 ©

著者との了解により検印省略	著　者 発行者 発行所	山本健太郎 坂口節子 （有）木鐸社

印刷 フォーネット＋互恵印刷　製本 高地製本所

〒112-0002 東京都文京区小石川 5-11-15-302
電話 (03) 3814-4195番　FAX (03) 3814-4196番
振替 00100-5-126746　http://www.bokutakusha.com

（乱丁・落丁本はお取替致します）

ISBN978-4-8332-2437-6 C3031

増山幹高著（政策研究大学院大学・慶應義塾大学法学部）
議会制度と日本政治
■議事運営の計量政治学
A5判・300頁・定価：本体4000円＋税（2003年）　ISBN4-8332-2339-2 C3031

　既存研究のように，理念的な議会観に基づく国会無能論やマイク・モチヅキに端を発する行動論的アプローチの限界をこえて，日本の民主主義の根幹が議院内閣制という制度に構造化されていることを再認識する。この議会制度という観点から戦後日本の政治・立法過程の分析を体系的・計量的に展開する画期的試み。

森　裕城著（同志社大学法学部）
日本社会党の研究
A5判・260頁・4500円（2002年）　ISBN4-8332-2315-5　C3031
■路線転換の政治過程
序章　本書の課題と構成　1章　社会党研究の共時的視角　2章　社会党の路線問題　3章　飛鳥田時代の社会党　4章　非武装中立の効用　5章　牽制政党化の論理　6章　新党の登場と社会党の衰退　終章　社会党の路線転換と日本の政党政治　あとがき
　「社会主義への道」をめぐる日本社会党内の穏健派と過激派による政党内競争・政党間競争の確執を路線転換と有権者の投票行動と対応させつつ追跡。

東大法・蒲島郁夫第1期ゼミ編
「新党」全記録（全3巻）

　92年の日本新党の結成以来多くの新党が生まれては消えていった。それら新党の結成の経緯や綱領，人事，組織等，活動の貴重な経過資料を網羅的に収録。混迷する政界再編の時代を記録。

第Ⅰ巻　政治状況と政党　　A5判・488頁・8000円（1998年）ISBN4-8332-2264-7
第Ⅱ巻　政党組織　　A5判・440頁・8000円（1998年）ISBN4-8332-2265-5
第Ⅲ巻　有権者の中の政党　A5判・420頁・8000円（1998年）ISBN4-8332-2266-3

東大法・蒲島郁夫第2期ゼミ編
現代日本の政治家像（全2巻）

　これまで政治学では，政党を分析単位として扱ってきたが，その有効性が著しく弱まってきている。そこで現代日本政治を深く理解するために政治家個人の政治行動を掘り下げる。第1巻は国会議員の政治活動に関わるデータを基に数量分析を行う。第2巻は分析の根拠とした個人別に網羅的に集積したデータを整理し解題を付す。

第Ⅰ巻　分析篇・証言篇　　A5判・516頁・8000円（2000年）ISBN4-8332-7292-X
第Ⅱ巻　資料解題篇　　　　A5判・500頁・8000円（2000年）ISBN4-8332-7293-8